KB114992

검찰수사관 바이블

검찰수사관 바이블

초판 1쇄 인쇄   2021년 6월 18일
초판 1쇄 발행   2021년 6월 30일

지은이   김태욱
펴낸이   한준희
펴낸곳   ㈜새로운 제안

책임편집   이도영
디자인   이지선
마케팅   문성빈 김남권 조용훈
영업지원   손옥희 김진아

등록   2005년 12월 22일 제2020-000041호
주소   (14556) 경기도 부천시 조마루로 385번길 122 삼보테크노타워 2002호
전화   032-719-8041
팩스   032-719-8042
홈페이지   www.jean.co.kr
Email   webmaster@jean.co.kr

ISBN   978-89-5533-614-6 (13350)
           978-89-5533-615-3 (15350) 전자책

대한민국 검찰수사관,
신규채용부터 정년퇴직까지

검찰수사관
바이블

새로운제안

어쩌다 시작한 검찰수사관 27년

'리모컨' 실종사건

"여보, 없어졌어…."

"뭐가?"

"리모컨."

퇴근 후 서재에 앉아 있던 나에게, 나라 잃은 표정의 아내가 리모컨 실종신고를 했다. 평소 아내가 하는 신고나 고발은 접수 및 해결 1순위다. 반려나 접수 기각은 얻는 이익보다 잃을 것이 더 많다.

실종신고는 사실 실종이 아닌 경우가 더 많다. 스스로 가출을 했거나 아니면 게임장에서 신나게 키보드를 두드리는 신고대상을 발견하곤 한다.

하지만, 리모컨이 스스로 가출을 하거나 게임장에 갔을 리는 없으니 수색 반경은 제한적이고 리모컨의 상습 출몰지역만 잘 기억해내면 쉽게 마무리할 수 있다. 따라서 가장 놓치기 쉬운 주변 상황의 파악이 선행되어야 하고, 그 선행된 초동수사에서 대부분 사건은 종결된다. 아내의 신고를 접수한 나는 서재에서 일어나 기본적인 초동수사를 시작했다.

"아침 출근 전에 TV 당신이 껐지?"

아내는 고개를 끄덕이는 것으로 대답을 대신한다. 새벽에 일어나자마자 아내가 하는 최초의 의도적 움직임은 TV를 켜는 일이며, 출근 직전에 하는 강박적 집단속은 TV 끄기와 보일러 끄기라는 사전 정보를 나는 몸소 체득을 통해 알고 있다.

"TV를 끄려면 여기 정면에서 꺼야 했을 것이고, 출근 직전이면 옷을 입었던 상태일 것이니 서 있는 상태에서 리모컨을 작동하고, 곧바로 놓아둘 수 있는 장소를 생각해봐."
"찾아봤어. TV 대, 그 아래 서랍, 그리고 내가 앉는 소파 깊숙이 손을 다 넣어 봤어. 근데 없어. 이 거실에 있을 만한 곳은 다 찾아봤고, 냉장고 안을 찾아보라는 소리는 하지 마. 이미 봤으니까."

냉장고는 과거 리모컨의 상습 출몰지역의 하나였지만 요즘은 거의 출몰하지 않는 지역이라, 아내의 말이 없더라도 수색 장소로 염두에 두지 않았다.

　TV 근처, 소파, 그리고 냉장고까지 수색했다면 부엌은 이미 확인했다는 것, 이제 남은 가능성은 안방 베개 밑과 신발장이지만 아침에 거실에 있는 TV를 껐다면 안방 베개 밑은 제외, 신발장은 아직 가능성이 있다. 가끔 아내가 그날 신은 신발이 나온 곳에 리모컨이 얌전히 들어 있는 경우가 있었으니.

　아쉽게도 가능성 높았던 신발장도 아니었다. 금방 끝날 줄 알았던 수사가 벌써 10분이 넘어서자 나도 아내도 조바심이 났다. 아내가 보고자 했던 TV프로는 이미 시작했을 시간이 지났고, 리모컨 실종 수사는 아직 실마리를 잡지 못하고 있으니 수사 담당자인 내게 돌아 올 질책이 두려워진다. 27여 년의 수사경력에 오점을 남길 판이다.

　그때, 갑자기 안방 화장대 위에서 아내의 휴대폰 소리가 울린다. 아내는 전화를 받기 위해 안방으로 들어가고, 나는 잠시 팔짱을 끼고 서서 사건을 정리해본다. 안방, 거실, 부엌 그리고 신발장까지 없다면 리모컨은 열거된 공간에서는 이미 떠난 것이 분명하다.

　하늘에 드론이 뜨는 세상이지만 리모컨에겐 아직 발이 없으니 누군가의 손에 의해서 옮겨졌을 터. 그 누군가는 아침 TV를 껐던 사람일 것이고, 그 사람은 아내다. 아침 출근 시에 아내의 손에 리모컨은 보이지 않았다. 그렇다면 리모컨을 옮기는 데는 어떤 도구가 사용되었을 것이고, 사용되었을 것으로 추정되는 도구는 아내의 가방뿐이다.

　매일 아침 아내의 가방에 들어가는 물건은 아내의 휴대폰인데 그 휴대폰은 집에 돌아와도 가방 안에서 나오는 경우가 드물다. 허나, 조금 전 휴대폰은 아내의 가방이 아닌 안방 화장대에서 울렸고….

그렇다면? 리모컨이 있을 것으로 추정되는 장소는 아내의 가방 안이다. 아내는 아침에 리모컨을 휴대폰으로 착각하고 가방에 넣었을 것이고, 휴대폰은 안방 화장대에서 오늘 하루 움직이지 않았을 것이다. 전화를 받고 나오는 아내에게 나는 물었다.

"오늘 출근할 때 휴대폰 안 가지고 갔어?"

"응, 오늘 휴대폰을 깜빡하고 놔두고 갔던데?"

"그럼 당신 가방 안을 뒤져봐. 리모컨이 들어 있을 거야."

대꾸 없이 나를 쳐다보던 아내는 가방 안에서 리모컨을 찾았고, 리모컨 실종사건은 20분 만에 종결되었다. 평소 리모컨에 대한 수사는 1분에서 길어야 3분을 넘지 않았으나 본건 수사는 생각보다 수사가 장기화되어 아내는 보고자 했던 프로를 20여 분가량 보지 못했고, TV 다시 보기의 요금이 1,600원가량 나왔으니 수사 지연으로 동액 상당의 손해가 발생하였다.

검찰수사관에 대한 책을 집어 들었는데 갑자기 '리모컨 실종사건'이 나오나 했을 것이다. 나는 대한민국 검찰수사관이다. 27년여를 수사관으로 종사했고, 이제 퇴직을 몇 년 앞두고 있다. 검찰수사관인 나를 어떻게 소개할지 고민하다가, '다음카카오 브런치'에 올렸던 에피소드를 생각해냈다. 흥미를 위해 이야기를 과장한 것이지만 검찰수사관은 모든 생활이 수사다. '리모컨' 뿐만 아니라, 옆집 개가 물어간 신발 한 짝도 수사를 통해 찾고, 집 나간 진돗개도 수사를 통해서 찾는다. 집 나간 진돗개 '대박이'는 결국 찾지 못했지만 날고 기는 베테랑 수사관도 미제사건은 있다.

어쩌다 검찰수사관

대한민국에 검찰수사관제도가 만들어진 지 70여 년이 지났다. 검찰수사관은 국가직 공무원으로 공개경쟁시험을 통해 임용되고, 형사사건 수사, 계좌추적, 압수수색, 피의자 검거와 검찰행정업무를 맡고 있다. 내가 27년을 해온 일이다.

요즘은 예전에 없었던 '검찰수습수사관'이라는 제도가 생겼다. 수사관 임용 전에 미리 수습으로 발령받아 일을 해보는 것으로 인턴이라는 용어도 사용하고 있는데, 아직 앳된 티에 첫 발령의 상기된 표정의 수습수사관들을 보면 내가 검찰직 시험에 응시했던 27년 전의 일이 생각나곤 한다.

예전엔 대부분 법대를 졸업하고 사법시험을 준비하다 들어오는 수사관들이 많았지만, 근래는 애초에 공무원 시험을 준비했다는 수사관들이 많다. 세월이 많이 지났고, 세상도 많이 변했다.

내가 검찰에 입사했을 즈음엔 공무원이 인기 있는 직종이 아니었다. 급여도 턱없이 적었을뿐더러 공무원을 동경하는 시기도 아니었다. 27년이 지난 지금은 공무원이 대세라는 젊은이들이 많고, 공무원 준비를 위해 서울 신림동 등지에 몰려있다고 하니 세월은 많은 것을 변하게 하는 것 같다. 나는 검찰청 발령 통지를 시골 지서 경찰관으로부터 받았다. 검찰청의 인사 담당 수사관이 경찰관을 보낸 것이다. 부임 일자가 임박했는데 연락이 전혀 안 된다는 게 이유였다. 아들을 찾는 경찰을 보고 깜짝 놀란 아버지의 얼굴이 지금도 선하지만, 그 당시엔 통화조차 쉽지 않던 시절이라 가능한 일이었다.

내가 검찰직 시험에 응시한 것은 우연이었다. 제목 그대로 '어쩌다' 검찰 시험을 보게 되었다는 말이다. 그 당시 나는 법대를 졸업했고, 법대 출신이라면 대부분 시도해보는 사법시험 공부를 기웃거리고 있었다. 어느 날, 마음도 조급하고 답답하여 취업 수험 서적을 판매하는 서점에 나갔다. 지금은 모든 수험정보를 인터넷에서 찾을 수 있지만 그때만 해도 수험 서적을 판매하는 서점에 직접 나가야만 정보를 얻을 수 있었다. 서점에서는 신문에 공지되는 공무원 시험 일정뿐만 아니라 대기업, 공사 그리고 조그마한 중소기업 등의 시험 일정까지 파악하여 메모판에 붙여두고, 그 시험에 해당하는 수험 서적을 판매하는 영업 전략을 사용하고 있었다.

나뿐만 아니라 그 지역에서는 대부분의 취업준비생이 그 서점을 이용했으니, 그날도 서점에는 취업준비생들이 꽤 있었고 내가 아는 얼굴도 몇이 보였다. 마주치면 아무래도 서로 민망할 터여서 서점 안으로 들어서지 못했다. 서점 옆 골목에서 담배를 한 대 꺼내 물었다. 고개를 모로 세우고 불을 붙이던 내 눈에 전봇대에 부착된 전단지가 보였다. 정확하게는 '○○년도 공무원 시험 일정'이라는 제목이 보인 것이다. 일간 신문을 오려내어 붙여둔 것으로 그 서점에서 붙였을 것이다. 바람 탓인지 아랫부분이 찢겨 있어 내용 일부가 보이지 않았다. 그동안에는 일반 공무원에 관심을 두지 않았기에 공무원 시험 일정 등을 전혀 알지 못했다. 일반 공무원은 어떤 과목들을 보는지 궁금한 마음에 나는 다시 서점 안으로 들어갔고, 메모판에 붙은 공무원 시험 일정을 확인했다. 그때 검찰직이라는 시험이 있다는 것을 처음 알았다. 그렇게 나는 그해 검찰직 시험에 응시하여 〈어쩌다〉 27년을 검찰에서 근무하고 있다.

이 책에는 저자가 검찰청에서 27년을 근무하면서 겪은 실제 에피소드와 검찰수사관들이 어떤 일을 하고 있는지를 최대한 상세하게 기록했다. 검찰수사관이 궁금한 사람들에게는 궁금증 해소를, 검찰수사관에 도전하는 예비 수사관들에게는 과연 평생을 바칠만한 직업인지, 먹고살 만한 직업인지를 판단할 수 있는 자료가 될 것이다.

선택이 '우연'인 경우도 많다. 직업선택도 다를 바 없으니, 이 책을 읽는 독자도, 학생이나 취업준비생이라면, 직업을 선택하는 기로에 서 있다면, 우연이든 필연이든 이 책이 그 선택의 결정에 도움이 되었으면 한다.

❖

개정판을 내며

《어쩌다 검찰수사관》을 출간한 지 1년여가 지났다. 이제는 '검찰수사관'을 입력하면 이 책이 검색되고 있으니 검찰수사관에 대한 책이 전무했던 1년 전의 상황보다는 많이 좋아졌다. 아직도 부족하기는 하나 검찰수사관이 무슨 일을 하는지에 대해서 꽤 많은 사람이 알게 되었고, 검찰수사관에 대한 인식도 많이 좋아졌다고 스스로 평가하고 있다.

그간 《어쩌다 검찰수사관》을 접한 분들의 메일을 꽤 받았다. 덕분에 그동안 몰랐던 검찰수사관에 대해 알게 되었다는 내용이고, 조금 더 자세한 부분을 궁금해하는 분들도 많았다. 이 책은 주로 검찰수사관을 직업으로 선택하고 싶어 하는 젊은이들이 궁금증 때문에 많이 찾다 보니 아무래도 조금 더 세밀한 부분까지 알고 싶어 하는 듯하다.

검·경수사권조정으로 인해 형사소송법이 개정되고, 검찰과 경찰과의 관계가 수사지휘의 관계에서 협력관계로 변화했다. 이에 따라 검사의 업무뿐만 아니라 검찰수사관의 업무에서도 상당한 변화가 발생하였다.

이번 개정판에서는 검·경수사관조정으로 인해 2021. 1. 1.부터 바뀌어 시행 중인 검찰의 변화된 업무 부분과 좀 더 구체적인 검찰수사관의 업무를 다루어, 검찰수사관에 대한 궁금증을 조금 더 세밀하게 해소해 보려 한다.

검찰이 궁금한 분들, 검찰수사관이 궁금한 분들, 검찰수사관을 꿈꾸는 분들, 모두에게 이 책이 도움이 되었으면 하는 바람이다.

검찰수사관 김태욱

목차

❖

07 검찰수사관의 보수와 정년 그리고 연금

08 검찰청에 대한 오해와 진실

부록 검찰수사관에 대한 질문과 답변

01

검찰수사관은
어떻게 만들어졌는가?

검찰청법 제45조(검찰청직원)

검찰청에는 고위공무원단에 속하는 일반직공무원, 검찰수사서기관, 검찰사무관, 수사사무관, 마약수사사무관, 검찰주사, 마약수사주사, 검찰주사보, 마약수사주사보, 검찰서기, 마약수사서기, 검찰서기보, 마약수사서기보 및 별정직공무원을 둔다.

01

⬥

검찰수사관은
어떤 법에 근거가 있을까?

검찰청법에 규정되어 있다

모든 공무원은 임용에 그 근거 규정이 있는 것처럼 검찰청법에는 검찰청 직원에 대한 규정을 두고 있다. 검찰수사관에 대한 법적 규정을 이야기하면서 검찰청 직원에 대한 규정이라고 이야기하는 이유는 검찰수사관은 법에 규정된 명칭이 아니기 때문이다.

'법'이라는 게 딱딱하고 재미없는 것이긴 하나, 검사나 검찰수사관은 '법 없이는 못 사는 사람들'이니 그 근거를 밝혀야 하겠다.

검찰청법 제45조(검찰청 직원)에 따르면 검찰청에는 고위공무원단에 속하는 일반직공무원, 검찰수사서기관, 검찰사무관, 수사사무관, 마약수사사무관, 검찰주사, 마약수사주사, 검찰주사보, 마약수사주사보, 검찰서기, 마약수사서기, 검찰서기보, 마약수사서기보 및 별정직 공무원을 둔다고 되어 있다.

이름이 복잡하지만 검찰에 근무하는 각 직급의 명칭이다. 여담이지만 사실 난 '주사'와 '서기'라는 명칭을 좋아하지 않는다. 일제강점기에 사용했던 명칭이라 거부감이 있는지도 모르겠다. 좀 멋진 직급 명칭으로 바꿀 수 없을까?

또한, 검찰청법 제46조에는 수사관들이 하는 일을 규정하고 있는데, 검사의 명을 받은 수사에 관한 사무, 형사기록의 작성과 보존, 국가를 당사자 또는 참가인으로 하는 소송과 행정소송의 수행자로 지정을 받은 검사의 소송업무 보좌 및 이에 관한 기록, 서류의 작성과 보존에 관한 사무, 그 밖에 검찰행정에 관한 사무를 하게 되어 있다.

검찰수사서기관, 수사사무관 및 마약수사사무관은 검사를 보좌하며 사법경찰관으로서 검사의 지휘를 받아 범죄수사를 한다. 검찰수사서기관, 검찰주사, 마약수사주사, 마약수사주사보, 검찰서기 및 마약

검찰청법

제45조(검찰청 직원) 검찰청에는 고위공무원단에 속하는 일반직공무원, 검찰부이사관, 검찰수사서기관, 검찰사무관, 수사사무관, 마약수사사무관, 검찰주사, 마약수사주사, 검찰주사보, 마약수사주사보, 검찰서기, 마약수사서기, 검찰서기보, 마약수사서기보 및 별정직공무원을 둔다.

제46조(검찰수사서기관 등의 직무) ① 검찰수사서기관, 검찰사무관, 검찰주사, 마약수사주사, 검찰주사보, 마약수사주사보, 검찰서기 및 마약수사서기는 다음 각 호의 사무에 종사한다.
1. 검사의 명을 받은 수사에 관한 사무 2. 형사기록의 작성과 보존 3. 국가를 당사자 또는 참가인으로 하는 소송과 행정소송의 수행자로 지정을 받은 검사의 소송 업무 보좌 및 이에 관한 기록, 그 밖의 서류의 작성과 보존에 관한 사무 4. 그 밖에 검찰행정에 관한 사무

수사서기는 수사에 관한 조서 작성에 관하여 검사의 의견이 자기의 의견과 다른 경우에는 조서의 끝부분에 그 취지를 적을 수 있다.

이 조항에 '조서 작성에 관하여 검사의 의견이 자기의 의견과 다른 경우에는 조서의 끝부분에 그 취지를 적을 수 있다'라고 되어 있는데, 이 문구를 궁금해하는 분들이 있었다. 사실 이는 실효성이 없는 문구다. 그동안 검사실에서 실제 조서를 작성하는 사람은 검사가 아닌 수사관들이었다. 검사가 직접 조서를 작성하는 경우도 있지만 많지는 않았고, 대부분 수사관이 조서를 작성했으므로 명의만 검사이고, 수사관 자신이 작성한 조서에 다른 의견을 적을 수는 없으니 실효성 없는 문구였다는 것이다. 이제 형사소송법의 개정으로 수사구조가 많이 변하고 있으니 이 조항의 실효성이 어떻게 이루어질지 아니면 폐지될지 궁금하긴 하다.

검찰청법 제47조(사법경찰관리로서의 직무수행)에 따르면 검찰주사부터 검찰서기보까지 검찰총장 또는 검찰청 검사장의 지명을 받은 사람은 소속 검찰청 또는 지청에서 접수한 사건에 관하여 사법경찰관리로서의 직무를 수행하게 되어 있다.

이 규정이 왜 있는지 궁금할 것이다. 검찰수사관이면 그냥 수사를 할 수 있을 텐데 왜 군이 이런 규정을 넣었을까?

우리나라 실정법상 수사를 할 수 있는 사람은 검사와 사법경찰관이다. 검사는 임용되면 당연히 검사업무를 하지만, 검찰수사관은 임용된다고 해서 사법경찰관이 되는 게 아니다. 따라서 수사업무를 하게 하려면 사법경찰관으로 지명해야 한다. 따라서 이 규정을 삽입하여 사법경찰관리로서 업무를 수행하도록 한 것이다.

　일반인들은 잘 모르겠지만 '사법경찰관'과 '사법경찰리'도 구분되어 있다. 6급, 7급은 사법경찰관, 8급, 9급은 사법경찰관의 업무를 보조하는 사법경찰리라고 구분하고 있다.

형사소송법에도 있다

　형사소송법 제245조의9(검찰청 직원)에도 규정되어 있는데 검찰청 직원으로서 사법경찰관리의 직무를 행하는 자와 그 직무의 범위를 법률로 정하게 되어 있고, 사법경찰관의 직무를 행하는 검찰청 직원은 검사의 지휘를 받아 수사하게 되어 있다.

　형사소송법 제243조(피의자신문과 참여자)에는 검사는 피의자를 신문함에 검찰청수사관 또는 서기관이나 서기를 참여하게 하여야 한다고 규정하고 있다. 검찰수사관의 참여 없이는 피의자신문을 할 수 없는 것이다.

　형사소송법이 개정되면서 사법경찰관에 대한 검사의 수사지휘권이 폐지되었으니 사법경찰관이라는 검찰수사관에 대해서도 수사지휘를 할 수 없는 것 아니냐는 궁금증이 있을 수 있겠다.

제243조(피의자신문과 참여자) 검사가 피의자를 신문함에는 검찰청수사관 또는 서기관이나 서기를 참여하게 하여야 하고 사법경찰관이 피의자를 신문함에는 사법경찰관리를 참여하게 하여야 한다.

제245조의9(검찰청 직원) ① 검찰청 직원으로서 사법경찰관리의 직무를 행하는 자와 그 직무의 범위는 법률로 정한다. ② 사법경찰관의 직무를 행하는 검찰청 직원은 검사의 지휘를 받아 수사하여야 한다. ③ 사법경찰리의 직무를 행하는 검찰청 직원은 검사 또는 사법경찰관의 직무를 행하는 검찰청 직원의 수사를 보조하여야 한다.

그것은 아니다. 검찰수사관에 대해서는 제외했다. 검찰수사관과 특별사법경찰관에 대해서는 검사가 수사지휘를 할 수 있다. 검찰수사관이 검찰청에서 독립적으로 수사할 수 있는 제도가 설립된다면 좋겠으나 아직 현실은 그렇지 못하고, 수사업무에 관한 한 검사의 지휘를 받아야 한다. '검사의 명을 받은 수사에 관한 사무'가 너무 포괄적이므로 이를 구체화해야 한다는 논의가 검찰수사관들 사이에서 이루어지고 있고, 업무를 구체화하는 방안도 논의되고 있다. 어떻게 변할지 모르지만 너무 포괄적인 규정인 것은 사실이고, 이 포괄적 규정 때문에 검사가 수사관에게 모든 것을 시킬 수 있다는 인식이 심어지기도 했다. 같은 검사실에 근무하는 수사관에게 '수사에 관한 사무'만 지시할 수 있음에도, 모든 수사관을 부하직원으로 인식하는 검사들이 일부 있어서 아쉬운 부분이기는 했으나 그래도 요즘은 인식이 많이 바뀌었다.

02

✧

검사를 총살한 사건이
검찰수사관제도 설립의 동기가 되다

검찰 내에 사법경찰관 제도를 신설하자

제목이 좀 자극적이지만 이 말은 사실이다. 저자가 검찰수사관에 대한 책을 쓰기로 마음먹었으니, 당연히 이 책을 쓰기 시작하면서 가장 먼저 찾은 자료가 검찰수사관제도의 도입 동기에 관한 자료였다. 아쉽게도 대한민국 검사제도에 관한 자료는 많았으나 검찰에서 수사관을 도입한 동기 등에 대한 자료는 찾을 수가 없었다. 아무리 인터넷을 검색해도 관련 자료를 찾을 수 없던 차에 다행히 검찰에서 최근 수사권 조정과 관련하여 수사관에 대한 대비책으로 만든 '검찰수사관 바로 알기'라는 얇은 책자가 있었다. 그 책자에 부산대학교 문준영 교수의 《법원과 검찰의 탄생》이라는 책이 언급되어 있었고, 그 책을 도서관에서 찾을 수 있었다. 책에는 미국 사법시찰단이 검찰 내에 사법경찰제도 신설을 제안했다는 내용과 검사가 경찰에 총살당한 사건이 검찰수사관제도를 도입하게 된 동기 중 하나라는 내용이 언급되어 있었다.

책에 있는 내용을 요약해보면 이렇다.

해방 이후 한국 경찰은 예전보다도 훨씬 중앙집권적인 조직으로 재편되었고, 고문 등 심각한 인권유린을 자행했으며, 정치 권력에 기대어 법원과 검찰의 통제에서 벗어나려 하고 있었다. 1947. 7. 미국사법제도시찰단은 시찰보고서에서 「검찰관의 검찰권행사에는 보조기관인 경찰이 필요하지만, 현재 같은 제도 아래에서는 인사권 등이 없는 관계로 명령계통이 확립되지 않아 검찰권운영에 지장이 다대하므로 일반 경찰 외의 검찰관 직속의 사법경찰제도를 신설할 것」을 제안하였다.

그 이후 놀랄만한 사건이 하나 발생했다. 정부 수립 2개월 뒤인 1948년 10월 19일, 여수에 주둔한 14연대 2천여 병사가 남로당 군인들을 중심으로 궐기한 여순사건이었다. 제주 4·3항쟁을 진압하라는 상부의 명령을 거부한 것이다. 이때 사건 가담자로 몰려 경찰로부터 총살당한 검사가 있었는데 광주지검 순천지청 차석검사 박○○ 검사였다. 박 검사는 그 당시 아마 소신파 검사였던 것 같다. 박 검사가 근무하던 순천지청 관할의 모 경찰관이 무허가 벌채를 하던 민간인을 총으로 쏴 죽인 사건이 발생했다. 산에서 무허가로 벌채하던 민간인이 경찰을 보자 지레 겁먹고 도망을 갔고, 자신을 보고 무작정 도망가는 민간인을 그 경찰은 추적 끝에 총을 쏴 쓰러뜨린 후 확인 사살까지 했다. 그 사건을 맡은 박 검사는 경찰관의 죄질이 나쁘다고 판단하고 징역 10년을 구형했다. 당시 무소불위였던 경찰 권력은 박 검사를 눈엣가시로 여겼다. 그리고 얼마 뒤 앞서 언급한 여순사건이 발생한 것이다. 박 검사의 관할권에서 군사 충돌이 터진 것인데, 그 당시 '높으신' 누군가의 지시가 있었겠지만 경찰은 이때를 틈타 박 검사를 여순사건의 가담자로 몰아 총살해버렸다.

있을 수 없는 일이었고, 놀라운 사건이었다. 그 당시엔 검찰 내 사법경찰관 인력이 없었다. 그 이전부터 검찰 내 사법경찰인력의 필요성을 느끼고 있던 검찰에서는 이 사건을 계기로 수사관의 필요성이 부각되었고, 대한민국 검찰수사관제도를 도입하게 된 동기 중의 하나가 된 것으로 보인다. 여하튼 총살당한 검사가 어쩌다 검찰수사관제도를 만들게 된 계기가 된 것이다.

❖

03

'검찰수사관'은
직원 사기를 위해 만들어진 호칭이다

'호칭'의 사전적 의미는 상대방을 부를 때 사용하는 표현이다. 대화 상대에 대한 대우 정도를 문법 장치로 정교하게 표현하는 언어라고 한다. 호칭은 상대방에 대한 '격'까지 나타내기도 한다. '아저씨'라고 불리는 것보다 '선생님'이라 불리면 아무래도 좀 더 격이 있어 보인다. 어떻게 부르고 불리냐에 따라 기분마저 달라진다.

'김 주임' 이렇게 부르는 것보다 '김 수사관' 이렇게 부르면 폼도 나고 뭔가 있어 보인다. 영화를 보면 'FBI 수사요원'이라고 쓰인 옷을 입고, 범죄 현장을 누비면 좀 멋있어 보이지 않는가. 마찬가지다. 실은 그래서 사용하게 된 용어가 '검찰수사관'이라는 호칭이다.

저자가 처음 검찰에 입사한 시기에는 검찰수사관이라는 용어가 통용되지 않았다. 검찰직 9급의 직급 명칭은 검찰서기보, 8급의 명칭은 검찰서기, 7급의 명칭은 검찰주사보, 6급의 명칭은 검찰주사이다. '주임'이라는 호칭은 8, 9급 직원을 부르는 호칭이고, 6, 7급은 '계장'이라는 호칭을 사용했다. 그러다 보니 검찰직원에 대한 대외명칭이 애매했다. 내부적으로야 주임, 계장의 구분이 확실하므로 구분하여 부를 수 있으나 외부 사람들이나 타 부처 공무원들은 어떻게 불러야 할지 몰라 물어보는 경우가 많았다. 그래도 계장들은 '계장'이라 부르라고 쉽게 말할 수 있었으나 직급이 낮은 주임들은 '주임'이라고 불리는 것에 약간의 자존심 상해하는 면이 있었다. 이런 이유로 직원들에 대한 통일적 대외 명칭의 필요성이 대두되었고, 직원들에게 설문 조사를 한 결과 검찰수사관이라는 용어를 가장 선호했다.

이렇듯 요즘 사용하는 '검찰수사관'이라는 호칭은 법적 용어로 시작된 것은 아니고, 검찰직과 마약수사직 공채를 통해서 검찰청에 입사한 모든 직원을 통칭하여 부르는 호칭이 되었다. 검사실뿐만 아니라 총무과, 집행과 등에서 행정업무를 담당하는 직원도 검찰수사관으로 호칭한다. 즉 '검찰수사관'은 대외에 사용하는 직명이다. 명칭에 '수사'라는 단어가 붙어 있어, 검찰수사관 하면 수사를 연상시킬 수밖에 없지만 사실 검찰수사관은 근무 부서에 따라서 수사업무를 하는 사람과 행정업무를 하는 사람으로 구분되어 있다. 수사업무를 담당하는 사람만이 검찰수사관이라 칭하는 것은 아니라는 것이다.

9급 이상의 공개경쟁시험을 통해 검찰직과 마약수사직으로 입사한 검찰직원은 몇 년 차 이상이 되면 남녀를 불문하고 검사실, 수사과, 조사과에서 수사를 담당하게 된다. 처음 입사 몇 년 차까지는 행정업무를 담당하지만 그 이후부터는 수사업무를 담당하게 된다는 뜻이다. 그래서 검찰수사관이라는 호칭이 부적절하거나 어색하지 않다. 결국 모두 수사업무를 하게 된다는 것이다.

수사관이라는 용어는 예전에는 5급 사무관에게 붙였다. 그래서 수사과에는 1호 수사관실, 2호 수사관실 등으로 구분하여 5급 사무관들이 근무했다. 검찰수사사무관이 정식 명칭이었던 것이다. 그러던 중 2000년 초반 정부에서는 공무원들의 사기 진작 및 대외직명 개선 차원에서 각 부처 공무원들의 대외직명을 공모 제정했고, 그때 9급 이상의 공채에 합격한 검찰공무원들의 대외직명을 '검찰수사관'으로 통일하자는 의견이 채택되었다. 이에 따라 2005. 10. 21. 대검찰청에서는 '실무공무원 대외직명 적극 사용지시' 공문으로 6급 이하 검찰·마약수사직 공무원의 대외직명을 '검찰수사관', 별정·전산직 등은 '검찰행정관', 현재 사무운영직인 당시 기능직은 '주임', '실무관'으로 사용하도록 지시하였고, 이후부터 '검찰수사관'이라는 대외직명을 내·외부 모두 사용하고 있다. 지금도 주임, 계장 호칭을 내부적으로는 혼용하여 사용하고 있지만 주로 수사관 선임들이 사용한다. 예전부터 사용하던 호칭이 쉽게 떨쳐지지 않아서일 것이다. 신규직원들은 대부분 '수사관'으로 부른다.

04

'검찰수사관'은
'참여수사관'이라고도 한다

검찰수사관은 검사실에서 '참여'라는 역할도 겸하고 있다. '참여계장'이라는 말을 들어봤는지 모르겠다. '참여'의 역할이라는 단어가 생소하겠지만, 말 그대로 검사가 피의자를 조사할 때 참여한다는 의미이다. 그런데 이 참여라는 제도는 검사가 심심해서 수사관을 앉혀놓는 것은 아니고, 조사하는 과정에 대한 객관성과 공정성을 담보하기 위한 취지에서 만들어진 것이다. 혼자서 조사하는 것보다는 한 사람이 더 있으면 좀 더 객관적이고 공정할 것 같지 않은가? 수사관들은 참여의 의미를 검사의 조사 상황에 대한 감시와 견제기능이라고 말하지만, 일부 검사들은 이 말을 싫어한다. 감시의 의미가 아니라 객관성과 공정성 때문이라고 굳이 말을 바꾼다. 그 말이 그 말인 데도 말이다.

사법경찰관도 마찬가지다. 조사할 때는 한 명이 더 있는 상태에서 조사해야 한다. 이는 앞서도 잠깐 언급했지만 형사소송법에 규정되어 있다.

제243조(피의자신문과 참여자) 검사가 피의자를 신문함에는 검찰청수사관 또는 서기관이나 서기를 참여하게 하여야 하고 사법경찰관이 피의자를 신문함에는 사법경찰관리를 참여하게 하여야 한다.

독일 '카롤리나' 형법전에서 기원

2021. 1. 1. 개정 시행된 형사소송법 개정으로 인해 검사실에서 직접 수사하거나 조사하는 경우는 많이 줄었다. 하지만 검사가 직접 수사 개시할 수 있는 사건이나 송치사건 중 검찰에서 직접 증거를 확보해야 하는 사건 등에 대해서는 아직도 검사실에서 조사가 필요하다. 실제 검사실에서는 검사나 수사관 모두 단독조사를 하지 않고 있다.

'참여'에 관한 최초 규정은 독일 카롤리나 형법전에서 기원한다. 일본의 법은 '예심 및 공판에서 입회하여 조서를 작성하고 공판의 처음부터 끝까지를 기재하며 그 외의 소송에서 나타난 일체의 서류를 작성하고 보존하여야 한다'라고 규정하여 기록관으로서 입회제도를 도입하였다. 일제 강점기 시대에는 검사의 신문에 재판소 서기가 입회하였는데 이는 당시 법원과 검찰이 모두 법무대신 소속이었고 재판소 서기와 검사국 서기가 모두 법률상 재판소 서기로 되어 있었던 데에서 기인하고 있다. 해방 이후 법원과 검찰이 분리되고, 검찰청법을 통해 각 검찰청에도 따로 서기관 및 서기를 두는 근거규정을 마련함으로써 검찰청은 서기에게 그 명칭과 수사 보조자의 역할을 부여했다는 것이다. 그래서 예전에는 '참여서기'라고 불렀었다.

딱히 이런 참여의 기원까지 알 필요는 없겠지만 실제 검찰수사관에게 이중적 지위가 부여된 것은 사실이다. 검사실에서 검사가 조사할 때 옆에 있어야 하는 '참여'의 역할도 하고 있고, 검사로부터 수사에 관한 업무지시를 받아 수사하는 수사관의 역할도 하고 있다.

검사실에서 참여 업무와 수사업무를 담당하는 수사관은 8급(검찰서기) 이상부터 6급(검찰주사)까지로 구성되어 있다. 검찰서기의 경우 최소한 근무경력이 3년 이상이고, 검찰주사의 경우 20년이 넘는 경우도 있다. 저자도 검찰수사관 경력 25년이 될 때까지 검사실에 있었으니 참 오래도 있었다. 나이 들어 눈도 잘 안 보이는 늙은 수사관들은 다른 업무 좀 맡게 해주면 좋겠지만 인력 사정이 안 되니 요즘은 50대까지 검사실에서 수사를 하는 수사관들이 부지기수다. 아무래도 오래 수사를 했으니 베테랑이 되었겠지만 몸은 많이 힘들다. 나이 들어 힘들다는 표시를 하면 젊은 수사관들은 이 말을 싫어한다. 나이 핑계로 일을 안 하려 한다고 흉을 본다. 요즘은 '라떼는 말이야'도 해서는 안 되지만 '나이 들어 힘들다'는 말도 쉽게 내뱉어서는 안 된다.

8급 검찰서기가 검사실에 있는 경우는 많지 않다. 곧 7급 승진을 앞둔 8급 수사관을 교육하는 하나의 방법으로 검사실에 배치하여 1~2년가량 근무하도록 하고는 있지만 교육에 너무 많은 자리를 배치할 수가 없어서 내가 근무하는 지청에서 검사실에 근무하는 8급은 1~2명밖에 없다. 대부분이 7급 이상인데 6급도 몇 명 되지는 않고, 대부분이 7급 수사관으로 구성되어 있다.

02

검찰수사관이 검사실에서 하는 일

검사실에는 검사, 검찰수사관, 실무관이 함께 근무하고 있다. 검사는 수사 및 공소제기 등 사건결정에 대한 역할을, 검찰수사관은 참여 및 수사에 관하여 검사의 지휘를 받아 수행하는 보조기관의 역할을, 실무관은 검사의 사건처분에 관한 업무에 있어 기록 제조 및 행정업무를 수행하고 있다.

01

❖

영화(드라마)와 현실이 같을까?

〈검사내전〉이라는 드라마가 있었다. 현재는 국회의원이지만 직전에 검사로 근무했던 김웅 검사가 출간한 책을 원작으로 하여 제작된 드라마였다. 당시 현직 검사가 쓴 책을 원작으로 하다 보니 검사실의 상황을 실제와 가장 유사하게 그려낸 드라마로 평가받고 있기는 하다. 이와 달리 그동안 영화로 제작된 영상물들은 수사관 입장에서 보기 민망한 내용과 장면들이 많다. 어찌 그리 검사는 세련된 양복을 입히고, 수사관은 작업복 같은 점퍼를 입혀서 연출하는지 모르겠지만 한두 편을 제외한 대부분 영화에서 수사관은 다음과 같이 묘사된다.

"감색 양복에 하얀 셔츠, 세련된 넥타이에 이마를 드러낸 단정한 머리, 카리스마 넘치는 차도남이 심각한 표정으로 노란 파일의 서류를 넘기고 있다. 검사다. 그 앞엔 후줄근한 점퍼를 입고, 8대2 가르마를 탄, 아무리 적게 봐도 마흔은 넘어 보이는 남자가 갓 서른이 넘은 것으로 보이는 젊은 남자의 눈치를 보며 두 손을 공손하게 모으고 서 있다. 검찰수사관을 묘사한 모습이다. 또 다른 한쪽에는 딱 봐도 비서를 연출한 유니폼 비슷한 옷을 입은 젊은 아가씨가 검사님 일정에 대한 전화통화를 하고 있다. 실무관의 모습이다. 마침내 젊은 남자가, 보던 서류철을 점퍼 남자에게 던지듯 건네며 못마땅한 표정으로 뭔가를 지시하고 밖으로 나가고 사무실에 남은 남자와 아가씨는 어쩔 줄 몰라 하는 표정을 지으며 화면이 바뀐다.”

이렇듯 영화 속에 그려지는 검찰청 검사실의 모습을 실제 모습이라고 생각할 것이다. 나 또한 검찰에 근무하지 않았다면 영화 속의 연출과 실제 상황이 다를 것이라곤 굳이 생각지 못했을 것이다. 대부분 검사가 주인공인 영화의 특성상 검사를 멋지게 그리기 위한 장치인 것은 이해하나 검찰수사관과 실무관의 입장에서 보면 자신들의 직업이 사실과 달리 초라하게 그려지는 데 대해 자괴감을 금할 수 없다.

“당신 직장에서 저러고 살아요?”

영화를 보고 이렇게 묻는 아내의 동그래진 눈에 안타까움이 보여 민망하기도 했다. 영화에서 자신들의 직업을 비하하는 내용이 나오면 어떤 분들은 내용을 수정하라고 항의하거나 법원에 상영금지 가처분

신청까지 하는 경우도 있던데, 검찰수사관들도 그렇게 항의했어야 했을지도 모르겠다.

실제 검사실의 모습은 영화 속 모습과는 많이 다르다. 검사와 수사관, 실무관은 서로 존중하는 관계이다. 검사가 수사관과 실무관에게 반말을 하거나 함부로 대하는 경우도 없다. 실제로 검사실에서 검사와 수사관, 실무관은 나이가 어리더라도 꼭 서로 존대를 한다. 또한 수사관이 검사 앞에 두 손을 모으고 서는 경우도 없을뿐더러, 실무관이 검사의 비서 역할을 하지도 않는다. 서로 각자의 업무를 하고 서로를 존중한다. 검사는 검사대로 자신이 배당받은 수사기록을 검토하고, 수사관은 수사기록을 배당받아 자신의 사건에 대해서 수사를 하고, 실무관은 검사로부터 건네받은 수사기록을 정리하고 공소제기에 필요한 절차를 밟거나 불기소처분에 필요한 업무를 한다.

영화나 드라마의 스토리상 냉소적인 검사 이미지가 필요하다면, 실제 검사실의 모습만 담아도 충분할 텐데 라는 아쉬움이 항상 남는다. 검사와 마찬가지로, 대부분 대학을 졸업하고 검찰공무원 시험을 정식으로 치르고 입사한 검찰수사관과 실무관의 지인이나 가족들이 그 모습을 보고 어떻게 생각할지 안타깝다. 평소 친분이 있는 검사들 또한 마찬가지로 안타까워한다. 나와 같은 청에서 근무한 적이 있는 김웅 전 검사 또한 책 속에서 영화 속의 검사와 현실의 검사는 다르다는 것을 이야기하고 있다. 그동안 언론은 매일 메인뉴스에서 검찰의 대형 사건 수사를 보도하고, 담당검사를 특수통, 공안통이라는 용어를 써 가며 대서특필해 왔다. 몇 차례 특수전담이나 공안전담을 한 검사가 특수통, 공안통이라면 십수 년 이상을 수사만 담당해온 검찰수사관은 '수사의 명인'이라는 호칭을 줘야 할지도 모른다. 사건수사를 검사 혼자서 할 수 있는 것도 아니고, 간단히 약식으로 처리하는 사건을 제외하고, 정식으로 재판청구가 필요한 중요사건의 조사는 검찰수사관이 상당부분 담당해 왔던 것이 사실이다.

형사소송법 개정으로 인해 검사실에서 검사나 수사관이 하는 업무도 많이 달라졌지만 서로를 대하는 태도 또한 예전과 많이 달라졌다. 수사권 조정으로 인해 변화되는 업무에 대한 대처 방법을 강구함에 있어 검사와 수사관이 격의 없이 협의하고 토론을 한다. 예전에는 인터넷 게시판이 없어서 의사소통의 방법이 부족해서였는지 모르지만 검찰청에 요구되는 사안에 대해서 검사와 수사관의 협의나 토론은 존재하지 않았다. 위에서 만들어진 제도는 무조건 통보되고 의견 없이 시행되었지만 지금은 다르다. 검찰게시판에서 검사와 수사관의 토론이 활발하다. 물론 검사의 입장, 수사관의 입장이 다르겠지만 서로의 주장을 여과 없이 펼친다. 그를 통해 도출된 의견이 대검에 전달되고 정책에 반영되는지는 아직 모르겠지만 서로 토론을 한다는 것만으로도 고무적인 일이고, 검사나 수사관의 회의체 구성도 기대해 볼 만하다. 더불어 이제는 영화나 드라마 속의 검사나 수사관의 모습도 많은 변화가 있기를 기대한다.

02

검사실에 아메리카노는 없다

검사실의 자리배치

사실 '검사실'이라는 칭호에 대해서 저자는 이견을 가지고 있다. 검사만 근무하는 사무실이 아니고, 수사관과 실무관이 함께 근무하고 있다. 관공서나 일반 회사나 마찬가지지만 여러 사람이 근무하는 곳의 명칭을 한 사람의 직급을 사용하는 곳은 없다. 하나의 부서를 맡고 있는 과장, 부장, 차장, 검사장 등은 혼자 근무하고 있으므로, 당연히 부장실 등으로 부르는 것이고, 비서 역할을 하는 직원들이 있는 곳은 부속실이라고 부른다. 따라서 검사, 수사관, 실무관이 함께 근무하는 사무실은 그 명칭을 달리해야 하지 않나 생각한다. 검사는 단독관청이니 '검사실'이라고 하는 게 맞지 않느냐고 하거나, 아무것도 아닌 것 가지고 속 좁게 따진다고 할 수도 있겠지만, 이런 명칭 하나도 서로를 배려하는 기본이 되기도 한다. '검사실'이라고 부르기 때문에 그곳에서 근무하는 검사가 아닌 직원들을 비서로 인식하는 심리가 작용되었을 수도 있다. '검사실'의 명칭을 공모하면 많은 아이디어가 쏟아져 나올 수 있을 것 같은데, 아직 그런 생각을 하는 상부의 사람들은 없는 것 같다. 이 글을 읽은 분들이 검찰에 입사하여 제도 개선을 해보기 바란다.

어쨌든, 현재는 검사실로 되어 있으니 검사실에 대해서 설명해보자. 검사의 직위체계는 일선 지방검찰청의 경우 평검사, 부부장검사, 부장검사, 차장검사, 지청장 또는 검사장으로 되어 있다. 부장검사 이상이면 직접 수사보다는 평검사가 올리는 사건기록의 결재업무를 하고 있으므로, 통상 수사를 담당하는 검사는 평검사라 한다. 약 7~8평 가량의 크지 않은 평검사실에는 검사, 수사관, 실무관이 근무한다. 수사관이 2~3명인 경우도 있다. 영화 속의 검사실은 대기업 본부장실처럼 넓은 공간에 소파까지 갖춘 멋진 공간이지만 현실의 검사실은 검사, 수사관 2명, 실무관 이렇게 4명가량이 옹기종기 모여서 조사할 사람 몇 명만 소환하면 시장바닥이 돼버리는 작은 규모이다.

검사실 문 옆엔 검사, 수사관, 실무관의 이름을 새긴 명패가 있고, 문을 열고 들어서면 정면으로 보이는 자리가 검사, 양옆에 수사관, 실무관의 자리가 배치되어 있다. 검사와 수사관의 자리 앞에는 피조사자들을 위한 의자가 놓여 있어 소환된 피조사자들이 조사를 받게 된다. 고소인, 피의자, 참고인들을 한꺼번에 불러 대질 조사라도 하는 날이면 좁은 검사실은 북새통이 된다. 예전엔 검사 집무실이라고 하여 3평가량의 공간이 따로 있었지만 요즘은 그 공간을 점차 없애고 있다.

법 개정으로 수사구조가 바뀌게 되면서 검사실에서의 조사가 많이 줄게 되었으니 검사실의 환경도 많은 변화가 있을 것으로 보인다.

조사 전 커피 한 잔

우리 사회의 잘못된 관행이나 자극적이고 선정적이라 생각되는 행동들은 영화에서는 더욱더 자극적으로 표현된다. 자극적으로 표현해야 좀 더 눈길을 끌기 때문일 것이다. 검찰이나 경찰이 나오는 영화를 보면 검사나 경찰관이 조사 받는 피의자에게 반말로 욕설을 하고, 결재판 등으로 머리를 툭툭 치는 경우가 연출되기도 한다. 터프한 검사나 형사를 묘사하려고 삽입한 장면들이겠지만, 요즘 그런 행동을 하면 징계를 받거나 인권위원회 진정감이다. 나이가 아주 어린 피의자가 아니고는 반말을 하는 경우도 거의 없다고 보면 된다. 요즘은 피의자에 대한 인권보호 제도가 정립되어 자체적으로 인권침해 여부에 대해 감찰을 하고, 수시로 검사나 수사관을 대상으로 인권교육을 실시한다. 피의자 또는 조사를 받기 위해 출석한 사람들에게 무례한 행동을 하는 검사나 수사관은 없다. 인권교육을 떠나서 그런 행동을 당하고 있을 사람들이 요즘은 없다. 혹여 그런 피해를 당했다면 검찰청을 나서기도 전에 진정서를 제출하거나 기관장을 찾을 것이다.

검사실에도 정수기가 비치된 자리에 커피믹스나 과자류 등을 마련해두고 있다. 직원들이 이용하도록 마련한 것이지만, 피조사자들 그리고 검사실을 방문한 사람들도 자유롭게 이용할 수 있다. 미안하지만 아이스 아메리카노는 없다.《어쩌다 검찰수사관》초판을 읽은 어느 분이 도서 서평에 농담으로 '카누는 있나?' 하신 분이 계셨다. 내가 요즘 검사실에 가보니 카누는 있더라. 검사실에 조사를 받기 위해 소환된 사람들은 대부분 상당히 긴장하고 있으므로, 검사나 수사관은 조사 전에 커피 한잔을 권유한다. 긴장을 풀어주려는 것이다. 국민의 선입견보다 검사실 분위기는 그리 딱딱하지 않다. 잔뜩 긴장하여 무슨 말만 건네면 따지려 드는 사람들도 있는데, 너무 긴장해서 나오는 행동이다. '니들이 아무리 검사나 수사관이라도 난 절대 기죽지 않겠다.'라는 굳은 각오가 마음과 몸을 굳게 해버린 것이다. 그럴 필요 없다. 가끔은 평소 생각했던 것보다 편하게 대해주는 직원들이 고맙다며, 조사를 마치고 한참 후에 다시 들어오는 분들이 있다. 음료수를 사 오거나 먹을거리를 가져오는 것이다.

검찰청에는 인정머리라고는 찾으려야 찾을 수 없고, 삭막하기가 고비사막 같은 '검찰공무원행동강령'이라는 게 있다. 천 원짜리 음료수나 커피 한 잔도 받을 수 없다. 받지 못한다고 설명을 하고 한사코 거절하면 바닥에 내려놓고 가버리는 분들도 있다. 그때부터 그건 선물이 아니라 '짐'이 된다. 받은 사람은 감찰이나 청렴부서에 신고해야 하고, 신고를 받은 부서에서는 상부에 보고하고 결재를 받아 그 음료를 처분해야 한다. 예전 감찰 담당을 했던 시절에, 조사를 받은 시골 할아버님으로부터 단감 한 박스를 받은 수사관이 감찰에 신고를 해온 적이 있었다. 감찰부서에 신고가 들어오면 대검 감찰부까지 보고해야 한다. 누가, 언제, 어디서, 어떻게, 어떤 물건을, 왜 받았는지, 시가는 어느 정도 되는지, 사건 처리와 관련은 없는 것인지, 사람 피곤한 일이다. 친절하게 대해주어 고맙다는 할아버님의 인사가 오히려 수사관을 힘들게 한 사례지만, 검사실도 사람이 근무하는 곳이고 좋은 분들도 많다.

❖

03

검·경 수사권조정으로
검사실 업무는 어떻게 변했나?

검사가 수사를 개시할 수 있는 사건의 범위가 제한되었다

그동안 검사는 모든 사건에 대해서 수사를 개시할 수 있었으나 법 개정으로 인해 그 범위가 제한되었다. 검사가 직접 인지하는 사건뿐만 아니라, 고소, 고발 사건 또한 포함된다. 따라서 일반 국민이 제기하는 고소·고발 사건은 대부분 경찰에서 수사하도록 되었다고 보면된다. 다음 표에 기재하였다시피 검찰에서 직접 수사할 수 있는 사건은 대부분 대형사건으로 6대 범죄라고 칭하고 있다. 우리 국민이 고소하는 사건의 상당부분이 사기·횡령·배임 사건임에 비추어보면 그 중 5억 원 이상의 사건만 검찰에서 수사를 개시할 수 있으므로, 사실 경제범죄의 대부분은 경찰에 고소해야 한다고 보면 된다. 일반 국민들이 5억 원 이상의 사건에 연루되는 경우는 그리 많지 않기 때문이다. 그 외에는 부패범죄, 공직자범죄, 선거범죄, 방위사업범죄, 대형참사범죄이므로 일반 국민의 실생활과는 거리가 먼 사건들이다.

순번	유형	주요 범죄
1	부패범죄	뇌물수수(3,000만 원 이상), 알선수재, 변호사법위반 등
2	경제범죄	5억 원 이상 고액 사기 · 횡령 · 배임 등
3	공직자범죄	주요공직자의 직무유기, 직권남용, 독직폭행, 공무상 비밀누설, 허위공문서작성 등
4	선거범죄	형법상 공무원의 선거방해, 공직선거 및 조합장 · 대학총장 선거, 국민투표와 관련된 모든 선거범죄 포함
5	방위사업범죄	방위사업의 수행과 관련된 범죄
6	대형참사범죄	화재 · 붕괴 · 폭발 등으로 대규모 인명피해, 국가핵심기반 마비 등이 초래된 경우 그와 관련하여 범한 범죄

경찰에 '수사종결권'이 부여되었다

2021. 1. 1. 개정 시행되는 형사소송법의 개정으로 인해 검찰과 경찰의 관계, 그에 수반되는 검찰의 업무에 많은 변화가 도래하였다. 검사가 수사를 개시할 수 있는 범위가 제한되었고, 수사종결권의 일부가 경찰에 부여되었다.

가장 큰 변화는 검사가 수사를 개시할 수 있는 범죄의 범위가 제한

된 부분과 경찰에게 부여된 수사종결권에 대한 부분이다. 그동안 검사는 모든 사건에 대해서 수사를 개시할 수 있었으나 법 개정으로 인해 일부의 범죄만 수사를 개시할 수 있고, 범위에 포함되지 않는 부분은 모두 경찰로 이송하게 되어 있다. 또한 불기소에 해당하는 사건에 대해서 경찰에게 수사종결권이 부여되었다. 불기소는 혐의없음, 죄가 안 됨, 공소권 없음, 각하 등으로 처분되는 것을 말하는데 이러한 사건은 경찰 자체적으로 사건을 종결할 수 있어서 검찰에 사건을 송치하지 않는다. '불송치'라는 용어를 사용하기로 정해졌다. 다만, 이 불송치 사건은, 검찰에 정식 송치하는 것은 아니지만 사건기록을 '송부'하여 검사가 90일 동안 이를 검토, 확인하는 절차가 마련되었다. 검찰에 송치되는 사건수가 줄었다고는 하나 추가로 송부되는 불송치 사건을 검토해야 하는 업무가 검찰에 추가된 것이다. 따라서 이 불송치 사건을 검토하는 업무가 검사의 업무 중 상당부분을 차지하게 되었고, 검찰수사관 또한 이 업무에 인력이 투입되게 되었다.

검사실의 송치사건 처리 방법 또한 변화되었다. 기존에는 송치된 사건에 대해서 추가 수사가 필요하면 검찰에서 직접 수사하여 사실관계를 확인하거나 증거를 확보하였지만, 이제는 특별한 경우가 아닌 한, 사건을 송치한 경찰서에 '보완수사'를 요구하도록 되었다. 따라서 검사실의 주업무는 이제 사건 조사가 아닌, 기록 검토 및 판단 업무로 변화된 것이다. 이 부분에 대해서는 '검사실의 업무' 분야에서 구체적으로 알아보기로 한다.

검찰수사 대상이 아닌 사건은 경찰에 이송한다

국민이 제기하는 고소·고발장은 검찰청이나 경찰서에 제출한다. 그동안은 사건 내용과 관계없이 둘 중 아무 곳이나 제출하면 접수를 해주었지만, 이제는 달라져서 검찰에서 수사할 수 없는 사건은 검찰청에서 접수하지 않는다. 아직 시행 초기이므로 그 내용을 모르는 국민들이 검찰청에서 수사할 수 없는 사건임에도 검찰청으로 고소장을 접수하러 오는 경우가 다수 있다.

이렇게 검사가 수사를 개시할 수 없는 내용의 고소·고발장이 검찰에 접수되면 검찰종합민원실에 근무하는 검찰수사관이 접수과정에서 이를 걸러낸다. 내용을 파악하고, 판단해야 하는 업무이므로 보통 선임수사관이 담당한다. 검찰에서 수사개시할 수 있는 사건인지 경찰로 보내야 할 사건인지를 검토하고, 검찰에서 접수할 수 없는 사건이면 경찰서에 제출하도록 안내한다.

민원실 접수현장에서 판단하기 어렵거나, 우편으로 접수된 고소·고발장은 우선 검찰에서 접수한다. 이후에 검사실에서 검사가 내용을 검토하여 '타관이송'이라는 결정으로 경찰서로 이송하게 된다. 검찰에서 접수했더라도 검사의 수사개시 범위에 포함되지 않으면 어차피 경찰로 보내게 된다는 것이다. 그동안 경찰을 믿지 못하니 검찰에서 직접 수사해 달라는 고소·고발인들이 제법 있었으나, 이제는 법 규정상 검찰에서 수사하지 못하는 내용이 있으니 고소·고발하는 민원인들은 잘 판단해야 할 것 같다. 검찰에서 수사하지 못할 내용을 접수하면 괜히 시간만 낭비하기 때문이다. 이 책을 읽는 독자 여러분은 혹 주변에서 고소·고발장 제출이 필요한 분들이 있다면 이 점을 잘 알려 주기 바란다.

고소·고발장 검찰접수 절차

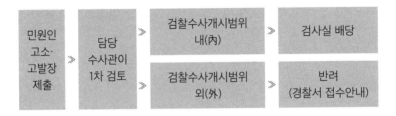

경찰에 고소한 사건은 검사가 보지 않는 것인가?

검찰에서 수사를 개시할 수 없다고 해서, 검사가 그 사건에 전혀 관여하지 않는다는 것은 아니다. 어차피 기소의견으로 검찰에 송치되면 예전과 같이 검사가 사건을 검토하고 최종 판단을 하게 된다. 경찰에서 불송치 결정을 하게 된 사건도 송치하지는 않지만 검찰에 원 기록을 송부하여 90일 동안 검사가 그 기록을 검토하게 되어 있다.

'송치'라는 용어와 '송부'라는 용어를 많이 헷갈려하는데 경찰에서 사건을 마무리한 후 기소의견 등으로 정식으로 검찰에 사건을 보내는 것은 '송치'라 하고, 경찰에서 기소할 수 있는 사안이 아니라고 판단하여 불송치 결정을 한 사건을 검찰에 보내서 검사가 법적용을 잘못한 부분이 있는지, 수사가 미진한 부분이 있는지 등을 판단하는 것을 '송부'라고 한다. 불송치 결정된 사건기록을 검찰에 보내는 것을 '송부'라고 하는 것이다. 이 제도 때문에 사건과에 근무하는 검찰수사관의 업무가 두 배로 늘었다. 송치사건 외에 불송치 사건을 따로 접수해야 하는 업무가 추가된 것이다. 법 개정으로 검찰이나 경찰이나 실무자들 입장에서는 무척 번거롭게 되었지만 법이 규정하였으므로 그에 따라야 한다.

04

❖

형사부

경찰에서 송치된 사건을
배당받아 수사한다

형사부는 원칙적으로 송치사건 처리부서다

형사부는 주로 경찰에서 검찰로 송치된 사건을 처리하는 부서다. 인지(認知)부서라고 하는 반부패수사부(특수부), 공공수사부(공안부), 강력범죄수사부(강력부) 등에 대비하여 경찰의 송치사건을 담당하는 부서를 형사부라고 칭한다. 형사부는 지검 단위부터 지청 단위에까지 모두 설치되어 있다. 대검찰청에도 형사부가 설치되어 있고 형사1과부터 형사4과까지 있지만 수사를 하는 부서는 아니고, 전국 검찰청으로부터 보고를 받고 관리하는 업무를 하고 있다.

따라서 지검 단위부터 지청 단위의 형사부는 실제 수사를 하는 부서인데 새로운 사건을 만들어 수사하는 부서는 아니고, 경찰에서 1차 수사를 마치고 넘어온 사건기록을 검토하고 판단을 한다. 일반 국민이 고소·고발한 사건을 대부분 이 형사부에서 처리한다. 경찰에서 검찰로 송치된 사건은 사건과를 통해서 각 검사실에 배당된다. 사건을 배당받은 검사실에서는 검사와 수사관이 사건기록을 검토하고, 수사가 미진하거나 증거가 부족한 부분에 대해서 추가로 조사 및 증거 수집을 하게 된다.

확보된 증거로 범죄사실이 인정되면 검사가 법원에 공소제기를 하고, 증거가 부족하거나 범죄가 인정되지 않는다면 불기소 처분을 하게 되는데 형사부 검사실에 근무하는 수사관의 역할이 조사와 증거수집인 것이다. 법 개정으로 인해 경찰에 보완수사요구를 하는 형태로 진행된다고 하더라도 모든 사건에 대해서 보완수사를 할 수는 없을 것이다. 따라서 기록 검토 및 증거 수집 등의 역할은 검찰수사관의 업무임은 상황이 바뀌어도 변하지 않을 것으로 보인다.

검찰수사관은 사건을 어떻게 배당받을까

경찰에서 송치한 사건은 사건과 접수 담당이 접수하게 된다. 접수된 사건은 전산실에서 필요한 사항을 입력하게 되는데, 매일 상당수의 사건이 접수되므로 접수 담당자는 매일 아침 정신없이 움직인다. 사건은 매일 각 검사실에 배당한다. 검사실로 배당된 사건은 검사가 먼저 기록을 검토하게 되고, 추가 조사가 필요하다고 판단되는 사건기록을 수사관에게 인계한다. 수사관이 2명인 검사실은 가지고 있는 사건 정도에 따라 적절히 배분하여 맡게 되는데, 아무래도 경력 있는 선임수사관이 중요하고 복잡한 사건을 맡고, 후임수사관이 경미한 사건을 맡게 된다. 사건기록을 인수한 수사관은 공소시효 도과여부를 먼저 파악하고, 먼저 처리해야 할 사건의 순서를 정한 후 캐비닛에 정리해둔다. 이후 정해진 순서대로 사건을 처리한다. 하나의 사건이 바로 바로 처리되는 것이 아니므로 미제사건은 계속 쌓이게 되는데, 복잡한 사건에 매달리게 되면 쌓이는 미제건수로 수사관은 스트레스를 받기도 한다. 수사관은 수사 과정에서 수시로 검사와 상의를 하지만, 수사관에게 인계한 사건은 전적으로 수사관 스스로 해결해 나가야 한다.

경찰관과 공모한 금고털이 사건

수사관으로서 경력이 늘어나면서 시간이 지나도 특별히 기억하는 사건들이 있다. 언론에 보도되는 대형사건이나 내용이 특이한 사건, 또는 피의자가 별난 사건들이다. 지금으로부터 약 7년 전, 내가 형사부 검사실 근무 당시 겪었던 특별한 사건이 하나 있다.

경찰관과 절도범 A가 공모하여 시골 우체국의 금고를 털었던 사건이다. 영화 〈오션스일레븐〉처럼 천재적인 범죄행각도 아니고, 배우 조지클루니처럼 핸섬하고 스마트한 사람은 아니었지만 사전에 범죄를 기획하고 금고를 절단하여 돈을 꺼낸 사실이 범죄 영화를 연상케 했다.

경찰관과 A는 어릴 적 친구 사이였다. 둘은 성장하여 한 사람은 경찰관이 되고, 한 사람은 절도 전과자가 되었다. 극과 극의 길을 선택한 둘의 만남이 차라리 시작되지 않았더라면 좋았겠지만 운명은 '돈'이라는 유혹을 수단으로 다시 만났다. 경찰관의 도박빚이 그 이유였다. 놀랍게도 범행을 제안한 사람은 A가 아닌 경찰관이었다. 자신이 순찰하는 지역의 우체국을 유심히 살피던 그는, 금고의 위치가 침입하기 쉬운 곳이라 판단하고, A에게 범행을 제안했다. 고양이에게 생선의 위치를 알려줬으니 공모는 쉽게 이루어졌다. 경찰관이 금고 위치를 휴대폰으로 촬영하여 A에게 알려주고, A는 우체국 옆 식당 벽을 뚫고 금고까지 도달한다는 계획을 세웠다.

식당 벽 하나만 뚫으면 바로 금고가 있었다. 경찰관은 식당 밖에서 미어캣이 되었고, A는 산소 용접기를 이용하여 금고 철판을 절단했다. 마음이 급했는지 구멍을 크게 뚫지 못했다. 겨우 주먹 하나 들어갈 만한 크기로 뚫린 구멍이 A의 발목을 잡았다. 좁은 구멍을 통해 돈을 꺼내던 A의 손등이 날카롭게 절단된 금고 철판에 긁혔다. A의 DNA가 고스란히 남은 것이다.

그들의 범행은 다음 날 지역 일간지와 지역방송에 대서특필되었고, 그들은 구속되어 검찰에 송치되었다. 언론에 보도된 사건은 검사실 두 개 정도가 수사팀으로 구성된다. A는 내가 있는 검사실에, 경찰관은 다른 검사실에 배당되었다. 사건 해결은 그리 어렵지 않았다. A가 범행 사실을 순순히 자백했다. 다만, 훔친 돈을 숨긴 장소는 극구 숨겼다. 다른 방의 경찰관도 같은 상황이었다. 둘 다 석방된 후 돈을 찾아 쓰자는 생각이었을까? 가장 중요한 증거인 돈을 찾지 못했으니 두 방 다 한참을 그들과 실랑이해야 했다. 훔친 돈 외에 다른 증거가 필요했다. A는 범행 당시 랜턴을 사용했고, 도주하는 길에 그 랜턴을 버렸다고 진술했다. 나는 랜턴을 찾자며 검사에게 보고하고 A를 대동하여 현장검증을 나갔다. 나를 포함하여 수사관 3명, 호송 교도관 3명이 호송차에 탑승했고 교도관들은 현장까지만, 현장에서부터는 우리가 신병을 인수하여 현장검증을 시작했다.

A를 앞세운 우리는 마을 뒷산 허리를 시작으로 산을 타고 넘었다. CCTV를 피하기 위한 A의 동선이었다. A의 범행 동선은 약 4킬로에 달했다. 범행 전 침입 동선과 범행 후 도주 동선은 같았으니 그나마 다행이었다. 금고절단에 사용한 산소 용접기는 범행 후 앞바다에 빠뜨렸고, 랜턴은 그 동선 어딘가에 버렸다는 진술이었다. 4킬로에 달하는 산속에서 손바닥만 한 랜턴은 쉽게 발견되지 않았다.

산속엔 벌을 키우는 곳, 소를 키우는 막사 등이 몇 군데 있었고, 누군가의 조상을 모셔놓은 묘도 몇 기 자리하고 있었다. 수색 두 시간쯤 지났을까? 묘를 쳐다보던 A가 그 근처 같다며 입을 열었다. 랜턴을 버릴 당시 묘가 보였다는 것이다. 우리는 힘을 얻어 그 근처를 수색했고, 우리가 아닌 A가 랜턴을 찾아냈다. 그 랜턴이 맞는지 몇 번을 확인했다. 범행에 사용했던 랜턴이 맞는지, 귀찮은 마음에 버려진 다른 랜턴을 보고 무작정 맞는다고 하는 것은 아닌지, 다행히 A의 진술은 명확해보였다. 우리는 확보한 랜턴을 전리품처럼 모셔왔다. 다른 물증이 없을 경우 유일한 물증이었다.

다음 날, A와 경찰관을 한 방에 불러 설득하다 둘에게 상의 할 시간을 주었다. 방법이 통했는지 둘은 훔친 돈의 행방을 자백했다. A는 부친 산소가 있는 산의 나무 아래, 경찰관은 자신의 집 뒷산 등산로의 나무다리 밑이었다. 오밤중에 두더지처럼 땅을 파서 돈을 찾아냈다. 돈은 한 푼도 비지 않고 모두 회수했다. 확보한 랜턴 1개, 회수한 현금 뭉치, 피의자의 자백, DNA 감정서, 증거는 충분히 확보되었고 기소에 문제는 없었다.

이렇게 검사실의 증거 확보는 매우 중요하다. 경찰에서 완벽한 증거를 확보하여 송치해주면 더할 나위 없이 좋겠지만, 완벽한 증거 없이 검찰에 송치되는 경우가 꽤 있다. 부족한 증거로 기소할 수는 없으니 결국 증거 확보는 검사실 수사관의 몫인 것이다.

05

❖

형사부

사건기록 검토와
피의자를 신문한다

사건기록 검토는 고시공부 하듯이

앞서 언급했듯이 형사부 검사실에서 검찰수사관에게 배당되는 사건은 조사가 필요하다. 1개 검사실에 배당된 월 100여 건의 사건 중 수사관 1인당 10~30여 건을 넘겨받는다. 물론 청의 규모에 따라, 그리고 검사실마다 다르겠지만 내가 검사실에 근무했던 시기의 기준이다. 검찰에서는 사건 처리기한이 통상 3개월을 넘기지 않도록 하고 있으므로 수사관은 배당된 사건기록 중 오래된 것을 먼저 검토하게 된다. 사기, 횡령, 배임 등 재산범죄 사건은 기록이 두껍고 복잡하여 머리가 지끈거린다. 기록이 두껍다고 도와줄 사람도 없다. 수사관에게 배당된 송치사건은 거의 혼자서 감당한다. 필요한 조사, 확보해야 할 자료, 조사할 사람들의 조사 순서 등을 메모하고 정하고 계획한다.

경찰송치사건의 기록 검토는 필수적이고, 매우 중요하며, 검찰의 존재 이유다. 사건기록을 검토하여 수사한 내용을 파악하고, 추가 수사가 필요한지 아니면 바로 결정할 수 있는 것인지를 판단해야 한다. 기록 검토가 부실하면 사건의 실체를 파악하지 못하게 되고 결국 부실한 수사와 잘못된 판단을 낳게 된다. 이는 곧바로 국민에게 피해가 가고, 검찰은 국민으로부터 신뢰를 얻지 못하게 되는 것이다. 그만큼 사건기록 검토는 꼼꼼하고 세밀히 해야 한다. 검찰수사관이 사건기록을 검토하는 이유는 두 가지 경우가 있다. 하나는 조사를 위해서이고, 하나는 조사 없이 기록을 검토한 결과에 대한 수사보고서를 작성하여 검사에게 인계하는 경우다. 예전 내가 검사실에서 수사할 당시에는 대부분 조사하기 위한 기록 검토였고, 기록 검토보고서를 작성하기 위한 경우는 그리 많지 않았다. 그러나 요즘은 바뀌는 추세다. 검찰에서 직접 보완수사를 하는 경우가 적어지면서 조사보다는 사건기록 검토 후 처리 방향 설정의 형태로 수사관의 역할 변화가 있을 것 같다.

사건기록은 먼저 형식적 요건을 검토한다. 피의자 인적사항과 범죄사실, 그리고 첨부된 압수물 등이 부합하는지, 범행일시를 확인하여 공소시효가 완성된 것은 아닌지, 친고죄의 경우라면 고소요건이 충족되어 있는지 등을 확인한 후에 범죄사실 내용에 대한 검토를 시작한다. 형식적 요건이 부합하지 않는다면 그 요건부터 보완한 이후에 수사를 시작해야 하기 때문이다.

형식적 요건의 흠결이 없다면 범죄사실과 그에 대한 증거여부를 검토한다. 사실 이것도 아주 힘들다. 경찰에서 올라오는 사건기록은 일목요연한 정리가 어렵다. 경찰의 초동수사는 수사 방향 및 발생할 자료를 미리 알 수 없다. 따라서 기록이 보기 쉽게 정리되지 않는다. 여기 저기 분산된 자료나 증거를 검찰에서 정리하고 요약해야 한다. 포스트잇이나 메모지를 이용하여 증거를 표시하고 사건을 요약한다. 사건기록 검토는 상당 시간이 소요된다. 마음이 급하다고 바늘허리에 실을 맬 수는 없다. 여유 있는 마음과 꼼꼼한 눈으로 보고 또 봐야 한다. 모든 사건의 실체는 사건기록에 있다. 경찰은 현장에서 증거를 찾지만 검찰은 기록에서 찾아야 한다. 사건기록을 신속하게 파악하는 수사관이 베테랑 수사관이다. 사건기록 검토는 고시 공부하듯 해야 한다.

피의자 소환은 피의자가 원하는 일자에

사건기록을 검토하여 조사가 필요한 사건은 조사계획을 세운다. 조사할 사람, 조사할 내용, 조사일자 등 계획을 메모하고 정리한다. 조사계획이 정리되면 조사할 사람에 전화하여 조사 일정을 조율한다. 조사 일정을 일방적으로 통보했던 호랑이 담배 피우던 시절도 있었으나 요즘은 시대가 변했고, 일방적 통보에 응할 사람도 없다. 대부분 상대방의 동의를 얻고, 상대방의 일정에 맞춘다. 대검에서는 소환이라는 용어는 자제할 것을 권유한다. 강압적인 어감 때문이다. 아직 언론에서는 '소환'이라 쓰지만 검찰은 '출석요구'를 사용한다. 우편으로 나가는 문서의 제목도 '출석요구서'다.

약속한 상대방이 출석일자에 모두 출석하는 것은 아니다. 약속은 깨라고 있다는 우스갯소리처럼 참 많은 사람이 약속을 지키지 않는다. 검찰청에서 부르는데 반색하며 나올 사람은 없다지만, 사연도 많고 핑계도 많다. 병원에 입원했다, 친척이 상을 당했다, 갑자기 암이 발견되었다, 아내가 집을 나갔다, 별별 변명거리가 넘쳐난다. 달리 방법은 없다. 일정을 다시 잡고 다음을 기약한다. 거짓말 같지만 알 수는 없고, 거짓이라고 처벌할 수도 없다. 자진해서 오는 전화나 전화를 받는 사람은 그래도 고맙다. 연락도 없고, 전화도 불통인 사람이 대부분이다.

내 경험 중 소환과 관련한 일화도 있다. 출석을 약속한 피의자가 나오지 않았다. 다행히 전화는 받았으니 이유를 물었다. 상대방의 대답이 가관이었다. "날이 좋아서"가 그 가관인 답변이었다. 도깨비의 공유도 아니고, 이유를 재차 물었다. 황당한 답변의 사정은 날이 좋으니 일을 해야 한다는 것이었다. 그는 건설현장의 일용직 노무자였다. 날이 좋으니 일을 나오라는 사장의 호출 때문에 검찰에 출석하지 못한 것이다. 생계 때문인 걸 어쩔 것인가?

조사 일정이 틀어지면 짜증이 난다. 하루가 틀어지면 계속해서 틀어진다. 사건은 쌓여있고, 일정은 틀어지고, 스트레스가 기록만큼 쌓인다. 소환만 되면 사건 절반을 처리한 것이라는 말도 있으니 참 소환이 어렵기는 하다. 법 개정으로 검찰 직접 조사가 줄어들면 조금 나을 수는 있겠다. 완전히 사라지진 않을 테고 소환은 검사실 업무에서 꽤 중요한 부분을 차지한다. '정당한 이유 없이' 여러 번 출석을 거부하면 체포를 할 수 있다. 물론 영장을 받아서다. 여러 번 출석 거부는 영장 발부 사유가 된다. 당연히 피의자의 경우다. 참고인에게는 출석 강요를 할 수 없다. 체포보다는 설득이 좋다. 소환도 수사관의 능력이다.

피의자신문과 조서 작성은 꼼꼼하게

"피의자가 홍길동인가요?", "예, 제가 홍길동입니다." 인정신문(認定訊問)이라고 들어봤을 것이다. 피의자의 성명, 주민등록번호 등을 물어 당사자가 맞는지 확인하는 절차다. 아주 가끔 형이 동생 행세를, 동생이 형 행세를 하는 일도 있고, 다른 사람의 주민등록증을 제시하거나, 다른 사람의 주민등록번호를 외워 읊어대는 경우도 있다. 드문 사례이기나 하나 당사자임을 확인하는 절차는 필수고, 이를 인정신문이라 한다.

"피의자는 진술을 거부할 권리가 있고, 진술을 거부하더라도 불이익은 받지 않습니다. 진술거부권을 행사할 것인가요?"
"아닙니다. 진술하겠습니다."

진술거부권 고지다. 물론 실제 조사할 때는 진술거부권을 고지하는

4가지 항목이 있고, 인쇄된 문서를 제시한 후, 고지확인 서명을 받는다. 진술거부권은 헌법상 보장된 권리이므로 어떤 상황에서도 진술을 강요할 수 없고, 진술거부권의 고지 없이 받은 진술은 위법이다. 가끔 오해하는 경우가 있는데 진술거부권은 포기할 수 있는 권리가 아니다. 진술을 거부하지 않고 진술하는 것은 진술거부권을 행사하지 않는 것이지, 진술거부권을 포기하는 것이 아니다. 진술거부권을 포기한다며 서면에 서명했다고 해도 아무런 효과는 없다. 참고로 알아두기 바란다.

피의자가 진술거부권을 행사하면서 진술을 거부하면 어떻게 되느냐? 진술을 거부한다고 신문을 못 하는 것은 아니지만 답이 없는 질문은 의미가 없으므로, 설득해야 한다. 아무리 설득해도 안 되면 거부한다는 내용의 수사보고서를 작성하여 기록에 첨부한 후에 나중을 기약해야 한다. 진술을 강압적으로 강요할 수는 없다.

진술거부권까지 고지했으면 검찰수사관은 피의자를 신문하게 된다. 사실 형사소송법에는 피의자에 대한 신문은 검사가 하게 되어 있고, 조서 작성 또한 검사가 하게 되어 있다. 하지만 검사 혼자서 모든 사건을 조사할 수 없으므로, 실무상 수사관이 피의자신문을 하는 것이 관례가 되어 왔다. 물론 사회적으로 이슈가 되는 대형사건의 경우에는 검사가 직접 신문을 한다. 최근 법 개정으로 인해 직접조사가 많이 줄었다고는 하지만 검찰수사관의 주요 업무는 피의자를 신문하고, 피의자신문조서를 작성하는 업무인 것은 사실이다. 법 개정으로 검사가 작성한 조서와 경찰이 작성한 조서의 증거능력을 동일시하게 되면 피의자신문조서의 의미가 약해지겠지만 아직 조서는 작성되고 있고, 이후에도 많든 적든 조서는 작성될 것으로 보인다.

피의자신문조서는 사건이 기소된 경우 법정에 유죄의 증거로 사용될 수 있고, 피의자의 진술을 담는 중요한 문서이므로 조서 작성 능력이 필요하다. 조서는 속기록이 아니므로 피의자의 진술을 말하는 대로 기재해서는 안 되고, 진술 취지를 명확히 기재해야 한다. 수사관이 작성한 내용에 따라 진술 취지가 달라질 수 있으므로 신속하고 정확한 조서 작성은 수사관이 습득해야 할 수사의 기본 능력이다.

피의자신문조서뿐만 아니라 모든 조서가 마찬가지다. 내가 초급수사관이던 시절에 판사는 판결문으로 말하고, 검사는 공소장으로 말하며, 수사관은 조서로 말한다는 말이 있었다. 그만큼 수사관은 조서 작성에 있어 베테랑이 되어야 한다는 것이다.

내가 처음 검사실에서 수사를 시작할 당시만 해도 조서 작성방법에 대해서 가르쳐주는 사람이 없었다. 무작정 기존 샘플 기록을 보면서 대략 조서 작성 방법을 터득하고, 스스로 연습하여 익혀나가는 방법 밖에 없었다. 지금은 법무연수원에서 수사관 수사역량강화라는 교육과정이 있어 사전에 공부할 기회가 제공되고 있다. 그나마 부실하고 미흡한 조서는 줄었겠지만, 경험 없는 수사관이 처음 작성한 조서는 무엇을 조사했는지 모를 정도의 내용이 기재되기도 한다. 피의자를 앞에 앉혀 놓고 조사하는 행위는 긴장이 된다. 어떻게 조사를 마쳤는지 정신이 없다. 실수를 줄일 방법은 공부와 경험뿐이다.

피의자신문사항은 미리 준비하는가?

피의자를 신문할 사항은 사건기록 검토를 통해서 미리 준비해야 한다. 메모를 하거나 포스트잇으로 기록에 표시를 해두고, 무엇을 물을 것인지, 어떤 부분을 확인할 것인지 머릿속에 준비가 되어 있어야 하고, 사건 전체를 이미 파악하고 있어야 한다. 송치사건은 경찰에서 1차 조사가 되어 있는 사건이므로 기록에 대부분 내용이 들어 있다. 1차 조사를 마친 사건을 검찰에서 다시 조사하는 이유는 미진한 부분이 있기 때문이다. 경찰조사에서 쟁점이 누락 되었거나 증거관계가 명확하지 않은 부분 등을 명백히 하는 것이 검찰의 수사이다.

피의자에 대한 조서는 진술의 취지만 명확하고 간결하게 작성해야 하므로 이 조서 작성훈련을 위해서는 독서와 글쓰기가 많은 도움이 된다. 피의자의 진술을 속기사처럼 그대로 기재하는 경우 문장만 길어지고 내용의 명확성은 기대할 수 없다. 진술을 듣고 그 취지만 요약하여 신속하고 명료하게 타이핑할 수 있으려면 많은 독서와 글쓰기 연습이 필요하다. 이 글을 읽은 독자들은 '수사관이 무슨 글쓰기 연습이냐'고 하겠지만 아주 중요한 부분이다.

피의자신문조서는 수사관과 피의자의 신문내용을 기재한 대화록이다. 조서 작성이 길어지는 경우 한 번에 40장에서 50장까지 작성되는 경우가 자주 있다. 그 조서를 가장 먼저 읽는 독자는 피의자이고, 그다음은 검사, 그리고 결재라인인 부장, 차장, 제일 마지막으로 법원의 판사가 본다. 모두가 독자이다. 신문사실을 기록한 대화록의 독자인 것이다. 독자들이 내용을 이해하지 못하는 글은 글로서 가치가 없듯이, 내용이 불명확하게 작성된 피의자신문조서 또한 가치 없는 문서가 된다. 중언부언하였으나 검찰수사관도 베테랑 수사관이 되기 위해서는 다독과 글쓰기 연습이 필요하다는 것이다. 검찰수사관이 되고자 하는 독자들은 참고하라.

수사관은 어떤 것들을 묻는 것인가?

수사관이 되고자 하는 독자들은 피의자를 조사할 때 도대체 무엇을, 이렇게 묻는 것으로 시작하는지 궁금할 것이다. 검찰수사관이 되면 자연스럽게 배우게 되지만 일반 독자들도 궁금할 수 있으니 간단히 이야기해보자.

간단한 교통사고나 음주운전 때문에 조사를 받아본 분들이 있다면 아시겠지만, 가장 먼저 인적사항을 물은 후에 전과관계, 학력·경력, 재산의 정도, 가족관계, 상훈사항을 물었을 것이다. 해당 사건에서 잘못한 것만 물으면 되지 왜 그런 것까지 묻느냐고 의문을 품는 분도 있겠지만, 모두가 양형에 적용할 법조항과 관련된 질문이다. 형법을 공부한 분들은 이해가 빠를 수도 있겠다. 전과여부는 영업범, 계속범, 상습범, 누범, 집행유예결격여부 등을 판단하는 데 당연히 필요한 부분이다. 이 단어들이 생소한 분들을 위해 설명하자면 이 영업범 등의 내용은 법 몇 조 몇 항을 적용할 때 사안마다 달라진다는 것이다. 가끔 전과를 물으면 '현재 잘못한 것만 물으면 되지 왜 전과까지 묻느냐'며 예민하게 반응하는 분도 있다. 필요한 이유를 설명하기도 하지만 더는 묻지 않고 넘어가기도 한다. 굳이 답이 없어도 전산으로 확인할 수 있기 때문이다.

학력·경력, 재산의 정도는 양형자료로 활용한다. 학교에 다니지 못한 시골 할아버지, 할머니가 죄가 되는지 몰랐다고 변명하는 것과, 법대를 나온 고학력자가 죄가 되는지 몰랐다고 하는 것은 그 차이가 크고, 100억대 재산가에게 구형하는 벌금 액수와 하루 10만 원을 버는 일용직에게 구형하는 벌금 액수는 당연히 달라야 하므로 학력과 재산 정도도 꼭 필요한 물음이다. 그럼 가족관계는 왜 필요할까? 미성년자나 제한능력자 등 보호자가 필요한 경우에 확인을 한다. 그 외에 필요 없는 경우에는 굳이 묻지 않기도 한다. 상훈관계는 양형자료로 활용한다. 국가유공자나 상훈법에 따라 훈장 등을 받은 사람은 1회에 한하여 기소유예를 처분하도록 하는 규정이 있다. 물론 모든 죄에 해당되는 것은 아니고, 경미한 범죄에 대해 그럴 수 있다는 것이다.

인적사항을 확인하고, 전과관계 등을 모두 확인했으면 이제 본격적으로 피의사실에 대해서 묻게 된다. 방법은 누구나 알고 있는 육하원칙에 따라서 물으면 된다. 법률용어로, 구성요건에 관한 사항을 묻게 되는데, 누가, 언제, 어디서, 무엇을(누구를), 어떻게, 왜, 형식으로 묻게 된다. 간단한 것 같지만 사실 복잡한 부분이다. 마지막으로 범행 후 태도나 정상참작 할 사항, 양형에 관한 사항, 그리고 피의자에게 이익이 되는 사항 등에 대해서 묻고, 조서에 기재한다. 검찰수사관이 되고자 하는 분들은 궁금한 부분일 것 같아 언급해 보았다.

쉬는 시간은 꼭 필요하다

검사실에서는 검사나 수사관이 각자 맡은 사건의 피의자를 같은 시간에 조사하는 경우가 있다. 이때 수사관이 조사할 때 검사는 이석을 해서는 안 되고, 검사가 조사할 때 수사관도 이석을 해서는 안 된다. 수사관이나 검사나 혼자서 하는 단독조사는 규정상 금하고 있다.

수사관이 사전에 기록을 파악하고, 조사할 내용을 메모해두었지만 피의자의 진술이 예상과 달라지면 조사가 어려워진다. 예상대로 진술하는 피의자는 거의 없다. 대부분 자기주장을 하느라 진술도 중언부언한다. 요점만 대답해주면 좋겠지만 그런 사람은 없다. 스트레스가 팍팍 쌓이는 부분이다. 요점만 말해달라고 부탁하지만 통하지 않는다. "왜 제 말을 안 믿어주시는 겁니까?" 자신의 이야기를 믿어주지 않는다며 큰소리치며 항변한다. 잠시 쉬어야 하는 타임이다.

장시간 조사는 쉬는 시간이 꼭 필요하다. 조사가 길어지면 최소한 1시간 반에서 2시간마다 10분 정도씩은 쉬어야 한다. 수사관이나 피의자나 화장실도 다녀오고 허리도 펴야 한다. 조사 받는 사람도 힘들겠지만 수사관도 힘들다. 수사관은 거의 매일 컴퓨터로 조사하는 직업이다. 허리나 어깨에 고질병을 안고 있다. 장시간 조사로 뭉친 어깨 때문에 한의원을 찾아 침을 맞는 경우도 적지 않다. 평소에 운동을 해 두지 않으면 금방 골병이 든다. 컴퓨터 타자속도가 느리면 조사도 느려질뿐더러 확인해야 할 부분을 확인하지 못하고 끝나는 경우도 있다. 검찰수사관의 타자속도는 능숙하고 빨라야 한다. 수사관을 준비 중인 분들은 타자연습도 충분히 해두어야 한다.

대질신문이 필요한 경우가 있다

고소사건의 경우, 앞서 불구속 송치사건의 조사 방법과 같이, 피의 자가 범죄사실을 부인하는 경우 고소인과 대질 조사가 필요해진다. 고소인과 피의자를 같이 불러서 한 자리에서 서로의 진술을 듣는 방 법이 '대질'이다. 이 경우 고소인과 피의자를 같은 일자, 같은 시간에 출석토록 요구한 후, 수사관 앞에 앉혀놓고 대질 조사를 시작한다. 대 질 조사는 상당한 기술이 필요한 조사이다. 2명 이상을 앉혀 놓으면 서로 자기주장만 늘어놓고, 상대방의 진술을 듣고 거짓말을 한다며 소리치고 악쓰는 경우가 많다. 수사관은 이를 통제해야 한다. 그냥 두 면 검사실이 시장 바닥이 된다. 적당한 방법으로 제어를 하고, 수사관 이 조사를 끌어가야 한다. 피의자가 진술할 때에는 고소인이 끼어들 지 못하게 하고, 고소인이 진술할 때에는 마찬가지로 피의자가 끼어들지 못하게 하는 방법으로 제어해 가며 조서를 작성해야 한다. 대질 조서 작성에도 기술이 필요하다. 두 사람 이상의 진술을 한 조서에 작성해야 하므로, 잘못 기재하면 무슨 말인지 알 수 없는 조서가 나온다. 누구의 진술인지를 명확히 하고, 질문의 주제마다 서로의 진술 취지를 명확히 기재하여 진술의 차이점을 분석할 수 있어야 한다. 이러한 심문방법 및 조서 작성방법 또한 경험이 필요한 부분이다. 대질 조사가 마무리되면 조서를 출력하여 고소인, 피의자 두 사람의 간인을 한 후 조서를 마무리하고 두 사람은 돌려보낸다. 이렇게 대질 조사는 마무리된다. 그 외에도 검사실에서는 고소인 진술조서 작성, 참고인 진술조서 작성, 피의자와 참고인 대질, 피의자끼리의 대질 등 매일 매일 그리고 하루 종일 반복된다.

수사관은 피의자를 리드해야 한다

수사관은 피의자를 리드해야 한다. 피의자에게 끌려가는 수사관은 결국 필요한 내용은 조사하지 못하고, 피의자의 주장만 기재하는 속기사가 되고 만다. 수사관은 신문 초기에 피의자를 압도해야 한다. 압도한다는 의미가 고압적이거나 강압적으로 대해야 한다는 말이 아니다. 최대한 여유 있는 마음가짐으로 수사관이 모든 것을 알고 있으니 '거짓말을 해서는 안 되겠구나' 하는 마음이 들도록 해야 한다. 고압적이거나 강압적인 태도는 상대방의 마음을 닫아버리는 역효과가 나올수 있으므로 최대한 상대방을 배려하되 주도권을 뺏겨서는 안 된다는 의미다. 피의자가 부인한다고 해서 대충 조사하고 수사에 성의가 없는 것으로 비추어지면, 상대방도 같은 마음으로 수사에 협조하지 않게 된다. 처음부터 끝까지 수사에 열정적인 태도를 보여야 상대방도 마음을 열고 무언가 도움을 주고 싶어 한다. 인격을 무시하거나 모욕적인 말도 사용해서는 안 된다. 과도하게 법률용어나 전문용어를 사용해도 상대방이 집중을 못 하는 역효과가 발생한다. 많은 경험과 숙달이 필요한 부분이다. 이 책을 읽는 독자가 수사관이 아닌데 수사기법을 열거하느냐는 의문이 있겠지만 그만큼 수사관들은 사건 하나하나에 열정을 쏟고 있음을 알아 달라는 것이다.

여기서, 조사 받는 사람이 가져야 할 태도에 대한 팁이 있다면, 최대한 수사에 협조하는 태도를 보이는 것이다. 거짓을 말할 수는 없으니, 있는 사실을 진술할 때 최대한 진지하게 수사에 협조하고 있다는 인상을 주어야, 수사관도 조사 받는 사람에 대해 이해하는 마음을 가지게 된다. 수사관도 사람인지라 성의 없는 태도는 최대의 적이다.

간단한 사건의 조사는 짧게는 2시간 길어도 4시간 정도면 마무리된다. 복잡한 사건은 온종일 걸리거나 2차 소환을 해야 하는 경우도 있다. 언론에서는 검찰에 들어간 시간과 나오는 시간을 계산하여 시간이 길어지면 강도 높은 조사를 했다는 보도를 하지만, 강도 높은 조사가 아니라 확인할 내용이 많아서이다. 조사는 말로만 하는 게 아니다. 진술을 모두 조서로 작성해야 하고, 작성된 조서를 피의자가 또 열람해야 한다. 조서 작성 시간이 4시간인데 조서를 2시간씩 읽는 사람들도 있다. 하도 답답하여 '조서를 외우고 가실 것이냐'고 물으면 무섭게 째려본다. 조서 작성뿐 아니라 열람까지 하므로 조사하는 데 시간이 걸릴 수밖에 없는 이유다.

수사관이 조사를 마무리하면, 작성된 조서를 검사가 열람하고 피의자에게 진술 내용을 다시 확인한다. 이때 검사는 조서에 수정할 내용이나 추가할 내용이 있으면 피의자에게 추가 질문하여 직접 수정한다. 수사관의 컴퓨터와 검사의 컴퓨터는 같은 프로그램을 사용하고 있으므로, 수사관이 조서를 저장하면 검사 컴퓨터에서 바로 조서를 확인할 수 있다. 수사관 책상 앞에서 조사했는데 검사가 조서의 내용을 모두 알고 있는 이유다. 수사관의 조사가 마무리되면 검사는 그 조서를 모두 확인하고 최종 확인이 끝나면 수사관은 조서를 출력하여 피의자에게 열람을 시키고, 진술한 내용과 조서의 취지가 맞는지 확인시킨다. 피의자들은 조서를 읽고 몇 가지를 더 추가 기재한다. 대부분이 그렇다. 조금이라도 자신의 주장을 더 써넣고 싶어 하는 심리다. 추가 기재는 원하는 대로 하게 한다. 피의자의 권리다. 추가 기재를 할 수 있도록 하니 조서를 처음부터 다시 고쳐 쓰는 사람들이 가끔 있지만 어쩔 수 없다. 때로는 수사관의 질문 내용을 고치는 사람들이 있다. 질문 내용은 고쳐서는 안 된다. 질문은 검사나 수사관이 한 것이므로, 조사를 받는 사람은 자신이 진술한 답만 고칠 수 있다.

열람이 끝난 피의자는 마지막 장 진술자 란에 이름을 쓰고 서명한다. 서명을 마친 피의자는 간인을 하게 된다. 조서 우측에 피의자가 간인하고, 조사자인 수사관은 왼쪽에 간인한다. 피의자는 도장을 사용하거나 도장이 없는 경우 우측 엄지손가락으로 간인하게 된다. 조서의 간인까지 끝나면 그날 조사는 끝나고 피의자는 돌려보낸다.

✧

06

형사부

수사보고서 작성과 죄명확인 및 판례검색은 필수다

수사보고서를 작성한다

수사관은 매일 여러 건의 수사보고서를 작성한다. 수사보고서라는 것은 일종의 사건기록일지 정도로 이해하면 된다. 수사 도중에 발생한 사건이나 확보한 증거자료, 수사 진행 상황 그리고 피의자, 고소인, 참고인 등과 나눈 통화 내용까지 모두 수사보고서에 기재하고 사건기록과 함께 편철한다. 예컨대, 피의자와 통화한 내용의 보존이 필요하면 '피의자와 전화통화보고', 확보한 자료의 보존이 필요하다면 '○○자료 첨부 보고' 등으로 기재하여 기록에 편철한다. 수사의 객관성 및 증거 보존 등을 위해 꼭 필요한 작업이다. 수사관뿐만 아니라 검사도 수사에 필요한 내용을 본인이 직접 수사보고서로 작성하여 기록에 편철한다. 누구에게 보고하는 문서이기보다는 검사나 수사관이 당시 어떤 내용을 수사하고 있는지 기록하여 문서로 남기는 것이다. 수사보고서 역시 제삼자가 보는 문서다. 따라서 수사보고서의 제목만으로도 어떤 내용인지 파악할 수 있도록 작성해야 한다. 예컨대, '피의자 추가 서류 제출 첨부 보고'라는 제목이라면 피의자가 어떤 서류를 제출했는지 알 수가 없다. 구체적인 서류 명칭을 명시해야 한다. 또한 '본건 관련 판결문 첨부 보고'라는 제목 역시 어떤 내용의 판결문인지 알 수가 없다. '피의자 사기 전력 판결문'이나 '참고인 ○○ 사건 승소 판결문' 등처럼 구체적인 내용을 제목에 기재해야 한다. 정해진 양식은 없지만 검찰수사관들이 사용하는 일반적인 형식은 존재한다. 그간 선배들이 사용해왔던 형식을 대부분 사용하고 있고, 수사보고서는 원칙적으로는 증거능력이 없지만, 가끔 객관적인 사실이 기재된 경우나 수사보고서 뒤에 첨부된 자료가 증거로 채택되는 경우는 있다. 실무상 수사보고서는 매우 다양하고 빈번하게 사용하고 있다.

적용할 죄명 확인 및 판례검색이 필요하다

조사를 마친 피의자가 돌아가면 수사관은 완결된 조서를 기록에 편철하고, 추가로 확인해야 할 사항을 메모하거나 소환할 사람을 정하여 소환한다. 이와 같은 방법으로 수사는 계속되고 더 이상 조사할 사람이나 확인할 내용이 없으면 기록을 정리하여 검사에게 인계한다. 이렇게 수사관의 사건기록 한 건이 마무리된다. 검사는 수사관이 정리하여 넘겨준 사건기록을 다시 살펴보고 최종 처분을 한다. 처분이라고 하면 '기소' 또는 '불기소' 등을 결정한다는 것이다.

수사관은 조사가 마무리되고, 필요한 증거가 모두 수집되었다고 판단되면, 해당 사건과 유사한 판례를 검색할 필요가 있다. 간단한 사건이나, 판례까지 검색할 필요가 없다고 판단되는 사건은 예외지만, 사건이 복잡하거나 명백한 죄명으로 의율하기 곤란하다고 생각되는 경우에는, 비슷한 사건의 판례검색을 통해서 죄명 및 적용법조 그리고 기소가능 여부를 명백히 해주어야 한다. 사건 조사에 직접 관여하지 않았던 검사가 사건의 상세한 부분까지 파악하려면 많은 시간이 소요된다. 따라서 직접 조사에 임한 수사관이 사전에 이를 확인해주면 검사의 사건 처리에 큰 도움이 되고 시간을 절약할 수 있다. 그 검사실에 배당된 사건은 검사 한 사람의 사건이 아니고, 그 방에서 해결해야할 사건이므로 주인의식을 가지고 세세한 부분까지 신경 써서 마무리해야 한다. 검사나 수사관이 미처 신경 쓰지 못하여 누락한 부분 때문에 죄를 범한 범죄자임에도 무죄를 선고받는 경우가 많기 때문이다. 유사 판례검색은 수사관의 컴퓨터에서 검색할 수 있으므로 판례검색하는 방법을 숙지해두면 업무에 용이하게 활용할 수 있다.

독자 중에 법을 공부하고 있다면 쉽게 이해하겠지만, 행위는 하나임에도 여러 가지 죄명으로 판단할 수 있는 경우가 있다. 이런 경우는 판례를 통해서 그 죄명을 명백히 해주어야 검사가 최종판단함에 있어 혼란이 없다. 이도 저도 아니게 조사를 해두거나 판단할 근거가 부족하면 검사는 처음부터 사건을 다시 검토해야 하는 시간 낭비를 하게 된다. 검사의 보조기관으로서의 수사관의 역할은 그만큼 중요하다. 검사가 만능은 아니므로 수사관이 검사에게 알려준다는 마음으로 판례 등의 자료는 충분히 찾아내 기록에 편철해둘 필요가 있다. 수사관이 만능이 되어야 한다.

'절도사건'이라면 이렇게 수사한다

수사관들이 사건을 어떻게 수사하는지 이야기하고 있으니 수사에 대한 사례를 하나 들어보자. 물건을 훔친 절도사건기록이 송치되어 왔고 수사관이 이를 배당받았다. 간단한 사건이지만 챙겨야 할 부분도 많다. 형법을 공부하고 있는 독자들은 내가 수사관이 됐다고 생각해보는 기회를 가져 봐도 좋을 것 같다.

'절도죄'는 타인의 재물을 소유의 의사로 가져가는 범죄다. 우선 기록을 검토하면서 절도사건이 한 번만 이루어진 단순 절도인지, 여러 차례에 걸쳐 이루어져 상습성이 있는 범죄인지 파악해야 한다. 상습성이 인정되면 특정범죄가중처벌등에관한법률로 처벌이 가능하기 때문이다. '절도죄'는 재산범죄 중에서 가장 고전적인 범죄로 상습성과 반복성이 있지만, 다른 재산범죄인 사기나 횡령 등과는 달리 피의자가 범행을 자백하는 비율이 높다. 말하자면 훔치지 않았다고 굳이 버티는 사람은 많지 않다는 것이다. 그래서 자백을 받기 위해 소요되는 시간보다는 어떤 죄명으로 의율 할 것인지 판단하는 데 신경 써야 한다. 단순 절도인지, 야간에 이루어진 주거침입절도인지, 야간에 건물의 출입문을 부수고 들어간 특수절도인지, 흉기를 사용했거나 2인 이상이 있었던 특수절도인지를 명확히 판단해야 한다는 것이다.

'절도죄'는 주로 어딘가로 침입해서 물건을 훔치는 침입절도가 주를 이루기는 하지만 소매치기 수법의 절도도 있다. 요즘은 많이 없어졌지만 예전에는 소매치기가 상당히 많은 시절도 있었다. 방법에 따라 칭하는 용어들이 재미있으니 한번 들어보라. '날치기'라는 수법은 많이 들어봤을 것이다. 노상에서 물건을 순간적으로 잡아채 도망가는 수법이다. 해외여행을 가보면 이런 수법들이 아직도 많다. 저자도 몇 년 전 스위스 여행에서 이 수법에 당할 뻔한 일행을 구한 적이 있었다. '들치기'는 시장이나 백화점 등의 상점에서 물건을 고르는 척하다가 슬쩍 훔치는 수법이다. 은행 창구에서 현금을 인출하는 것을 지켜보다가 바로 가로채는 수법도 '들치기'라고 한다. '아리랑치기'는 뉴스에서 가끔 나오는 용어이니 알고 있을 수도 있겠다. 밤에 술에 취해서 길에 쓰러져 있는 행인을 부축해주는 척하면서 지갑을 빼가는 수법이다. 당연한 잔소리지만 술은 적당히 기분 좋을 정도만 마시는 것이 좋다. 만취하여 길에서 헤매지 말자. '굴레따기'라는 수법도 있다. 혼잡한 지하철이나 버스 안에서 목걸이나 팔찌 등을 끊어가는 수법이다. 그 외에도 '안창따기', '올려치기', '바닥치기' 등의 수법이 있지만 이런 용어를 다 외우거나 알고 있을 필요는 없다. 경찰에서 이미 이 수법들에 대한 용어를 기재해서 올라온다. '가로치기'라는 수법은 길 가는 행인을 덮쳐서 금품을 가져가는 행위로 절도죄가 아닌 강도죄로 의율해야 한다. 피해자의 몸을 제압하는 등의 행위가 있다면 절도가 아닌 강도죄로 처벌해야 한다. 수사관은 이런 범행 방법을 자세히 파악해서 죄명 적용이 정확한지를 판단해야 한다. 강도를 절도로 의율하거나 특가법 절도를 단순 절도로 의율하는 등의 실수를 하면 검사로부터 신뢰를 얻을 수 없다. 경찰에서 잘못 의율해서 송치되었다면 수사관이 이를 바로잡을 수 있어야 한다. 상습절도의 경우는 절도행위가 수십 회인 경우도 있다. 경찰에서 피해 신고된 미제 사건을 모두 파악하여 한 사람의 행위로 몰아오는 경우가 있다. 피의자는 몇 건 더 추가된다고 해서 별로 달라질 게 없다고 생각하여 대충 자신이 했다고 진술 하였다가 검찰에 와서야 그중 몇 건은 자신이 한 범행이 아니라고 번복하는 경우가 있다. 이럴 땐 난감하지만 증거가 있는지 여부를 확인하여 증거가 없다면 과감히 제외해야 한다. 수사관 임의로 사건을 제외시킬 수는 없고, 피의자 조사까지 완료한 이후에 수사보고서로 증거 유무를 자세히 작성하여 검사가 판단할 수 있도록 해야 한다는 것이다. 경찰에서 기소의견으로 송치되었다고 해도 피의자가 부인하고 증거가 없다고 판단되면 검사는 '혐의없음' 처분을 하게 된다. 수사관이 사실관계를 명확히 조사해야 하는 이유다. '절도죄'를 예로 들었지만 검사실 수사관은 다른 죄명의 사건도 이런 방법으로 기록을 검토하고 사건을 파악하여 조사를 마무리한다.

07

❖

형사부

구속된 피의자에 대한
사건을 조사한다

구속된 피의자는 도주에 대비해야 한다

형사부 검사실에는 불구속 사건뿐만 아니라 피의자가 구속된 사건도 배당된다. 경찰에서 피의자에 대한 영장을 신청하여 구속시키면 10일 내에 사건을 마무리하여 검찰에 송치하도록 되어 있다. 경찰에서의 구속기간 10일은 법정기간이므로 이 기간을 어기면 불법구금이 된다.

경찰에서는 구속한 피의자를 검찰에 송치하는 경우에, 사건기록과 함께 피의자를 검찰청으로 데려온다. 사건기록은 사건과에 접수하고, 피의자는 검찰 내 구치감에 대기시킨다. 사건기록을 접수한 접수 담당 수사관이 배당절차를 거쳐 검사실에 사건을 배당하고, 배당된 검사실로 사건기록이 인계된다. 신병(피의자)이 구속된 상태이므로 검찰에서는 그날 필요한 조사를 마친 후 관할 교도소에 수감조치하게 된다. 요즘은 피의자에 대한 인권보장이 강화되어, 구속송치 당일에는 인권담당검사가 경찰의 인권침해 여부를 확인한 후, 주임검사실로 인계하는 절차가 추가되었다.

구속사건을 배당받은 주임검사는 곧바로 기록을 간단히 살펴본 후 수사관에게 인계한다. 해당 검사실에 수사관이 한 명인 경우는 그 수사관이 조사하게 되나, 수사관이 두 명인 경우에는 순서대로 돌아가며 맡게 된다. 수사관은 구속사건기록을 인계받은 즉시 기록을 검토한다. 불구속 사건기록을 검토하던 중이라 하더라도 구속사건이 오면 구속사건 먼저 처리해야 한다. 검찰에서도 구속할 수 있는 기간은 10일이며, 사안이 복잡한 경우 1차에 한해 법원 판사의 허가를 받아 10일을 연장할 수 있다. 구속기간이 도과되면 불법구금이 되므로 이 기간은 항상 신경을 써야 한다. 기간이 도과되어 불법구금이 되면 검사나 수사관은 징계를 받게 되므로 매우 조심해야 하는 부분이다.

구속된 사람은 검찰 송치 당일 교도소에 수감되므로, 이후 조사를 하려면 교도소에 연락하여 교도관의 호송 하에 출석시킨다. 피의자 1명당 2명의 교도관이 호송계호를 한다. TV에서 자주 봤을 것이다. 소환된 피의자를 검사실에서 조사하는 내내 교도관 2명이 눈을 떼지 않고 지키고 있다. 구속 피의자가 도망가면 검사, 수사관, 교도관 줄줄이 문제가 되고 징계를 받게 되므로 이때도 신병에 대해서는 항상 신경 써야 한다. 실제로 피의자가 도주하여 징계를 받은 수사관들이 주변에 꽤 있다. 징계를 한번 받으면 다음 직급 승진에까지 차질이 생기므로 아주 조심해야 한다.

'라포형성'으로 피의자의 마음을 연다

구속사건의 조사는 1회로 끝나는 경우도 있지만 사안이 복잡한 경우 여러 차례 조사가 필요하다. 조사를 위해서 피의자를 몇 번 만나다 보면 피의자의 사정을 듣게 되고, 어느 정도 피의자와 친해지는 경우가 있다. 피의자와 친해진다는 말의 어감이 오해의 소지가 있을 수 있으나, 사안에 따라 피의자를 이해하는 마음이 생긴다는 뜻이다.

수사심리학 용어로 '라포형성'이라고 하는데 '라포형성'으로 피의자가 마음을 열다 보면 쉽게 자백을 받아내는 경우도 간혹 있다. 조사 전 '라포형성'은 상당히 중요한 부분이다. 처음부터 고압적인 말투로 시작하면 상대방은 마음을 닫기 때문에 처음에는 조사보다는 일상 이야기를 먼저 한다. 날씨 이야기나 그 시기에 이슈가 되는 이야기 등을 꺼내서 서로 편하게 이야기하는 시간을 5분~10분 정도 갖는다. 요즘은 코로나 이야기를 꺼낼 수도 있겠다. 수사관의 요령이다. 수사관의 조사 태도나 열정이 수사에 많은 영향을 미친다는 것이다.

불구속 사건과 마찬가지 방법으로 피의자에 대한 조사를 마치면 구속 기록을 검사에게 인계한다. 검사는 수사관이 작성한 조서를 보면서, 피의자가 진술한 내용이 맞는지를 확인하고, 미흡한 부분이 있는지 등을 살펴 최종적으로 조서를 마무리한다. 조사는 수사관이 하더라도 법적으로 피의자신문조서는 검사작성의 조서이므로 최종적으로 검사의 확인이 필요하다. 현실적으로 검찰수사관이 조사하고 작성한 조서임에도 검사작성의 조서로 서명하는 것에 대해서는 검찰 내에서도 의견이 분분하다. 입법적 보완이 필요한 부분이긴 하다.

검사 한 명이 그 많은 사건을 직접 조사하기는 불가능하다. 따라서 대부분의 조사는 검찰수사관이 담당하게 되는데 모든 것을 검사가 할 수 없는 것이 현 실정이라면 입법을 통해 합법적으로 업무를 분할하는 제도적 보완도 생각해야 할 시기가 된 것 같다. 최근 형사소송법 개정으로 이 부분도 보완되었으면 하는 바람이 있었지만 이루어지지 않았다.

구속사건은 불구속 사건과 달리 신속하게 처리된다. 구속할 수 있는 기간이 정해져 있어 구속기간 안에 기소까지 해야 하기 때문이다. 구속사건은 대부분 구속된 상태에서 법원에 기소된다. 가끔 드문 경우로 구속취소라고 하여 피의자를 석방하는 경우도 있지만 말 그대로 드문 경우다. 검사가 최종 처분하여 법원에 기소되면 주임검사실에서의 구속사건은 마무리된다. 이후 법원에서의 재판은 수사를 한 검사가 아닌 공판검사실의 검사가 담당한다.

변호인의 참여는 피의자의 권리다

조사 시작 전 변호인의 참여하에 조사 받겠다는 의사를 피의자가 표명하면 변호인을 참여시켜야 한다. 변호인의 접견교통권은 헌법과 형사소송법에 보장된 권리이므로 이를 제지할 수는 없다. 신문에 참여하는 변호인은 신문 후에 의견을 이야기할 수 있고, 신문 도중이라도 부당한 신문 방법에는 이의를 제기할 수 있다.

현실적으로 변호인이 신문 도중 나서는 경우는 드물지만 가끔 신참 변호사의 경우 열정이 과하여 피의자에게 질문하고 있는데 변호사인 자신이 대신 대답하는 경우도 있고, 질문 하나하나마다 변호인과 피의자가 상의한 후에 대답하는 경우, 피의자가 대답하는 것을 변호사가 불리한 부분이라며 막는 경우, 잠시 시간을 달라며 나갔다가 한참 있다 들어오는 경우 등 여러 사례가 있다. 수사관이 이를 제지하기는 하지만 제지하는 것 자체를 싫어하는 변호사도 있어 난감한 경우도 가끔 있다.

조서 작성을 마무리하고 나면 피의자 서명 외에 변호인도 서명하도록 되어 있다. 조서에 피의자는 간인을 하지만 변호인은 간인하지 않는다. 가끔 조서에 변호인의 간인까지 하느냐고 묻는 신참수사관이 있는데 조서에는 조사자와 피조사자만 간인하는 것이므로, 참여만 하는 사람은 간인하지 않는다.

변호인 외에 신뢰관계인이라고 하여 가족 중 한 명이 동석할 수 있는 경우가 있다. 아동 성폭력 범죄이거나 장애인의 경우 동석 신청을 하여 가족 중 한 명이 동석 할 수가 있으니 주변에 부득이한 사건이 있는 지인이 있다면 이런 내용은 알려주기 바란다.

08

❖

형사부

금융계좌추적은 필수적이다

재산범죄는 계좌추적이 필수다

　형사사건 중에 사기, 횡령, 배임 등 재산범죄의 경우 대부분 사건에서 금융계좌가 이용된다. 특히 뇌물수수 사건이 아니라면 현찰을 뭉치로 거래하는 경우는 드물다. 대부분의 거래에서 계좌를 사용하므로, 계좌 확인은 재산범죄수사에서 거의 필수적이다. 계좌 흐름을 파악하여 돈의 사용처를 확인하고, 사용처의 향방에 따라 범죄 혐의를 판단하는 수사기법이다.

　검찰은 타인의 금융계좌를 아무 때나, 임의로 볼 수 있다고 생각하는 사람들이 있지만, 이는 사실이 아니다. 수사기관에서도 다른 사람의 금융계좌는 함부로 볼 수 없다. 모두 법원에 영장을 청구하거나 당사자의 동의를 받아 확인한다. 이렇듯 계좌 확인을 위한 절차를 수사관이 진행한다. 계좌추적에는 많은 시간과 품이 들어간다. 수사상 어떤 사유로 누구의 계좌거래 내역에 대한 확인이 필요하다는 수사보고서를 수사관이 작성하고, 검사와 상의하여 법원에 계좌추적영장 청구 여부를 결정한다.

영장은 대부분 수사관이 초안을 작성하고 검사가 확인 수정, 서명하여 법원에 청구하면 법원 판사가 발부 아니면 기각을 결정한다. 법원으로부터 발부된 계좌추적영장은 해당 계좌가 있는 은행에 발송하여 집행하고 은행에서는 메일로 자료를 회신해주고 있다. 회신된 계좌거래내역은 주로 엑셀 파일로 되어 있다.

수사관은 그때부터 눈이 아프게 거래내역을 들여다보고 메모 및 포스트잇으로 표시해가며 금전 사용처를 확인해 나간다. 참으로 지난하고 끈기가 요구되는 작업이다. 여기서 포기하면 범죄 혐의를 밝혀낼 수가 없다. 대한민국 국민의 계좌는 한두 개가 아니다. 더구나 범죄혐의가 의심되는 피의자들의 계좌는 불행하게도 더 많다. 돈을 이 계좌 저 계좌 빈번히도 옮겨 놓는다.

나는 예전 검사실에서 수사할 당시 계좌 확인에 며칠을 실패하다가, 의심되는 계좌를 점쟁이가 알려주는 꿈을 꾸기도 했다. 그만큼 정신적으로 힘들고 열정이 필요한 작업이다. 요즘은 수많은 계좌를 통합하여 분석하는 계좌분석프로그램도 개발되어 있지만 그것도 통합 정리하는 정도에 그치므로 결국 찾아내는 몫은 수사관의 눈이다. 계좌추적은 말 그대로 추적이다. 끈기 있는 놈이 잡는다.

계좌 거래 잔액 조작을 찾아낸 경험

특수부 근무 당시 일화가 있다. 축구 구단의 비리 사건을 수사하던 중 계좌의 잔액이 조작된 사실을 확인하여 피의자를 구속한 사건이었다.

최초 수사 대상자들은 에이전트였지만 구단의 임원까지 관여되었다는 첩보를 입수하였다. 첩보의 내용만으로는 증거가 부족했다. 계좌추적영장을 청구하여, 은행에서 확보한 임원의 계좌를 분석하기 시작했다.

첩보는 구단 임원이 브라질 에이전트로부터 오천만 원을 받았다는 것이다. 첩보가 맞는다면, 임원 명의의 계좌에 오천만 원이 있어야 했다. 그렇게 쉬우면 그게 수사라 할 수 있겠는가. 입금내역에는 오천만 원이 없었다. 경험상 첩보가 사실일 확률은 그리 높지 않다.

'접어야 하나…' 고민하던 내 눈에 이상한 점이 포착되었다. 잔액이 맞지 않았던 것이다. 입금내역이 없음에도 오천만 원이 불어나 있었다. 잔액이 불어나려면 입금내역이 있어야 할 터이나 몇만 원의 금액만 있었고, 잔액이 맞지 않았다.

은행에 전화하여 설명을 요구했다. 묘한 침묵이 잠깐 흐르더니 다시 보내겠다는 답이 있었다. 다시 보내온 자료에는 오천만 원이 나타났다. 당연히 은행이 의심되는 상황이었으나 은행직원이 거래내역을 조작할 수 있다는 말은 들어본 적도, 경험해 본 적도 없었으니 전산오류로 생각할 수밖에 없었다. 구단 임원에 대한 수사가 먼저였으니 오천만 원의 입금자를 확인하고 수표 사용내역을 추적했다. 추적결과 혐의는 어느 정도 입증되었고, 검사와 상의하여 임원 소환일정을 잡았다.

검사는 전화 소환 시 증거 언급은 피하고, 참고인 신분으로 소환하도록 조언했다. 도주를 우려한 것이다. 출석 후 '긴급체포'를 하겠다는 복안이었다. 당시에는 많이 사용하던 방법이었다. 지금은 긴급체포는 거의 없을뿐더러, 참고인 신분으로 조사한 후 긴급체포하는 경우는 더더욱 없다.

소환에 응한 그 임원은 예상한 대로 부정한 돈임을 인정하지 않았고, 빌린 돈이라 주장했다. 빌린 돈이라 주장하면 그 주장을 어떻게 깰까? 돈을 빌린 목적을 물으면 된다. 그에 따라 사용처를 확인하고, 그 당시 그 사람의 재정 상태를 파악하면 거짓 여부는 어렵지 않게 분석된다. 재정 상태는 다시 계좌분석이다.

그 임원의 다른 계좌에는 돈이 충분히 있었다. 돈을 빌릴만한 재정 상태가 아니었다는 것이다. 오천만 원의 사용처 또한 거짓 주장에 대한 증거가 되었다. 가족들의 의류와 물품 쇼핑, 외식비, 돈을 빌려 쓸만한 사용처가 아니었다. 분석된 자료와 몇 번의 추궁 끝에 결국 임원은 고개를 떨구었다. 그는 긴급체포 후 구속되었다.

범죄 뒤에는 항상 돈이 있다. 돈은 대부분 계좌에 있으니 계좌추적은 범죄수사에서 필수적이다. 계좌추적은 꼼꼼함과 세밀함이 무기다. 그만큼 시간과 열정을 쏟아야 한다.

09

·❖·

형사부

압수수색영장 작성 및 집행을 한다

압수수색영장 초안 작성

사건을 수사함에 있어 압수수색은 꼭 필요한 때에만 시도해야 한다는 것이 내 의견이다. 어느 날 갑자기 자신의 집 또는 사무실을 누군가 거침없이 수색한다고 생각해보라. 피의자는 범죄 혐의가 있으니 받아들인다고 하더라도, 가족들은 평생을 트라우마에 시달릴 것이다. 어린 가족이 있다면 더더욱 상처로 남을 일이다. 하지만 범죄수사에 있어 압수수색이 필요한 경우가 있다. 뭐가 있을지 없을지 모르니 일단 한번 뒤져보자는 압수수색은 당연히 지양되어야 한다. 수사에 필요한 최소 범위에서 실시해야 하는 것이다.

범죄에 사용되었다고 의심되는 물건이나 증거가 그 장소에 있다고 판단되는 경우에는 영장을 받아 압수수색을 실시하게 된다. 검사실 수사관이 수사 도중 위와 같은 판단이 서면, 검사에게 필요성을 보고

하고, 검사는 신중히 판단하여 영장을 청구하게 된다. 이 경우에도 계좌추적영장의 경우와 마찬가지로 수사관은 수사보고서, 그리고 압수수색영장 초안을 작성하여 검사에게 보고하고, 검사는 확인, 수정, 서명을 거쳐 법원에 청구하게 된다.

검사가 초안부터 작성하여 청구하는 경우도 있지만 나는 검사실 수사관 업무 시 대부분 초안을 직접 작성했다. 수사를 진행하는 사람이 내용을 잘 알고 있기에 수사를 하는 사람이 작성해야 한다는 것이 나의 생각이었다. 요즘 후배 수사관들은 영장 작성은 검사의 몫이라며 꺼리지만 누구의 일인지를 떠나서 같은 방에 있는 사건은 같은 방 사람들 전체의 사건이라는 인식으로 수사에 임해야 서로 간의 반목이 없다. 검사실뿐만 아니라 어느 회사, 가정도 마찬가지다. 남편 일과 아내 일을 구분하면 가정의 평화를 지키기 어렵다.

압수수색영장은 압수수색할 장소마다 각각 발부받는다. 수색장소가 3곳이면 3통의 영장을 발부받는다. 금융계좌추적용이 아닌 일반 압수수색영장은 원본을 제시하게 되어 있으므로 장소마다 각각 원본을 가지고 집행하는 것이다. 압수수색영장 집행은 사전 준비가 필요하다. 압수수색에는 인원이 다수 필요하므로. 타 부서에 지원을 요청하고, 압수수색 후 교부할 압수물건목록 용지 및 기타 필요한 서식 용지, 봉인지 그리고 컴퓨터 등의 압수를 위해 대검 및 고검에 포렌식 수사관 지원 요청 등 철저한 준비를 마친 후에 집행에 임하게 된다.

압수수색 현장에는 특별한 경우를 제외하고는 검사는 나가지 않고 수사관들만 나가게 된다. 언론에 보도되는 중요사건의 경우에 검사가 직접 현장에 나가는 것이 지침으로 되어있지만, 사실 상징성이 강하고, 검사가 나가든 수사관들만 나가든 증거 확보를 위한 압수수색은 매우 중요한 수사 방법이다.

대부분 기소에 필요한 증거는 압수수색을 통해서 확보된다. 압수수색에서 증거를 확보하지 못 하면 피의자의 자백이 있더라도 유죄 입증을 못하게 된다. 따라서 압수수색 현장에서의 수사관은 꼼꼼하고 세밀하게 영장 범위 내에서 빠짐없이 수색하여 압수해야 한다.

압수수색할 장소는 범죄와의 관련성이 있어야 한다

압수수색영장은 범죄와 관련성이 있어야 법원 판사가 발부해준다. 따라서 수색할 장소 또한 범죄와의 관련성이 있어야 한다. 대상자가 거주하는 주거지나 사무실 등은 당연히 대상이 될 수 있으나 그 외의 장소 즉, 애인이라고 판단되는 사람의 집, 아니면 매일 출근하지는 않지만 가끔 나가서 일을 보는 친구 사무실, 같은 회사 안에 있지만 대상자가 근무하지 않는 다른 사무실의 컴퓨터 등 관련성이 객관적으로 떨어지는 곳은 수사기관이 관련성을 입증해야 영장이 발부된다.

이런 관련성을 이야기하는 이유는 이런 모든 것에 대한 확인을 수사관이 해야 한다는 것이다. 요즘은 예전과 달리 컴퓨터의 내용 등을 압수하려면 디지털 포렌식 전문수사관이 항상 동행한다. 뿐만 아니라 완벽한 압수 절차에 따라서 진행하지 않으면 위법수집 증거로 증거에서 배척될 수 있다. 압수수색에서 적법 절차의 준수는 무척 중요하다. 기껏 고생해서 가져온 압수물이 사소한 실수로 증거로 사용하지 못한다면 얼마나 안타까운 일인가.

얼마 전, 모 검사장의 사무실에 압수수색을 나간 부장검사가 검사장을 몸으로 덮치는 해프닝이 있었다. 검사장이 휴대폰의 내용을 지우려 한다는 게 그 이유였을 것이다. 상황에 따라 다르겠지만, 과함은 부족함만 못하다. 범죄가 의심된다고 해도, 대상자도 우리 국민이니 너무 과한 공권력의 행사는 지양해야 한다. 압수수색 지침에도 필요한 최소한도로 실시해야 하고, 주거 및 사무실의 평온을 유지하며 온건한 방법으로 실시하게 되어 있다.

압수수색 현장에 나가면 선임수사관이 신분증과 영장을 제시하게 된다. 신분증을 제시하면 그 신분증을 뺏어서 보는 사람들이 가끔 있다. 수사관은 신분증을 보여주는 것이지 그 사람에게 주는 것이 아니다. 또한 압수수색 현장에서 방문을 가로막거나 수색하지 못하도록 은근히 방해하는 사람들이 있다. 적극적으로 방해하면 공무집행방해로 처벌할 수 있겠으나, 은근하게 지능적으로 방해하는 사람들은 대처가 어렵다. 이때는 선임수사관의 요령이 필요하다. 조용히 한쪽으로 데려가 대화를 유도하고 수색공간을 확보해준다. 이때 다른 수사관들이 수색을 진행하면 방해 없이 마칠 수 있다.

효자가 된 효자손

압수수색의 중요성을 이야기하자면 내가 예전에 뇌물수수 사건을 수사했을 때의 일화가 있다. 이 사건도 첩보가 단서가 된 사건이었다. 첩보 내용을 근거로 압수수색영장을 발부받았다.

영장 집행을 위해 피의자의 주거지에 도착해서 각 방을 수색했다. 주거지 압수수색은 주로 책상 서랍을 열어보거나 책상 위에 꽂혀 있는 책과 다이어리, 기타 문서 등을 확인하거나 서류를 보관한 장롱 서랍 등을 확인하게 된다. 압수수색을 하는 경우 압수수색 대상자들은 항상 수색하는 곳을 따라다니는 심리가 있다. 본인도 모르는 뭐가 나올지 불안하기 때문이다.

그런데 서재를 수색하던 나의 눈에 피의자의 수상한 행동이 포착되었다. 나를 따라 방으로 들어왔음에도 내가 수색하는 쪽으로 접근하지 않고, 계속 책장 앞을 왔다 갔다 하고 있었다. 뭔가 불안해하는 표정이었다. 무언가 있다. 수사관의 촉이 발동했다. 나는 서재 수색을 마친 것처럼 자연스럽게 방에서 나왔다. 일부러 피의자와 대화하며 다른 방으로 이동했다. 얼마간 이야기를 나누던 나는 잠시 후 피의자와의 대화 상대를 동료수사관에게 넘겨주고 다시 서재로 들어갔다. 책장에서 약간 떨어져 눈을 가늘게 뜨고 셜록홈즈가 되었다. 저거다. 책장 아래 밑단에 공간이 포착되었고, 공간 깊숙이 뭔가가 감각으로 투영되었다. 책상 위의 효자손을 집어 들어 책장 아래 공간을 문화재를 발굴하듯 훑었다. 효자손이 효자가 되는 순간이었다. 피의자가 사용했던 다이어리가 먼지와 함께 딸려 나왔다. 찾고자 했던 증거였다. 예상했던 바이고, 고마운 바였다. 다이어리엔 그간 피의자가 돈을 건넸던 상대방 및 액수가 기재되어 있었고, 피의자와 상대방 등을 구속하는 중요한 증거가 되었다. 그렇게 피의자는 스스로 증거를 제출했다.

이렇듯 압수수색 현장에서 수사관은 예민한 감각과 꼼꼼함, 그리고 끈질김이 필요하다. 얼렁뚱땅 수색해서는 아무것도 발견하지 못한다. 독자들도 기억하겠지만 예전에 세월호 사건과 관련하여 유○○이 별장 2층의 벽 뒤에 숨어 있었다는 기사를 접한 독자들도 있을 것이다. 벽 뒤에 조그만 공간을 만들어 두었던 것인데 수사관들이 발견하지 못한 것이다. 수사관이 조금만 더 세밀하게 확인했다면 발견할 수 있었을 장소였다. 이처럼 압수수색에서 수사관의 세밀함은 필수다.

가끔 압수수색을 나가보면 문이 잠겨 있는 경우가 있다. 이럴 땐 될 수 있는 한 주인을 불러서 문을 열도록 해야 하지만, 부득이하게 열쇠수리공 등을 불러서 강제로 문을 열게 되어 문을 손괴하는 경우가 있다. 이를 나중에 항의하는 사람들이 있다. 공무원이 영장을 집행하는 과정에서 이렇게 문을 부수는 행위를 할 수 있는지 흥분하는 것이다. 부득이한 경우는 적법한 집행이다. 물론 원상복구 조치를 해야 하고 관련자에게 알려주어야 한다. 실무적으로 집행할 장소에 사람이 없을 때는, 아파트면 경비실 관리인이나 옆집 사람 또는 구청이나 동사무소 직원, 경찰관 등을 불러 참여시킨다.

압수수색영장을 집행하는 과정에서 그곳에 참여한 압수수색 대상자의 신체를 압수하는 경우도 있다. 이때는 영장에 신체를 수색한다는 내용이 없다면 불법이지만, 무언가를 감추려 한다거나 범죄에 사용했다고 의심되는 물건을 가지고 있다는 명백한 증거가 있으면 신체를 수색해도 된다는 것이 정설이다. 또한 영장에 야간집행을 허용한다는 내용이 기재되어 있지 않으면 그 영장으로 야간에는 집행하지 못한다. 다만 여관, 극장, 음식점 등 야간에 사람들이 출입할 수 있는 장소는 가능하다. 좀 복잡한 것 같지만 수사관들은 이러한 점을 모두 숙지하여 압수수색에 임하고 있다.

압수수색이 끝나면 동일한 영장으로는 같은 장소나 물건, 신체에 대하여 이중으로 압수수색할 수 없다. 집행하고 돌아와서 뭔가 빠진 것 같다며 다시 가서 수색할 수 없다는 것이다. 한 번 집행할 때 세밀하게 해야 한다. 다만, 종료하지 않고 중지했을 때는 사유를 명확히 하고 다시 재개할 수 있다.

수사관의 업무는 압수수색에서 끝나지 않는다. 압수수색을 마치고 청에 돌아온 후부터 압수한 물건을 검토, 확인하는 작업이 시작되는 것이다. 기껏 압수해 온 물건들에서 증거를 찾아내지 못하면 아무런 의미가 없다. 검찰에서 압수하는 물건들은 대부분 문서인 경우가 많으므로 하루 종일 눈에 불을 켜고 서류를 뒤적거려야 한다. 이 또한 수사관의 인내가 필요한 작업이다.

조사하는 상황을 영상으로 녹화한다

요즘은 조사하는 상황을 영상으로 녹화하고 그 내용을 요약하여 기록에 편철하는 영상녹화 조사라는 조사 방법이 있다. 조사과정의 투명성을 확보하여 사건관계인들의 인권보호에 기여할 수 있는 선진조사기법으로 도입된 것이다. 피의자나 참고인을 조사함에 있어, 사안의 중대성, 죄질 등을 고려하여 볼 때 진술을 번복할 가능성이 있거나 조서가 작성되는 과정 등에 대해서 법정에서 다툼이 예상되면 조서 작성과 함께 영상녹화를 실시할 수 있다. 또한 다른 증거로 공소사실 입증이 가능한 경우나 불기소 사건의 경우 사건의 특성, 조사의 효율성 등을 고려하여 조서 작성은 하지 않고 조사과정을 영상녹화할 수도 있다.

최근 지침을 개정하여 '필요적 영상녹화 대상사건'이라고 하여 꼭 영상녹화를 해야 하는 경우도 있다. 법정에서 진술 번복이 예상되는 사건이나 진술보호가 필요한 조직범죄 사건의 참고인을 조사하는 경우, 성폭력 피해자를 조사하는 경우, 글을 모르는 사람, 앞을 보지 못하는 사람 등의 경우다.

검찰에서 진술한 사람이 법정에서 검찰조사 상황에 대해 문제 제기를 할 때 영상녹화물을 제출함으로써 당시 조사 상황을 증명하는 수단으로 활용하는 것이다. 요즘은 강압수사나 고문, 폭행과 같은 가혹행위가 있을 수는 없지만 검찰에서 가혹행위를 당했다는 억지 주장을 하는 사람들이 가끔 있다. 이때 활용하기도 하고, 검찰도 조사과정에서 피조사자들에게 회유하거나 함부로 대하지 못하는 장점도 있다.

조서 작성에 있어서 오류를 방지하는 효과도 있다. 피조사자가 진술한 취지와 검사나 수사관이 작성한 조서에 기재된 취지가 다르다면 영상녹화물을 확인하여 그 오류를 밝혀낼 수 있다. 조사 받는 사람 입장에서는 불리할 수도 있는 부분이다. 검찰에서 진술한 내용이 그대로 녹화되어 있으므로 법정에서 말을 바꾸기 힘들다는 것이다. 예전에는 검찰에서 그런 진술을 하지 않았는데도 검사와 수사관이 조서를 허위로 기재했다는 주장을 하는 사람들이 있었다. 영상 녹화를 활용하면 그런 점을 보완할 수도 있다.

반면에, 영상녹화조사는 시간적으로 매우 비효율적인 부분도 있다. 사건 조사는 영화 연출이 아니므로 계속해서 피의자에게 질문할 수가 없다. 조사를 중단하고 기록을 다시 보기도 하고, 화장실을 다녀오기도 해야 하는데 영상녹화를 하게 되면 불필요한 부분이 계속 녹화되기 때문에 법정에서 영상을 재생하게 되면 필요한 부분을 찾기가 매우 힘들다는 것이다. 그런 이유로 사실 법원 판사들은 영상녹화조사 방법을 선호하지 않는다고 한다. 그 많은 사건을 파악하면서 일일이 영상을 틀어보기는 힘들 것 같기는 하다.

영상녹화로 조사할 때도 진술거부권 등은 고지해야 한다. 영상녹화의 시작 시간과 녹화하는 장소 그리고 중간에 쉬는 시간이 있을 때는 녹화를 중단하는 사유 등도 녹화되도록 이야기하고, 다시 시작할 때는 시각과 사유 등을 고지하고 시작해야 한다. 영상녹화 조사실은 따로 마련되어 있다. 검사실 바로 옆에 있는 곳도 있고, 별도의 장소에 설치되어 있는 곳도 있다. 영상녹화에도 수사관의 참여가 꼭 필요하다. 영상 녹화 조사를 하려면 검사와 수사관이 함께 영상 녹화 조사실로 이동하여 장비를 가동한 후에 조사를 시작한다. 조사가 끝난 후에는 영상을 CD로 구워 기록에 편철하게 되는데 나중에 재생해보면 영상이 나오지 않거나 소리가 나오지 않는 등 불편한 일들이 발생하기도 한다. 영상 녹화 장비의 작동은 전부 수사관이 하고, 조서 작성이 없는 영상녹화조사는 수사관이 '영상녹화요약서'를 작성하여 기록에 첨부해야 한다. 계속 언급하지만 수사관은 만능이어야 한다.

형사부에서 근무하려면 어떤 자격이 필요한가?

지금까지 형사부에 근무하는 검찰수사관들이 하는 일에 대해서 이야기했다. 그럼 형사부에 근무하려면 어떤 절차나 자격이 필요한지 궁금할 것이다.

현재 법 규정으로는 검사실에서 피의자신문이나 참여 등의 수사를 하려면 8급 이상의 수사관만 가능하다. 9급인 수사관은 안 된다는 것이다. 자격이라면 그 정도고 그 외에 자격조건은 따로 없지만 아무래도 경력이 필요하다.

현실적으로 검사실에서 근무하는 수사관들은 7급 이상이 대부분이고, 8급 수사관은 몇 명 없다. 8급 이하는 사무국에서 주로 근무하는

데 수사를 하려면 검찰의 사정을 어느 정도 알고 있고, 선배들이 수사하는 모습들을 보고 배워, 경력이 필요하다고 판단하기 때문이다. 물론 요즘 젊은이들은 머리가 좋고 샤프하다. 바로 검사실에 투입해서 수사를 배워도 아무런 문제가 없을 것이다. 나이 든 수사관보다 젊은 수사관들이 의욕이 높고 열정적이며 몸도 건강하여 수사업무에 적격이기 때문이다. 다행히 젊은 수사관들에 대한 이런 인식들이 어느 정도 심어져 있는 것으로 보인다. 젊은 수사관들이 검사실에서 바로 수사할 수 있는 환경들이 조성되어 가고 있는 것으로 알고 있다. 전국 검찰청마다 다르지만 9급 수사관들을 바로 검사실에 투입하여 일을 배우게 하는 청들도 있는 것 같다.

결론적으로 말하면 형사부에 근무하려면 다른 자격요건은 없고, 국가직 9급 이상의 검찰직 시험에 응시하여 합격한 사람이면 근무가 가능하다.

10

반부패수사부

검찰특수부는
반부패수사부로 변경되었다

검찰특수부는 폐지되었다

2019. 10. 경, 46년 동안 이어져 오던 검찰 특수부가 폐지되었다. 검찰개혁이 이슈가 되면서 부서 이름들이 변경되고, 검찰의 수사 활동이 제한되고 있는데, 특수부가 폐지되면서 유사한 부서가 반부패수사부라는 명칭으로 서울중앙지방검찰청, 대구지방검찰청, 광주지방검찰청에 분장되어 있고, 공무원의 직무관련범죄와 중요 기업범죄 등의 수사를 담당하고 있다.

2020년 형사소송법이 개정되면서 2021. 1. 1.부터 검사가 수사를 개시할 수 있는 범죄의 범위가 뇌물수수 3,000만 원 이상, 알선수재, 변호사법위반의 범죄 등 부패범죄와 5억 원 이상 고액의 사기·횡령·배임 등 경제범죄, 주요공직자의 직무유기, 직권남용, 독직폭행, 공무상비밀누설, 허위공문서작성 등 공직자범죄, 선거범죄, 방위사업범죄,

대형참사범죄 등 6대 범죄로 한정되었다.

따라서 예전 특수부처럼 활발한 특수수사 활동을 기대하기는 어려워졌지만 6대 범죄에 나열된 바와 같이, 중요사건 및 대형사건의 수사는 계속해서 검찰에서 수사할 것으로 보여 진다. 검찰특수부라는 이름은 사라졌지만 지금도 특별한 사건을 수사하는 특별수사의 방법 등은 유사하니 독자들의 이해를 돕고, 흥미를 돋우기 위해 예전 내가 특수부에서 수행한 업무를 이야기해보고자 한다.

영화 속의 검찰 특수부

검찰청 특수부는 영화에 단골로 등장하는 부서였다. '서울지검 특수부 홍○○ 검사입니다.' 검은 양복을 입은 스마트한 검사가 부와 권력의 정점에 선 재벌그룹 회장실에 나타나 압수수색영장을 제시하며 시크하게 내뱉는 단골 대사다.

영화 〈내부자들〉에서 우장훈 검사와 방 계장이 특수부 검사와 수사관으로 나오는데 검사가 주인공인 영화인지라 수사관은 약간 덜떨어지게 연출되었다. 그 덜떨어진 방 계장이 특수부 수사관 역할을 맡고 있다. 실제 특수부 수사관 중 그런 사람은 없다. 검사 못지않게 날카롭고 샤프하다. 영화는 영화일 뿐이다. 아무튼 어떤 사람인가를 떠나, 대형비리를 파헤치면서 멋진 반전으로 마무리하는 영화의 장면은 검찰을 지원하고픈 젊은이들이 동경하는 부서였을 것이다.

특수부 근무의 시작

검찰수사관들은 동일 청에서 5년을 근무하거나 한 직급 승진하면 다른 청으로 인사이동 된다. 나는 검찰에서 27년여를 근무하면서 6회 정도 전국 검찰청을 옮겨 다녔다. 어떤 수사관은 10회 이상 옮겨 다니는 경우도 있다. 3대가 덕을 쌓아야 주말부부를 할 수 있다는 우스갯말도 있는데 수사관들은 모두 덕을 많이 쌓았는지 틈틈이 주말부부를 해야 한다.

지금으로부터 약 17년 전인가? 나는 내 가족이 살고 있는 순천을 떠나 홍성지청으로 전보되었다. 한번 전보되면 최소 1년을 그곳에서 근무하는 게 보통이었고, 6개월 만에 돌아오는 경우는 아주 드물었다. 다행히 내게 운이 있었는지 6개월 만에 다시 가족이 있는 순천으로 발령이 났다. 마침 인사 상황이 맞아떨어진 것이다. 홍성에서는 수사과에서 근무했는데 순천으로 복귀하면 검사실 근무가 예상되었다. 근무하게 될 검사실이 궁금하던 차에 순천 특수전담 검사실 수사관의 전화를 받았다. 특수부라고 하지 않고 특수 전담검사실이라고 하는 이유는 당시에도 지검 단위에는 특수부가 따로 있었지만 지청 단위에서는 특수부 단위까지 만들 수 있는 규모가 아니었고, 형사부에 설치된 특수전담검사실에서 특수수사를 하고 있었기 때문이다.

"순천 오게 되면 특수전담검사실에서 일하세."

특수전담검사실에서 근무하고 있던 선배의 제안이었다. 그때는 나름 젊은 시절이었고, 딱히 근무할만한 곳을 정하지 않고 있던 상태였다. 이전에 특수부 근무 경력이 없었고, 형사부 검사실과 수사과 경력만 있었기에 나는 그 제안에 응했다. 특수수사를 해보고 싶은 맘이 있었던 것이다. 그때는 사실 몰랐다. 특수부가 사람 골병들게 할 줄은….

그 당시 직원배치표상 표기는 '특수Ⅰ' 검사실로, 선배수사관 1명과 함께 검사 1명, 수사관 2명이 근무하는 구조였다. '특수Ⅱ' 검사실이 따로 있었고 조직구조는 같아서 특수사건이 발생하면 서로 유기적으로 협조하는 관계였다. 특수부 사건의 경우는 범죄첩보를 직접 입수해서 수사를 시작해야 하는데 그 범죄첩보 입수를 검사나 수사관이 직접 해야 했다. 지금 생각하면 참 부담스러운 구조였는데도 다들 그렇게 특수부 활동을 했고, 특수부 수사관은 항상 촉각을 세워 두어야 했다. 그때만 해도 젊고, 열정이 넘쳤던 시기라 사건 욕심을 가지고 있던 나는, 누가 시키지도 않은 일을 스스로 나서서 하고 있었다.

"첩보가 하나 있는데 수사해 볼까요?"

나는 우연히 범죄정보를 입수했다. 변호사가 관여된 범죄였는데 지청의 특수사건으로 해볼 만한 사건이었다.

"해볼 만한 건이면 해야죠!"

검사는 확실한 정보라면 안 할 이유가 없다며 수사에 동의했다. 사건 하자는데 싫어할 특수 검사가 어디 있겠는가? 그 당시 분위기는 그랬다.

"그런데 사건에 ○○ 변호사가 관련되어 있던데요."

변호사가 관련되어 있는 정보였기에 검사에게 다시 의사를 확인했다. 당시만 해도 검사들과 변호사들의 술자리가 빈번했다. 변호사에 대한 수사가 조심스러울 수밖에 없는 이유였다.

"그렇다면 더 해야죠. 걱정하지 말고 하시죠."

다행히 검사는 수사를 독려했고 나는 수사에 착수했다. 우선 계좌추적영장을 받을 수 있는 최소한 자료를 확보했다. 돈 관련사건은 계좌추적이 수사의 기본이다. 자료를 확보하고 계좌영장을 받은 후, 다시 대상자들의 사무실 압수수색을 실시했다. 다행히 압수수색에서 확실한 증거를 확보했다. 즉시 피의자들을 소환하여 조사를 시작했다.

피의자들은 만만치가 않았다. 아무리 추궁하고 증거를 들이밀어도 완강히 부인하고 자백하지 않았다. 지금은 야간조사가 드물지만 그때는 밤늦게까지 조사를 하던 시기였다. 퇴근조차 못 하고 피의자들과 씨름하던 며칠 후, 드디어 자백을 받았다. 공범들이 평소에 사이가 좋지 않았던 게 도움이 된 것이다.

'죄수의 딜레마'

범행을 모의한 공범이 있는 사건은 피의자들끼리 서로 경쟁하는 심리가 있다. 이와 관련하여 '죄수의 딜레마'라는 이론이 있다. 공범 둘이서 서로 자백하지 않으면 더 낮은 형량을 받을 수 있음에도 상대방을 믿지 못하고, 배신함으로써 결국 서로에게 나쁜 결과를 야기하는 것을 말한다.

'죄수의 딜레마'는 게임 이론의 유명한 사례인데 심리학, 경제학 등 여기저기서 많이 사용하고 있는 이론이다. 미국 국방성 소속 연구소의 경제학자 메릴 플로드와 멜빈 드레셔의 연구에서 시작된 것으로 알려져 있는데 아는 사람은 알고 있겠지만 처음 듣는 사람들을 위해 이야기해보자.

두 명의 범죄자가 경찰에 체포되었다. 두 사람이 자백하지 않으면 증거가 부족하여 기소가 어려운 상황이고 각각 독방에 수감되었다.

경찰은 자백을 받기 위해 두 공범에게 같은 제안을 한다. 상대방에 대해서 자백을 하면 자백한 사람은 석방해 줄 테지만 상대방은 징역 3년을 받게 된다는 제안이었다. 그러니까 누구든 자백을 하면 자백한 사람은 석방되고 자백하지 않은 사람은 3년 형을 받게 된다는 것이다. 그리고 두 사람 모두 자백을 하면 각각 징역 2년을 받게 되고, 둘 다 자백하지 않으면 징역 6개월을 받게 된다. 둘은 어떤 선택을 하게 될까? 독자가 이런 상황이라면 어떤 선택을 하겠는가?

자백하지 않는 것이 가장 유리한 상황인데, 상대방이 자백을 하고, 혼자만 자백하지 않으면 징역 3년을 받게 되니 두려운 딜레마에 빠지게 된다. 결국 두 사람은 서로를 믿지 못하고 배신하여 모두 자백하게 되고, 두 사람은 모두 징역 2년을 선고받을 가능성이 크다는 내용이다. 자신의 이익만을 생각하고 상대방이 아닌 자신에게 최선의 선택을 함으로써, 서로를 믿었을 때의 결과보다 더 나쁜 결과를 맞게 된다는 이론이다.

물론 우리 검찰은 그런 제안을 할 수는 없다. 대한민국은 유죄 인정을 전제로 형량을 낮추어 주는 '플리 바게닝'이라는 제도가 없다. 형량을 가지고 자백을 유도할 수 없는 것이다. 하지만 실제로 공범들은 '상대방이 먼저 자백하면 어떡하지?'라는 걱정을 할 수밖에 없다. 검사나 수사관이 제안하지 않는다고 하더라도 먼저 자백한 사람을 선처해줄지 모른다는 생각을 가지는 것이다.

이 이론이 작용했는지, 죄책감에 반성한 것인지, 더는 버티기 힘들었는지는 모르나, 아무튼 상당시간을 버티던 둘 다 자백을 했다. 시간

차이는 있었다. 그렇다고 먼저 자백한 사람을 선처해준 것은 아니다. 기소한 둘의 형량은 같았다. 증거를 확보하여 만만하게 생각했던 조사였는데 힘들게 마무리했던 사건이었다. 요즘 같았으면 증거가 있으니 자백을 받으려 불필요한 노력을 하지 않았을 것이지만 그때는 자백을 중시하던 시기였다. 자백을 받아내야 유능한 수사관이라고 인정해주었고, 증거보다는 자백을 받아내는 게 우선이었다. 그러니 수사관들이 자백을 받으려고 꽤 무리하기도 했었다.

그 이후, 구속했던 피의자 중 한 명이 실형을 살고 나와 나를 찾아왔다. 그때는 어찌 그리 미안하고 어색하던지 '뭐 하러 찾아왔나' 싶었지만, 그 이후 그 친구는 아주 성실하게 살고 있고, 나와 가끔 소주 한잔하며 알고 지내는 사이가 되었으니 '세상일 참 모르는 거구나' 한다.

축구 구단 비리 사건 수사

앞서 언급한 변호사법위반사건을 마무리하자마자, 축구 구단 비리 사건에 투입되었다. 내가 있던 방이 아닌 옆방 검사실에서 주관한 사건이었다. 축구선수를 발굴하여 각 구단에 중개하는 선수 에이전트들이 구단과 선수를 모두 속이고 중간에서 돈을 챙긴 사안이었는데, 선수를 영입할 구단으로부터 계약금으로 1억 원을 받으면 선수에게는

5,000만 원을 받았다고 속이는 방법이었다. 축구선수 영입이 활발한 브라질 거주 에이전트들이었다. 죄의식이 전혀 없었고, 에이전트가 중간에서 마진을 남기는 게 당연한 것이라는 주장으로 일관했다. 에이전트의 수수료가 따로 있다는 게 핵심이었지만 그들은 그 점을 인정하지 않았다. 에이전트가 선임한 변호사들도 사기죄가 성립하지 않는다고 항변했지만, 우리 수사팀은 계속 밀어붙였다. 결국 상당수 에이전트들을 구속했지만, 사기죄가 성립될 것인지에 대해서 여러 곳에서 말들이 많았다. 형사사건이라는 것이 어떤 행위가 있으면 정확히 어떤 죄에 해당된다고 명료하게 정해질 것 같지만, 그렇지 않은 경우가 꽤 있다. 그래서 법정에서 첨예하게 다투는 일이 생기는 것이다. 그래서 수사 과정에서 명료한 논리를 세워야 무죄를 받는 일을 방지할 수 있다. 법원에서 무죄를 선고받았다고 하면, 보통 죄가 없는데도 검찰에서 기소했다고 생각하는 경우가 많다. 하지만 모든 사건이 그렇지는 않다. 물론 정말 죄가 없는 경우도 있을 수 있지만, 분명히 범법행위가 있었음에도 증거가 부족한 경우, 또는 법리 적용을 잘못한 경우에도 무죄를 선고한다. 사실 이 경우가 대부분이다. 이 글을 읽은 분들은 법원에서 무죄를 선고받았다는 보도가 있을 경우 그 '무죄'의 의미를 너무 단순하게 판단하여, 죄 없는 사람을 또 검찰에서 기소했구나 하고 단편적으로만 생각하지 않았으면 한다. '무죄'의 이유가 뭔지 알아본 이후에 판단하는 게 논리적 사고를 늘리는 데 도움이 된다.

다시 구단 비리 사건으로 돌아가서, 에이전트 수사 중 처음 구속된 사람의 계좌를 단서로 하여 꽤 여러 사람을 입건했다. 처음 줄기 하나를 잡아내자 줄줄이 엮여 딸려온 것이다. 제일 처음 구속된, 그러니까 처음 줄기 역할을 한 사람이 자신 때문에 여러 사람을 구속했으니 자신은 선처해달라는 말도 안 되는 논리를 폈다. 그는 자백을 한 것도, 스스로 정보를 제공한 것도 아니었다.

"자신의 몸에 암이 진행되고 있는지 모르던 사람이, 강도가 휘두른 칼에 상처를 입고 병원에서 치료를 받던 중 암이 발견되어 암을 치료하게 되었다고 합시다. 그럼 그 강도 덕분에 칼에 찔린 사람이 암을 치료하고 살게 되었으니 그 강도를 선처해 주어야 할까요?"

어처구니없고 답답한 마음에 나는, 그 사람에게 이렇게 논리를 세웠고, 결국 그 사람은 고개를 숙이고 중형이 구형되었다. 에이전트들 모두 유죄를 받아내기는 했지만 쉬운 사건은 아니었다. 중간에 속은 선수들이 주로 외국인 선수들이었기에 그들을 불러서 피해자 조사를 해야 했는데, 외국인 선수들을 조사하면서 불렀던 대학교수라는 분의 영어 회화 실력이 신통치 않아 조사에 어려움을 겪기도 했다. 나는 1억 원이라고 말했음에도 외국인 선수에게 10억 원으로 통역하여 선수가 놀라서 재차 반문하기도 했다. 나는 영어를 잘 못 하지만 그래도 숫자는 알기에 다시 교정하여 통역할 것을 요구하면서 조사를 진행했다. 그 대학교수라는 분은 그날 이후 다시 부르지 않았고 다른 사람을 불러서 통역을 맡겼다. 통역 전문가의 선택은 매우 중요하다. 잘못된 통역으로 엉뚱한 의사전달이 되면 큰일 난다. 통역을 통한다고 하더라도 최소한 알아들을 수 있는 정도의 영어 회화 능력은 수사관에게도 필요하다고 느꼈던 상황이었다. 지금도 외사부에서는 외국인들에 대한 조사를 많이 하고 있으니 수사관을 선택할 마음이 있는 독자들은 가능하면 외국어도 공부를 해두는 것이 좋다. 물론 요즘은 정식 전문 통역사들을 사용하니 부담은 갖지 않아도 된다. 외국어를 배워두면 도움이 될 것이라는 말이다.

피의자 검거는 신중을 기해야 한다

모든 사건이 마찬가지겠지만 인지(認知) 수사를 하는 특수사건에서는 범죄 혐의를 포착하여 수사에 착수하게 되면 피의자 검거가 핵심이다. 모든 증거가 확보되었다 하더라도 피의자를 검거하지 못하면 아무런 의미가 없다. 언론보도에서도 많이 보았겠지만 수사 대상자가 출석을 피해 국외로 도망가면 수사가 중단된다. 따라서 사람을 검거하지 못하면 수사를 계속할 수가 없으므로 피의자 검거는 그만큼 중요하다. 현장에서 피의자를 검거하는 업무는 수사관의 몫이다.

내가 특수 사건 수사 중 피의자 검거에 나섰다가 놓칠 뻔했던 일이 딱 한 번 있었다. 지방자치단체장, 비서실장, 그리고 관급공사와 연관이 있는 건설업자, 기자 등을 대대적으로 수사하여 관련자 십수명을 구속했던 사건이었다.

하루는 그중 한 명인 일간지 판매부장을 검거하기 위해 나섰다. 오전 10시, 체포영장을 가지고 아침 일찍 청에서 출발한 총 5명의 검거조가 일간지 신문사 주차장에 수사 차량을 주차했다. 수사관 5명이 차량에서 내려 피의자가 근무 중인 사무실에 진입할 방법을 다시 확인했다. 청에서 이미 세워둔 계획이었으나 현장에 도착하여 재차 확인하자는 당시 검거팀장인 내 생각이었다. 판매부장이 사무실에 있다는 것은 확인했으니, 2명은 피의자의 사무실에 진입하고, 3명은 도주에 대비하여 현관 부근에 잠복한다. 2명의 진입조가 사무실 입구에 도착하면 현관 잠복조 1명이 사무실에 전화하여 판매부장을 찾는다. 그 시점에 사무실에서 전화를 받는 사람이 판매부장일 테니 곧바로 접근하여 체포한다. 계획은 완벽했다.

사무실 입구에 도착한 2명의 진입조가 현관 잠복조에게 전화할 것을 연락하였고, 판매부장 사무실 전화는 울렸다. 이때부터 잘못되었다. 몇 번 울리고 멈춰야 할 전화벨이 계속 울리고 있었다. 전화를 받지 않은 것이다. 아차, 했던 우리는 사무실 입구에서 계속 은둔할 필요가 없어 사무실에 바로 진입했다. 아니나 다를까 전화기만 혼자 울고 있고 사람은 이미 사라지고 없었다.

재빨리 현관 잠복조에 연락해 봤지만, 그사이에 내려오는 사람은 없었다고 했다. 현관을 통해 나가는 사람이 없었다면 신문사 내에 있을 것이라는 생각으로 판매부로 들어가 판매부장의 소재를 물었다. 10분 전 쯤 다급하게 밖으로 나갔다는 직원의 말이었다. 10분 전이면 검거조가 주차장에서 검거 계획을 짜던 시간이었을 것이다. 체포계획을 확인하겠다며 주차장에서 서성이던 우리 5명의 수사관을 판매부장이 목격한 것이었다. 실수였다. 건물에서 보이지 않도록 신문사 밖에 차량을 세우고, 수사관들이 분산 진입했어야 하는데, 4층 판매부장 사무실에서 내려다보이는 장소에 차량을 세우고 서성거렸으니 참으로 미련한 일이었다. 너무 방심한 탓에 하지 않아도 될 실수를 하고만 것이다.

어쩔 수 없었다. 이대로 놓치면 낭패라는 생각에 판매부장에게 전화를 시도했다. 혹시 도주한 것이 아니라 다른 개인적인 일을 보러 나갔을 수도 있을 것이라는 일말의 희망을 품고 연락을 취해 본 것이다. 바람과 달리 그는 당연히 전화를 받지 않았고, 놓쳤다는 사실은 변하지 않았다. 5명의 수사관이 현장에 출동하여 한 명의 피의자를 놓쳤다는 게 쪽팔렸지만 다른 방법은 없었다. 사람 좋은 담당검사가 질책은 하지 않겠지만 미안하고 민망해서 한참을 망설이다, 어쩔 수 없이 검사에게 상황을 설명하고 놓쳤다고 보고했다. 아니나 다를까 사람 좋은 검사는 어쩔 수 없으니 자신이 시간을 두고 천천히 판매부장에게 연락해 보겠다고 했고, 상황이 달라질 수 있으니 우선 복귀하지 말고 신문사 주변에서 대기하는 게 낫겠다고 했다. 허탈한 마음으로 신문사 근처에서 대기하고 있던 1시간쯤 후, 검사로부터 연락이 왔다. 판매부장이 자수하기로 했으니 순천 방향 곡성 휴게소에서 만나 데리고 오라는 연락이었다. 도망갈 마음을 먹고 자리를 피했던 판매부장이 계속 도망 다닐 수는 없을 것 같다는 생각에서였는지 마음을 고쳐먹고 검사에게 자수 의사를 밝힌 것이었다. 결국 곡성 휴게소에서 판매부장을 만나 청으로 데리고 갈 수 있었지만 특수 수사관 체면 완전 구긴 날이었다. 아무리 사소한 사건이라고 하더라도 피의자 검거 때에는 방심해서는 안 되는데, 너무 쉽게 생각을 한 것이 실수를 유발한 사건이었다. 이렇게 특수부 수사관의 업무 중 피의자의 검거는 아주 중요한 업무일뿐만 아니라, 사건의 성패를 좌우하기도 한다.

특수부 수사관은 사무실에서 또한 수사 및 조사 업무에 집중해야 한다. 뒤에 형사부 수사관 부분에서 자세히 이야기하겠지만, 특수부 수사관도 타 검사실 수사관과 수사 방법에 있어서는 유사한 업무를 한다. 사건이 특수사건일 뿐이고, 수사를 진행하는 방법은 거의 유사하다는 것이다. 피의자 및 사건관계인에 대한 조사, 계좌추적, 압수수색 등의 수사업무는 검사의 지휘하에 형사부와 똑같이 진행한다.

어떤 사건이든 마찬가지지만, 특수사건의 피의자로 조사 받는 사람은 특히, 쉽게 자백하지 않는다. 뇌물 수수 사건의 경우 돈을 받는 장면을 현장에서 발각되어도 '빌렸다', 아니면 '예전에 빌려주었던 것을 받은 것이다'라고 하는 판국에, 스스로 '뇌물로 받았소.' 하며 순순히 자백하는 사람은 없다. 당연히 대부분 사람들은 일단 '그런 사실 없다'며 부인하고 보기 때문에 확실한 증거를 찾아내야 한다. 즉 피의자나 피의자의 친척, 친분 있는 지인, 아니면 내연관계의 남자나 여자 등의 계좌를 추적하거나 의심 가는 장소의 치밀한 압수수색 등을 통해서 확실한 증거를 확보해야 한다. 이것이 특수부 수사관이 하는 일이다. 어떨 땐 레이먼드 챈들러의 필립 말로가 되거나 아서 코난 도일의 셜록홈즈가 되어 머리를 싸매고 추리를 해야 한다. 물론 검사와 함께 수사하겠지만 검사도 점쟁이가 아닌 이상 과거 발생했던 일들을 알아낼 수는 없고, 대통령비리 사건 등 특별한 경우를 제외하고는, 어지간한 사건의 실제 수사는 수사관이 하는 것이므로 수사관의 열정은 몇 번을 강조해도 부족하지 않은 부분이다.

증거를 찾아내고 대형 범죄를 밝혀낸 순간의 보람은 그간의 어려움을 상쇄시키고도 남는다. 지금은 조금 달라졌겠지만, 당시에는 검사들도 특수부 검사 지원이 1순위였다. 특수부에서 맡는 사건은 주로 고위층, 사회지도층 인사들의 비리에 관한 사건이었다. 최순실 국정농단사건, 이명박 뇌물수수·다스 횡령 비자금 사건 등 전직 대통령의 대형비리 사건을 맡은 부서가 서울중앙지검 특수부였다. 이렇듯 특수부에서 착수하는 사건은 재벌과 권력형 비리 즉 국회의원, 지자체장, 고위 공무원의 뇌물수수사건이 많았다. 이런 사건들은 아무래도 시간이 많이 소요되고 인원도 필요한 사건이므로, 시간과 인원이 부족한 일반 형사부 검사실에서는 맡기 어려워 특수부라는 부서를 따로 만들어 전담하게 하고 있었다.

특수사건의 범죄정보 입수 경로는 다양했다. 특수부 검사나 수사관이 되면 주변에서 도는 소문에 민감해졌다. 범죄와 관련된 정보를 찾아야 하는 부담 때문이었다. 우연히 술자리에서 범죄관련 이야기를 듣거나, 주변 지인들과의 일상적인 대화 속에서도 범죄정보를 입수하기도 했다. 물론 범죄정보를 입수하더라도 근거가 없으면 수사에 착수해서는 안 되지만 주변 소문을 통해서 발견되기도 했다. 요즘은 인지사건을 자제하는 추세라 사정이 다르지만 예전엔 범죄정보를 수사관이 직접 입수하는 경우가 많았다. 물론 검사도 정보를 입수하기도 하고, 그 외에 다양한 수사단서가 있기는 하지만 지방에 있는 검찰청의 경우 지역 사정을 잘 아는 수사관이 정보를 입수하는 경우가 대부분이었다.

그만큼 특수부 수사관은 범죄척결에 대한 사명감을 가져야 했다. 대검찰청에서 범죄첩보를 입수하여 일선 특수부로 사건을 이첩시키는 경우도 있고, 관련기관에서 직접 고발하는 경우, 또는 경찰에서 송치된 사건을 단서로 착수하는 경우도 있었다. 범죄정보가 입수되면 수사관은 검사에게 보고하고, 보고 받은 검사는 정보의 신빙성 여부를 검토하고, 신빙성이 있다고 판단되면 증거 수집을 하게 된다. 증거가 확보되고 증거의 신빙성이 인정되면 정식으로 내사에 착수하여 수사를 시작하는 구조였다.

범죄정보입수를 수사관이 직접 하다 보면 정보를 준 사람에게 놀아나는 경우도 가끔 있었다. 자신과 이해관계가 있는 상대방을 처벌받게 하려고 거짓 정보를 주기도 하고, 사소한 행위를 과장하여 정보를 주기도 했다. 수사관은 자신과 어느 정도 친분이 있는 사람이 알려준 정보라 의심 없이 믿게 되고 정보원은 이를 이용하는 경우가 있었기 때문에 정보입수는 냉철한 판단과 구체적인 증거확보가 절대적으로 필요했다. 세월이 변하여 이제는 특수라는 이름은 사라지고 반부패수사부라는 명칭으로 사건을 수사하지만 사건의 적고 많음, 수사부서 이름의 변경을 떠나서 사회 거악을 척결해 왔던 검찰의 특수부는 아직도 기억이 생생한 부서이다.

반부패수사부 수사관은 자격조건이 있는가?

검찰청 직원들은 1년 6월 또는 2년마다 보직을 변경하는 '사무분장'이라는 것을 한다. 수사관이 한 가지 업무만 계속해서 맡을 수 없기에 업무담당자를 계속해서 순환시키자는 취지에서 만들어진 제도이다. 검사들의 인사이동이나 수사관들의 인사이동 시기에 청 내 자체 사무분장도 같이 이루어지는데, 이때 근무 기간이 오래되었거나 타 부서로 이동을 원하는 반부패부 수사관들이 있다면 그 보직도 변경된다.

반부패부 수사관이라고 해서 어떤 자격조건이 있는 것이 아니다. 대부분 대형사건을 수사하고 싶은 6, 7급 수사관이 스스로 지원하거나 기존 반부패부 검사나 수사관이 권유하는 방식으로 배정되어 근무하게 되는데 아무래도 수사능력이 탁월하다고 소문난 수사관들을 영입하려고 한다. 검찰에서 직접 수사에 착수하는 사건을 주로 담당하고 대형사건, 중요사건 그리고 정치적으로 민감한 사건을 대부분 수사하므로 다른 형사부보다 조금 더 바쁘다. 사건수가 많지는 않지만 사건의 규모가 크고 복잡하다 보니 챙겨야 할 일이 많고, 집중해야 할 순간들이 많다. 따라서 타 검사실보다 야근을 많이 하는 편이고 개인시간이 많지 않다. 적성에 맞으면 괜찮지만 그렇지 않은 수사관은 힘들어하는 경우도 많다. 그렇지만 다행스럽게도 앞서 말했듯이 그곳에서 계속 근무해야 하는 것은 아니고, 길어야 1년 반에서 2년 정도면 타 부서로 옮길 수 있으니 한 번씩 경험해보는 것도 괜찮다. 이렇게 힘든 업무 때문에 반부패부 등 인지부서의 수사관은 수사업무에 대한 열정이 많고, 적극적인 성격의 수사관들이 많이 지원한다. 따라서 베테랑 수사관들이 포진해 있고, 적극적인 초임 수사관의 경우 많은 것을 배울 기회가 있는 부서이기도 하다.

11

⋄

강력범죄형사부

조직범죄와 마약사건을 수사한다

'강력부'에서 '강력범죄형사부'로

강력범죄형사부는 조직 폭력, 살인, 방화, 퇴폐사범 등 사람의 생명이나 신체와 직결된 범죄와 마약사건을 다루는 부서다. '강력부'라고 불리던 명칭을 '강력범죄형사부'라는 이름으로 변경하여 사용하고 있다. '조직 폭력배' 하면 우선 떠오르는 이미지가, 상의를 벗으면 등에 화려한 용이 비상하고 팔과 가슴에는 호랑이가 포효하는 건장한 '떡대'가 연상될 것이다. 길거리나 목욕탕에서 이런 사람들을 만나면 무서워서 피하게 되지만 검사실에서 이런 사람들을 조사하는 입장에서는 오히려 술술 이야기도 잘하고 수사에 협조적인 편이기에 상대하기가 어렵지 않다. 이런 범죄 조직에 가담하여 범죄를 저지르는 사람들에 대한 사건은 강력범죄형사부에서 다룬다. 강력범죄라는 용어의 이미지 때문에 이 부서에서 근무하는 수사관 또한 큰 덩치의 무술 유단자를 연상하겠지만 검찰청의 강력부 수사관은 딱히 무술이 필요하거나 큰 덩치를 요구하지 않는다. 현장에서 강력범죄자를 검거하거나 제압할 일은 없으므로 여성 수사관도 강력범죄형사부에 상당수 근무하고 있다.

폭력조직 두목을 조사한 사건

내가 인천지방검찰청에 근무할 당시 강력범죄형사부(당시 강력부)에서 근무한 적이 있다. 조직범죄와 마약사건을 처리하고 있었는데 검사 1명과 검찰수사관 3명, 경찰에서 전직한 수사관 1명, 그리고 실무관 1명으로 구성된 검사실이었다. 경찰에서 송치된 사건 중 일반 형사사건은 배당되지 않고, 조직범죄 관련사건만 배당이 되고, 직접 인지하는 사건 또한 조직폭력배 관련사건만 수사하는 구조였다.

경찰에서 송치된 조직폭력 사건은 후배 수사관이 담당하고, 나는 조직범죄 관련사건 첩보를 입수하여 인지수사를 하는 것으로 검사와 이야기되었다. 선임수사관으로서 인지수사를 담당하는 것은 당연한 일이었지만 인천이 객지인 나로서는 범죄정보를 입수할 루트가 전혀 없었다. 범죄 정보를 무작정 누가 알려주는 것도 아니고 주변 지인들로부터 입수하는 방법밖에 없으니, 아는 사람이 전혀 없는 인천에서 정보를 입수하기는 우물에서 숭늉 찾기였다. 결국 내가 정보를 직접 입수할 수는 없었고, 입수된 정보를 옆방 검사실에서 넘겨받아 수사할 수밖에 없었다.

옆방 검사실로부터 범죄정보 한 건을 넘겨받았고, 인천의 모 조직 폭력배 두목이 청와대 행정관, 경찰서장 등과의 친분을 과시하면서 수억 원 상당의 상가주택 1채를 갈취하였다는 내용이었다. 넘겨받은 자료를 토대로 자료를 수집하고, 조폭으로부터 상가를 갈취당했다는 피해자를 소환하여 피해사실을 구체적으로 조사하였다. 확보된 증거와 피해자의 진술이 상당부분 혐의를 입증하고 있었고, 조폭 두목을 알고 있던 관련 참고인의 진술이 혐의를 보강하고 있어, 피의자에 대한 체포영장을 발부받았다.

후배 수사관 2명과 전직 경찰관 2명이 피의자의 소재지로 파악된 강화도로 검거에 나섰고, 이틀간의 추적 끝에 조폭 두목은 검거되었다. 검거에 나선 수사관들의 전언에 의하면 조폭 두목은 순순히 검거에 응했다고 했다. 조직원들을 동원해 대항하면 어쩌나 걱정도 했지만 다행히 그런 일은 없었다.

체포 사실을 전해 듣고 검사와 나는 사무실에서 대기했다. 도착하는 즉시 바로 신문에 착수해야 하기 때문이었다. 후배 수사관들이 검거된 조폭 두목 손목에 수갑을 채운 채 사무실로 들어섰다. 평범한 인상에 체격 또한 평범한 중년 남자였고, 조직 생활을 하는 사람으로 보이진 않았다. 조직생활을 하는 사람들의 표본이 있는 것도 아니니 그러려니 하고 먼저 검사 책상 앞에 앉혔다. 검사가 먼저 10분가량 면담하였다. 그는 특별히 불만을 표출하거나 항거하는 기색도 없이 검사의 물음에 순순히 응했다. 물론 검사가 범죄사실을 묻는 것이 아니었기 때문에 범죄 혐의를 자백하는 것은 아니었고, 일상적인 질문에 순순히 대답하고 있었다. 이런 사건의 경우 검사는 범죄사실을 직접 묻지는 않고, 일상적인 대화만 나누는 것이 보통이다. 갑자기 체포되어 온 사람의 마음을 풀어주는 방법이기도 하고 처음부터 '네 죄를 네가 알렸다' 한다고 순순히 자백하는 사람도 없기 때문에 천천히 워밍업하는 시간을 둔다.

검사와 면담을 마치면 본격적인 수사는 수사관이 해야 하므로 그를 내 책상 앞에 앉혀 심문을 시작했다. 조서를 작성할 단계는 아니었으므로 범죄전력 확인과 피해자와의 관계 등을 묻고, 상가주택을 소유하게 된 경위 등을 확인하였다. 그는 피해자로부터 갈취했다는 부분만 빼고, 상가를 자신의 소유로 하게 된 경위를 구구절절 설명하였다. 그의 설명을 모두 들어준 나는 '○○파' 폭력조직원 생활을 하고 있는지 물었다. 그때부터 그는 흥분하여 큰 소리를 내기 시작했다. 폭력조직생활을 한 적도 없고, 주변에서 자신이 '○○파' 두목이라고 소문났다는 것을 알고는 있지만 실제 조직생활하는 애들이 그렇게 부르고 있는 것이지 자신이 원한 것도 아니고, 조직생활을 하는 것도 아니라는 주장이었다.

폭력조직의 조직원이 아니라는 주장은 들어봤지만, 두목으로 불리는 피의자가 조직원이 아니라는 주장은 처음이었다. 폭력조직의 두목이라는 자들은 대부분 별말 없이 자신들의 범행을 수긍해버리고, 다른 범죄 정보를 제공하면서 형량만 줄여달라고 요구하는 게 그동안의 내 경험이었기에 묘한 맘이 들어 피의자의 전력과 자료를 다시 확인하였다. 확보된 자료에는 폭력조직의 두목이라고 되어 있었고 경찰 계보에도 두목으로 나와 있었다.

사실 검찰에서 만든 폭력조직원들에 대한 계보나 경찰에서 만들 계보 모두 조직원들의 진술에 의해서 만들어진 것이지 조직폭력배가 자격증이 있는 것도 아니고 경찰에 등록하는 것도 아닌지라 완벽하게 믿을 것은 못 된다. 그나마 예전 자료를 거의 평생 활용하다 보니 이미 사망한 사람이 두목으로 되어 있는 경우도 있고, 자신의 몸 하나 가누지 못하는 할아버지가 두목으로 되어 있는 경우도 있다.

그래서 최근 '○○파' 조직원들의 명단으로 범죄 경력을 검색하여 조직원들의 범죄전력 판결문을 확인하였다. 판결문에 조직의 두목이 언급되는 경우도 있고 아닌 경우도 있지만, 그의 이름은 판결문에 단 한 번도 언급되지 않았고, 계보에 부두목으로 나와 있는 이름만 수시로 언급되어 있었다. 조사를 중단하고 그를 다른 방에 있도록 한 후에 부두목의 휴대폰 번호를 찾아내 전화를 걸었다. 몇 번의 시도 끝에 부두목이 전화를 받았다. 난 피의자에 대해서 몇 가지를 물었다. 부두목 이라는 자는 전화기 너머에서 실실 웃으며 피의자가 두목이 분명하다고 했다. 실실 웃는 태도와 신뢰감 없는 부두목의 목소리가 아무래도 느낌이 좋지 않았다.

전화를 끊고 그 폭력조직의 조직원 중 수감자가 있는지 확인하니 한 명이 교도소에 수감되어 있었다. 교도소에 연락하여 수감자를 소환하였다. 그 조직원으로부터 난 어처구니없는 사실을 확인하게 되었다. 사실 실질적인 두목은 부두목이고, 피의자는 나이가 많고 허세가 심한 사람으로 조직의 명예 두목으로 치켜세워주면, 상당한 액수의 자금을 조달해주곤 했다는 것이었다.

피의자는 말주변이 좋고 남을 속여 돈을 챙기는 사기 수법에 통달했기에 항상 돈이 많았는데, 부두목이 그의 성격을 이용하여 돈을 조달받고 가끔 조직원들을 동원하여 피의자 옆에 세워두고 체면을 세워주면 그 맛에 상당한 액수의 돈을 부두목에게 챙겨주었다는 이야기였다. 한심한 일이었지만 폭력조직의 실제 두목인지 여부는 범죄 혐의와는 상관이 없었다. 물론 범죄 조직의 실제 두목이었다면 법률 조항을 달리 적용할 수도 있었지만, 조직원 전체가 가담한 일도 아니고 피해자의 말로도 피의자 혼자 상대했다는 진술이었기에 단독범행으로 판단했다. 조직범죄가 아니더라도 갈취행위는 있었고, 청와대 행정관 친분 과시, 경찰서장 친분 과시 등의 범죄행위는 충분히 인정되었다.

며칠 피의자를 조사하는 동안 피의자는 눈물을 흘렸다가 갑자기 대들기를 반복했으나 결국 혐의를 인정하고 자백했다. 주변에서 조폭 두목이라고 불러주고, 청와대, 경찰서를 언급하면 잘 먹혀들어가니 허세를 부리다가 결국 뒤늦게 공부하러 학교에 들어간 케이스다. 강력범죄 형사부에서 범죄 조직의 조직원들에 대해 조사를 하고 있다는 설명을 위해 수사 사례를 첨언했다.

살인사건 수사는 세밀하고 꼼꼼하게

강력전담 검사실에 근무하게 되면 살인사건이 경찰에서 송치되어 오는 경우가 있다. 살인사건은 검찰이 직접 인지하는 경우는 없으므로, 모두 경찰에서 수사를 마무리하고 송치되어 오는 사건이다. 다른 모든 형사사건이 마찬가지겠지만 살인사건은 특히 증거가 완벽해야 한다. 살인사건은 사람의 생명을 앗아간 사건이므로 법원에 기소되면 매우 높은 형량을 받게 된다. 죄가 없는 사람을 기소하게 된다면 매우 큰 실수를 하게 되는 것이고, 죄가 있음에도 증거부족으로 무죄를 선고받게 된다면 검찰이 존재하는 의미를 상실하게 되는 것이다.

살인사건은 피해자가 사망하고 없는 사건이므로 피해자의 진술확보가 불가능하다. 목격자가 있다면 좋겠지만 다른 사람이 보고 있는 상황에서 살인을 저지르는 경우는 많지 않고, 목격자가 있다고 하더라도 보복이 두려워 신고하지 않는다. 또한 수사기관에서 자백하더라도 법정에서 진술을 번복하면 공소유지가 어려워진다.

따라서 살인사건이 송치되면 아주 세밀한 부분까지, 결벽증 환자처럼 꼼꼼하게 챙겨야 한다. 피의자의 행동 하나하나를 세밀히 검토하여 조서에 나타내고, 증거가 있다면 왜 증거가 되는지에 대해서 완벽하게 증명을 해두어야 한다. 내가 강력전담 검사실에 근무할 당시 아내의 외도를 참지 못하고 아내의 내연남을 살해하여 구속 송치된 사건을 담당한 적이 있었다.

살해 동기를 파악하는 게 중요하다

   살인사건은 살해 동기를 파악하는 게 무엇보다도 중요하다. 살해 동기가 확실하다면 살인의 고의가 인정되어 살인으로 의율 가능하지만 살해 동기를 찾지 못하면 살인임에도 상해치사죄로 의율해야 하는 경우도 발생하기 때문이다. 당시 내가 맡은 살인사건은 아내의 외도 때문에 상대방 남자를 질투하여 살해한 사건이었다. 지면에 공지되는 것이므로 실제 사건을 그대로 묘사하는 것은 적절치 않아 내용을 약간 각색했으니 이해하기 바란다.

   사건 발생 전 그와 그의 아내는 사이가 별로 좋지 않았다. 그가 직업을 잃고 경제적으로 어려워지자 술자리가 잦아지고 아내와 자주 다투게 된 것이 그 이유다. 상당 기간 어려운 상황이 지속되자 결국 그의 아내가 직업을 가져야 하는 현실이 다가왔다. 워킹맘의 현실이 그렇듯 직장일과 집안일을 겸하던 아내는 지쳐갔고, 남편과 아이들에게 소홀해져 갔다. 밤늦은 귀가가 잦아졌는데, 불행하게도 아내는 가정과 아이가 아닌 다른 곳에서 위안을 찾고 있었다. 더구나 아내의 수입으로 생활하던 그의 열등감도 시간이 지나면서 커지게 되고, 열등감은 아내에 대한 의심으로 변질되었다.
그 의심은 어느 날 아내의 휴대폰을 확인하면서 확신이 되어 버렸다. 아내의 휴대폰에서 익숙한 전화번호와 잦은 통화 사실을 발견한 것이다. 그 익숙한 전화번호는 그의 친구 번호였다. 남편의 친구와 밤늦게 전화통화를 한다는 것은 당연히 누구나 의심할 만한 일이었다. 아내의 외도를 확신하고 있던 어느 날 아내는 외박을 하게 되었고, 남편과의 전화를 실수로 끊지 못한 아내의 불륜 행위가 남편인 그의 귀에 들려오면서 그는 이성을 잃고 말았다.

다음 날 그는 신문지에 싼 식칼을 품에 숨기고, 아내의 불륜 상대방인 그의 친구를 전화로 불러내고는 몇 마디 대화 끝에 가슴을 찔러 살해하고 말았다.

여기서 살해 동기는 아내의 불륜이므로 그의 아내가 실제 불륜이 있었는지를 확인해야 한다. 남자나 여자나 의처증, 의부증이라는 것이 있으므로 있지 않은 사실을 있는 것으로 믿고 행동하는 사람들도 많아서 실제 아내의 불륜이 있는지도 살해 동기를 파악하는 데 매우 중요한 부분이 된다.

그의 아내의 진술과 죽은 상대방 남자의 전화통화내역을 확보하여 불륜 사실을 확인한 이후에는, 범행 모의 시부터 범행 당일까지의 동선을 따라가야 한다. 통화내역을 확보하고, 칼을 준비한 경위 및 동선, 그리고 남자를 불러낸 방법과 범행 장소에 도착한 동선까지 쭉 따라 가면서 묘사를 해두어야 한다. 살해 장소에 도착하여 상대방과 어떤 대사가 오갔고, 어떤 위치에서 어떻게 칼을 사용했는지에 대해서도 매우 상세하게 묘사해두어야 한다. 칼로 찌른 위치를 잘못 파악하여 피해자 몸에 발생한 상처의 위치를 부검한 부검의가 그 위치에서는 상대방을 찌를 수 없다는 결론을 내면서 무죄를 받은 사례도 있으므로 칼을 사용한 위치와 찌르는 방법의 파악은 매우 중요하다. 수사관의 세밀한 수사가 필요하다는 것이다.

내가 맡은 사건의 피의자는 서 있는 상태로, 피해자는 앉아 있는 상태에서, 위에서 아래로 칼에 찔렸는데 조서에 그 행동을 그대로 묘사하기가 잔인하고 매우 부담스럽지만 어쩔 수 없이 상세히 묘사해야 한다.

강력범죄형사부 근무조건은 따로 없다

반부패수사부와 마찬가지로 강력범죄형사부도 지원과 스카우트 방법으로 근무하게 된다. 스카우트라고 해서 특별한 것은 아니고, 검사나 수사관이 같이 근무하자고 제안하는 것을 말한다. 열정 넘치고 베테랑인 검찰수사관은 검사나 수사관이 같이 근무하자고 권유하는 경우가 많다. 어떤 조직에서나 마찬가지겠지만 어차피 검찰수사관으로서 수사에 임할 바에는 베테랑이라 평가받고, 직장 동료로부터 같이 근무하자고 제안받는 수사관이 되는 게 보람도 있다. 그렇다고 월급을 더 받거나 승진에 도움이 되지는 않는다. 열정과 사명감으로 열심히 하는 것뿐이다. 그로 인해 보람과 자부심을 얻는다.

마약범죄수사관도 강력범죄형사부 소속이다

강력범죄형사부 수사관 중에는 마약수사를 하는 수사관이 따로 있다. 마약수사직으로 채용되어 마약수사만 전문으로 하는 수사관들인 것이다. 마약범죄 분야도 강력범죄형사부에 소속되어 있다. 마약수사직은 검찰직과 달리 별도의 채용을 하고 있으나 최근 지방에 있는 검찰청의 경우에는 마약범죄가 많지 않아 강력전담검사실이나 일반 형사부 검사실에서 마약사건이 아닌 일반사건 수사를 담당하고 있다. 마약수사 수사관도 검찰수사관이다. 전문 분야만 다를 뿐이다.

인터넷을 보면 검찰에서 직접 마약사범을 체포하는지 묻는 질문이 있었다. 강력부 마약수사관은 직접 범인을 체포한다. 마약사범의 범죄정보 입수, 조사, 체포를 모두 마약수사관이 직접 하므로 마약수사관은 위험에 노출되어 있다. 마약사범의 특성상 마약을 복용했을 때 정상적인 상태가 아니므로 심하게 반항하게 되고, 흉기를 휘두르는 경우도 있다. 마약수사 수사관은 이런 때를 대비해서 방검복(흉기에서 몸을 보호해주는 옷) 등을 착용하거나 제압할 장비를 챙겨 나간다. 마약수사 수사관들은 현장 업무의 특성상 아무래도 체력단련이 필요하기도 하고, 무술 유단자라면 도움이 될 수도 있겠다. 가끔 현장에서 칼에 찔리거나 다쳤다는 소식이 들리기도 해서 안타깝기도 하다. 마약수사 수사관이 현장에 나갈 때는 꼭 보호 장구를 챙겨야 한다.

12

❖

공공수사부,
외사범죄형사부, 공판부 등

앞서 반부패수사부와 강력범죄형사부 수사관에 대해서 언급했지만 검찰에는 다양한 부서가 있고, 모든 부서에 검찰수사관이 근무한다. 전담별로 부서를 나누긴 했지만 검찰수사관이 검사실에서 하는 일은 앞서 언급한 형사부와 거의 유사하다. 각 지검 지청별로 부서배치가 다르므로 가장 대표적인 검찰청인 서울중앙지방검찰청의 부서를 열거해보면, 인권·명예보호 전담부, 식품·의료범죄전담부, 강력범죄전담부, 경제범죄전담부, 교통·환경·철도범죄전담부, 지식재산·문화범죄전담부, 금융·기업범죄전담부, 건설·부동산범죄전담부, 여성아동범죄전담부, 보험·사행행위전담부, 산업안전범죄전담부, 출입국·관세범죄전담부, 영업비밀유출·정보통신범죄전담부, 탈세범죄전담부, 반부패수사부, 강력범죄형사부, 공정거래조사부, 범죄수익환수부, 중요경제범죄조사단, 조사부, 공판부 등으로 구성되어 있다. 열거하다 보니 부서도 많다. 전담을 나눈 것뿐이니 모든 부서에 대해서 설명할 필요는 없을 것 같고, 독자들이 들어보았을 만한 몇 부서에 대해서만 알아보기로 한다.

공공수사부(공안부)

얼마 전까지 '공안부'라 칭했던 공공수사부는 특수, 강력과 더불어 검사들이 근무하고자 선호한 부서 중의 하나였다. 아무래도 실적을 많이 쌓고 이름을 날릴 수 있는 부서였기 때문이다. 공공의 안녕, 공공의 안전과 관련된 사건을 담당하는 부서라고 이해하면 된다.

이 공안 분야라는 부서는 시절을 잘 만나면 출세의 지름길이기도 하지만 그 반대면 옷 벗는 길이기도 했다. 물론 검사들의 이야기이고, 지금은 상황이 많이 바뀌기도 했다. 수사관들이야 실적이 아무리 좋아도 출세하는 것은 아니고, 개인적인 사고만 치지 않으면 실적이 없어도 옷을 벗을 일은 없다.

공안부라 불리던 부서가 공공수사부로 명칭을 변경한 이유는 그동안 '공안'이라는 용어가 주는 부정적 인식 때문이다. 이름을 바꾼다고 하루아침에 달라질 수는 없겠지만, 사람도 팔자를 바꾸려면 이름을 바꾸기도 하니 뭔가 달라질 것 같기는 하다.

공안사건은 대부분 선거관련사건, 정당·정치자금 등 관련사건, 노동관련사건, 학원관련사건, 사회·종교 등 단체관련사건, 집단행동 관런사건 등을 다룬다. 예를 들어 선거에 있어 부정이 개입되거나 돈이 개입된 사건 그리고 통상 한국노총, 민주노총, 각 회사의 노조 등과 각 지역의 단체 등에서 집회나 시위를 하는 경우 폭력이 동원되거나 일반 시민에게 피해를 주는 경우가 발생하면 이런 분야를 다루는 부서이다. 물론 공안부 검찰수사관이 하는 업무도 모두 수사업무이다. 경찰에서 입건된 사건이 송치되어 오면 그 사건을 배당받아 조사, 수사하는 업무는 어떤 부서든 동일하다. 전담 분야만 다를 뿐이다.

외사범죄형사부(외사부)

대부분 국민은 잘 모르겠지만 외사범죄형사부라는 부서가 있다. 외사부라고 칭했었는데 이것도 외사범죄형사부라고 바뀌었다. 형사부를 강화한다는 취지 아래 대부분 뒤에 형사부라는 이름을 추가하여 사용하고 있는 것 같다.

편의상 아직도 외사부라고 부르는데 외사부 수사관 역시 수사업무를 한다. 외사부는 외국인이 관련된 범죄와 내국인의 국외범죄, 그리고 외환, 관세, 무역관련사범, 국외도피사범, 국제형사사법공조, SOFA협정에 의한 범죄 사건의 수사, 출입국관리법위반 및 여권법위반 등 출입국관리사범에 관련된 수사를 진행한다. 외국인 또는 외국 관련 범죄를 다루는 부서를 따로 둔 이유는 외국인이라는 특색과 언어 문제 때문이다.

외국인을 수사한다면 수사관이 해당 외국어에 능통해야 하는 것 아 닌가하고 우려하는 사람들이 있을 것이다. 걱정할 필요 없다. 해당 외 국어에 능통하면 금상첨화겠지만 외국어를 모두 알아야 하는 것은 아 니다. 검찰에서는 전문 통역을 이용하여 조사한다. 외국인 범죄피의 자의 경우 그 나라에 해당하는 전문통역을 사전에 요청하여 동석시킨 다. 통역을 통하면 조사에 시간이 많이 소요되기는 하나 조사에 특별 한 문제는 없다. 외사부는 지방에 있는 검찰청에는 없다. 서울중앙지 검이나 인천지방검찰청 등 외국인이 많은 지검에 설치되어 있다. 외 사부 수사관 또한 자격조건은 따로 없다. 꼭 필요한 것은 아니지만 영 어나 중국어, 그리고 동남아지역에서 사용하는 언어를 사전에 익혀두 면 도움이 되기는 한다. 알아서 나쁠 것은 없다.

나는 인천지검 외사부에서 몇 개월 근무했었다. 인천지검 강력부 검사가 휴직하면서 갑자기 배치된 부서였기 때문에 잠깐 동안만 근무 했다. 외사부 시절 조사한 한 외국인은 태국 국적의 여자로 불법 체류 하다 공항에서 검거된 경우였다. 남편과 함께 출국하다가 남편은 출 국을 했고, 여자만 검거됐다. 눈물을 철철 흘리며 사정을 이야기하는 데 직접 알아듣진 못하고 통역을 통해서였지만 마음이 짠했다. 아무 리 사정이 딱해도 어쩔 수 없는 게 법인지라, 그녀는 6개월을 복역하 고 나가야 했다. 어쨌든 외사부 근무 시 외국어에 대한 불안을 가질 필요는 없다. 모두 통역을 통해서 조사하면 된다.

공판송무부(공판부)

우리나라 검찰에서는 수사를 담당하는 부서와 재판을 담당하는 부서를 분리하고 있다. 재판을 담당하는 부서가 공판부이다. 형사사건을 법원에 기소하는 경우 재판이 이루어지는데 그 재판을 수사검사가 직접 하는 것이 아니라 재판만 담당하는 검사가 따로 있는 것이다. 대형사건이나 중요사건의 경우 사건의 내용을 잘 알고 있는 수사검사가 직접 재판에 관여하는 경우(직관이라고 한다)도 있지만 대부분은 공판검사가 재판을 담당한다.

따라서 재판진행을 위해 여러 가지 절차와 준비 등이 필요하므로 공판검사실에도 검찰수사관이 배치되어 관련 업무를 하고 있다.

따라서 공판부 수사관은 수사를 하지 않는다. 가끔 검사가 재판진행 도중 위증하는 사람을 발견한 경우에는 위증사건을 인지하여 수사하는 경우는 있지만 수사업무가 주 업무는 아니다. 재판에 필요한 자료준비 또는 재판에 출석하는 증인에 대한 증인신문조서 등을 작성하여 검사에게 인계한다. 공판부 수사관도 자격조건은 없고, 주로 순환보직으로 배치된다. 공판부는 직접 수사업무를 하지 않고, 재판은 검사가 하므로 수사업무를 하는 수사관보다는 상대적으로 업무가 수월하다고 한다. 물론 청마다 사정이 다르다. 공판부 업무가 수월하다고 하면 공판부 수사관들이 불만을 품을지도 모르겠다. 여하튼 이 책을 보게 되는 동료 검찰수사관들은 글쓴이의 주관적 생각을 말한 것이고, 이 책은 검찰수사관들이 어떤 부서에서 어떤 일을 하고 있는지 알리고자 하는 글이니 너무 신경 쓸 필요는 없겠다.

중요경제범죄조사단(중경단)

검찰 수사부서 중에 몇 년 전부터 신설된 '중요경제범죄조사단'이라는 부서가 있다. 줄여서 '중경단'이라고 부르고 있다. 이 부서를 알고 있는 국민은 거의 없겠지만 지방검찰청 단위에 만들어진 부서다. 이 중요경제범죄조사단은 사안이 중대하거나 사건의 난이도가 높은 고소·고발 경제범죄 사건과 재기수사명령 사건 등을 처리하는 수사단으로, 경제범죄라고 하면 사기, 횡령, 배임 등 재산범죄를 말한다. 부서 명칭이 중요경제범죄조사단이라고 하여 뭔가 중요하고 특수한 부서 같지만 그렇지는 않다. 사안이 중대하고 난이도가 높은 사건은 사건 처리에 시간이 많이 소요된다. 따라서 수사경험이 풍부한 고검검사급 부장검사들을 따로 편성하여 처리하도록 하고, '단'이라는 부서 명칭을 사용하였다. 사실 검사들은 후배기수가 검사장에 승진하면 선배기수는 퇴직하는 관행이 있다. 반면에 선배기수라 하더라도 퇴직하지 않고 검찰에 남아 있는 고검검사급 부장들이 있는데 이분들이 중경단에 배치되는 것이다. 복잡하고 난이도가 높은 사건인 대신, 배당하는 사건수는 많지 않다. 인터넷에 중요경제범죄조사단이 뭔지 묻는 질문들이 있어 간단히 설명하였다. 운영은 검사실과 같이 검사와 수사관, 실무관이 근무하고, 수사관은 마찬가지로 조사업무를 담당하며 순환보직으로 배치된다. 초급 수사관이 담당하기 어려운 복잡한 사건이므로 대부분 선임수사관이 배치된다. 중요경제범죄수사단에서 재산범죄를 수사하다 보면 상당히 어려운 사건을 처리하는 경험을 쌓게 됨으로써 이 분야의 베테랑이 된다.

내가 인천지검 중경단에서 근무하던 시절, 검사는 소규모 지청의 지청장까지 지냈던 고검검사급 부장검사였다. 검사들 기수로 치면 검사장급이었으나 평검사와 같이 사건을 배당받아 사건 처리를 했다. 사기, 횡령, 배임 사건은 복잡한 사건이 많다. 기록의 양이 많고, 사건의 난이도가 높아 처분에 골머리를 앓는다. 조사는 수사관의 몫이기 때문에 몇 개월 근무에서도 힘들었던 기억이 있다. 신규발령 수사관을 중경단에 배치하는 일은 없으므로 검찰수사관에 도전하는 예비 수사관들은 걱정할 필요는 없다.

03

검찰수사관이 '사무국'에서 하는 일

검찰청은 검사실과 사무국의 이원 조직으로 구성되어 있다. 사무국에는 일반직 검찰직원인 국장(3급 부이사관 이상)을 중심으로 구성되는데, 청의 규모에 따라 약간씩 다르나 총무과, 사건과, 집행과, 수사과, 조사과, 공판과 등이 있고, 검찰수사관, 실무관, 행정관들이 근무한다. 검사는 없다. 수사과, 조사과를 제외하고는 주로 검찰행정업무를 담당한다. 처음 검찰수사관으로 임명되면 대부분 사무국에서 업무를 시작한다.

01

검사실과 사무국은 구분된다

검찰청 직원 배치표는 두 개다

검찰청은 이원 조직이다. 크게 두 개의 조직으로 나눠진다는 뜻으로 이해하면 된다. 특정직인 검사와 일반직인 수사관, 이렇게 이원적으로 조직이 구성되어 있다는 의미가 아니라 공소제기, 공소유지(재판)를 담당하는 부서와 검찰행정업무를 담당하는 부서가 나뉘어 있다는 의미다. 쉽게 말하면 검사가 있는 곳과 검사가 없는 곳으로 구분된다는 말이다. 그래서 직원배치표도 '검사실배치표'와 '사무국배치표'로 구분되어 있다. 기관장을 정점으로 그 아래 차장검사가 있고, 검사실과 사무국으로 구분된다.

검사실의 조직 구성

검사실은 형사1부, 형사2부, 형사3부 등 부단위로 편성되어 부장검사가 부서장이다. 형사부 1개 단위에 검사가 5~6명까지 있고, 각 검사실마다 검사, 수사관, 실무관이 근무한다.

사무국의 조직구성

사무국은 검사실에 대비되는 개념의 부서이다. 검사가 아닌 일반직이 부서장으로 있다. 사무국에는 검사가 없다. 모두 일반직으로만 구성되어 있다. 간혹 검사실이 사무국의 상위 부서로서 지휘명령하는 관계라고 오해하는 사람들이 있지만, 형사소송법과 검찰청법에 규정되어 있듯이 검사의 수사에 관한 사무지시를 받는 직급은 4급 서기관까지이므로 3급 이상인 국장은 그 대상이 아니다. 따라서 조직도에서 보듯이 검사실과 사무국은 상하 관계가 아닌 수평적 협조 관계에 있다.

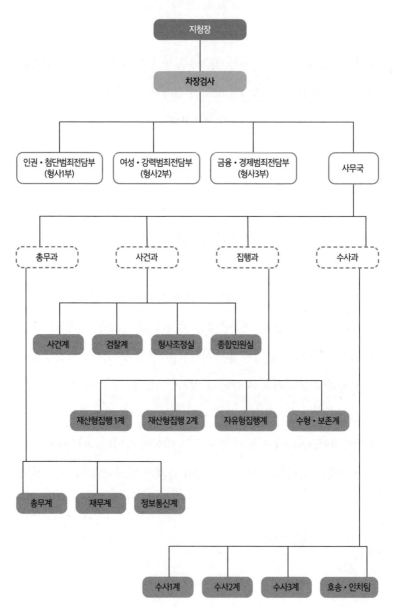

지청의 조직도

- 지청장
  - 차장검사
    - 인권·첨단범죄전담부 (형사1부)
    - 여성·강력범죄전담부 (형사2부)
    - 금융·경제범죄전담부 (형사3부)
    - 사무국
      - 총무과
        - 총무계
        - 재무계
        - 정보통신계
      - 사건과
        - 사건계
        - 검찰계
        - 형사조정실
        - 종합민원실
      - 집행과
        - 재산형집행1계
        - 재산형집행2계
        - 자유형집행계
        - 수형·보존계
      - 수사과
        - 수사1계
        - 수사2계
        - 수사3계
        - 호송·인치팀

사무국 아래 각 과 단위가 있다. 총무과, 사건과, 집행과, 수사과 등이 있다. 과 아래는 계 단위가 있다. 총무과에 총무계, 재무계, 정보통신계 등이 있고, 사건과에 사건계, 검찰계, 형사조정실, 종합민원실등이 있다. 집행과에는 자유형집행계, 재산형집행계, 수형보존계 등이 있다. 수사과에는 1계, 2계, 3계 등으로 구분되는 청도 있고, 각호수사관실로 구분되는 청도 있다. 대부분 구성은 비슷하지만 각 청마다 규모가 다르므로 조직도도 다르다. 위 조직도는 저자가 근무하는청의 조직도를 이해를 돕고자 실은 것이니 참고하기 바란다.

❖

02

총무과

인사, 교육, 기획,
예산 등의 업무를 한다

사무국에서 가장 중심이 되는 부서가 총무과다. 직원들의 인사, 교육, 복지, 예산, 수사지원 업무 등 모든 살림을 도맡아 처리하는 부서다. 총무과는 총무계, 재무계, 기획계 등으로 구성되어 있다. 총무과는 검찰수사관, 실무관, 행정관들이 근무하고, 과장은 주로 4급 서기관, 계장은 6급 주사, 계원들은 7~9급 수사관 및 실무관, 행정관들로 구성되어 있다.

총무계 : 인사관리, 교육 등의 업무를 담당한다

검찰청뿐만 아니라 일반 회사도 마찬가지일 것이다. 총무부에서 직원들의 인사관리와 교육 등의 업무를 담당하고, 직원들에 대한 근무

통제 또한 이 부서에서 담당하고 있다. 근무 평정은 직원들의 승진과 관련되어 있기 때문에 매우 중요한 업무이고, 그렇기 때문에 근무 평정 시기에 욕을 가장 많이 먹는 부서이기도 하다. 모든 직원에 대해서 좋은 평점을 주면 좋겠지만 그럴 수는 없지 않은가. 누군가 '수'를 받으면 누군가는 '양'의 평정을 받게 되어 있다. '수', '양'이라는 평정을 말하니 검찰청에서 무슨 수우미양가를 이야기하느냐고 궁금해하겠지만 검찰청에서도 근무 평정을 그렇게 산정하고 있다. 각 점수마다 줄 수 있는 비율이 정해져 있어 좋은 평정을 받으면 '수' 그룹에, 평정이 좋지 않으면 그 아래로 내려가야 한다. 상반기, 하반기로 두 번 평정하고, 직급마다 다르지만 2~3년 내에 받은 평정을 합산 또는 평균하여 승진 순위를 결정한다. 이 평정으로 인해 입사 동기라 하더라도 승진차이가 1~2년씩 발생하는 경우도 있다. 결국 이곳도 승진을 위한 경쟁 사회다.

검찰수사관을 염두에 두고 있는 독자들은 승진에도 관심이 있을 테니 수사관의 성적을 평정하는 근무 평정에 대해서 간단히 설명해 보기로 한다. 근무 평정은 최초 부서장이 먼저 평정한다. 검사실의 경우 형사 제1부에 근무하고 있다면 형사 1부장이 평정자이다. 직급별로 평정하게 되므로 형사 제1부에 7급이 5명 있다고 가정하면 1부장이 5명에 대한 각자의 성과 점수를 부여하고 순위를 매겨 총무과에 통보하게 된다. 따라서 검사실에서 수사관들의 근무 실적을 어떻게 산정 할 것인지가 매우 중요하지만 사실 사건 수사를 하는 수사관들의 실적을 점수로 산정하기는 어렵다. 현재 운용 중인 평가 방법이 있기는 하나, 거의 실효성이 없고, 평가대상자에 대한 부서장의 주관적인 판단과 연공서열이 평정에 영향을 끼치고 있다. 구체적인 평가 방법에 대해서까지 언급할 수는 없으나 수사관들의 평정 방법이 조금 더 객관적인 제도로 구성되었으면 하는 바람은 있다.

사무국은 각 과장들이 평정하여 총무과에 통보하게 되고, 총무과에서 이를 취합하여 전체적으로 직원들의 서열을 정하게 된다. 이때 차장검사를 위원장으로 하여 근무성적평정위원회가 구성된다. 이렇게 정해진 점수와 서열을 지청에서는 지검이나 고검으로 올리고, 지검이나 고검에서는 대검찰청으로 올려서 최종적으로 승진 후보자 명부가 작성되는 것이다. 평가는 공무원성과평가등에관한규정과 법무부소속공무원평가등업무처리지침, 검찰공무원근무성적평가지침 등에 따르게 되어 있다. 승진에 대해서는 관심이 많을 분야이므로 나중에 따로 자세히 이야기하기로 한다.

타자기로 공문서를 작성하던 시절

내가 검찰청에 임용되어 제일 처음 발령받은 부서는 벌금을 받는 징수계였다. 지금은 재산형집행계라는 이름으로 바뀌었다. 나는 징수계에서 좋은 선배들을 만나 첫 직장생활을 흥미 있게 보냈다. 막걸리를 광적으로 좋아하는 선배가 거의 매일 술자리를 마련하여 다른 생각을 할 겨를이 없었다. 일과 시간엔 업무 적응하느라, 퇴근 후엔 술자리 적응하느라 정신없이 보내다 보니 몇 개월이 흘렀다. 나는 대학 시절 술을 잘 마시지 못했으나 이때 술을 배우기 시작했다. 검찰의 폭탄주라는 것도 이때 마셔보았다. 아쉽게도 나는 징수계에서 몇 개월 밖에 근무하지 못했다. 사무과장(지금의 총무과장)으로부터 사무과 서무업무를 맡은 선배를 보조하라는 지시가 있어서였다. 당시만 해도 컴퓨터가 없던 시기라 공문기안을 '마라톤 타자기'라고 하는 타자기로 작성하고 있었는데 서무업무를 맡았던 선배의 타자 실력이 서툴고, 전년도 공문서를 날짜만 화이트로 지우고 현재 날짜로 고쳐 올리는 일이 반복되자 나를 서무2로 배치하여 공문기안을 대신하도록 한 것이다.

선배는 사무과장에게 질책을 받고 욕을 먹어도 "욕이 살파고 들어가냐?"라며 사람 좋은 웃음을 지으며 넘겨버리는 호인이었다. 같이 근무하면서 업무적으로는 약간 힘들었다. 업무 외적으로는 참 재밌고 호탕한 사람이었다. 지금은 퇴직하고 법무사를 개업했는데 잘되고 있는지 모르겠다. 아무튼, 이 선배의 보조업무를 맡게 된 것이다. 당시 서무주임이라고 하면 근무 경력이 5년 이상이 되어야 맡는 자리였다. 상부에서 내려오는 공문서 처리가 중요한 업무였기 때문에 신규직원이 맡기에는 부담스러운 자리였다. 상부에서 내려오는 공문처리를 타자기로 작성하면서 공문서 기안하는 법을 배우게 되었고, 신규직원으로서는 업무 처리에 많은 도움이 되는 경험이기도 했다. 지금은 총무과 총무계로 명칭이 변경되었다.

신규직원 시절 나는 서무업무 보조 외에 총무과에서 인사업무를 2회 맡았다. 인사 담당 수사관이라는 자리는 주임수사관 중에서 나름 선임수사관이 맡게 되는데 앞서 언급한 직원들의 인사에 관한 모든 업무를 처리한다. 수사관들의 근무성적평정에 대한 초안을 작성하고, 사무분장에 관한 초안을 작성한다. 물론 작성된 초안은 총무과장을 거쳐 최종적으로 기관장이 결정하게 되지만 직원들의 승진에 영향을 미치는 근무성적평정은 많이 중요하다. 그러다 보니 아무래도 평정자가 자신과 친분이 있는 직원의 평정을 높게 주려는 경우도 있었다. 지금은 직원들에 대한 근무성적평정위원회가 따로 열려서 위원회에서 협의를 통해 결정하지만, 그때만 해도 평정위원회가 없었고, 인사담당이 연공서열대로 순위를 매겨 올리면 과장이 이를 결정했었다. 기관장 또한 직원들의 평정에 별 관심이 없어 형식적으로 결재만 하고 있던 시기였다.

어느 해 평정기간에 나는 연공서열대로 근무성적 순위를 작성하여 과장에게 가지고 갔다. 작성된 평정순위표를 보던 과장은 수사관들의 순위에서 1위와 3위를 바꾸라고 지시했다. 3위 순번에 있던 직원이 과장과 친분이 있던 직원이었던 것이다. 나는 그렇게 하면 연공서열이 빠른 1위 직원의 이의제기가 있을 것이라고 말했지만 과장은 자신이 평정자이니 무슨 상관이냐며 바꾸라고 지시를 고수했고, 나는 평정자인 과장의 지시를 무시할 수 없어 더 이상 반발하지 못하고 지시대로 할 수밖에 없었다. 결국 1위여야 했던 수사관은 그해 승진에서 밀렸고, 그 여파로 1년가량 승진이 늦어졌다. 내 권한도 아니고 내 잘못도 아니었으나 지금도 그 선배 수사관에게 미안한 맘이 있다. 나는 그 선배에게 그 당시 상황을 설명했고, 선배도 이해했다. 지금 그 선배는 서기관까지 승진하여 승승장구하고 있다. 요즘은 연공서열대로 평정하지 않고 실질적인 근무 실적위주로 평정하므로 그때와 같은 일은 발생하지 않겠지만 인사평정은 공무원 승진에 직접 영향을 미치므로 공정성이 매우 필요한 업무이다.

총무과에는 인사, 상훈 외에 직원들의 교육, 복무관리와 기획 업무가 있다. 직원들은 승진을 위해서는 근무성적 외에 일정한 교육시간의 이수가 필요하다. 법무연수원의 집합교육, 사이버교육, 기타 여러 가지 방법으로 교육시간을 이수해야 하는데 이에 대한 관리를 총무과 교육담당이 한다. 현재 수사관들의 매 1년 교육 이수시간은 90시간이다. 승진을 위해서 꼭 필요한 교육 이수 조건이므로 수사관들은 이 교육 시간을 충족시키기 위해서 수시로 공부하고 있다.

출퇴근 점검, 연가, 출장, 병가 등 직원들의 복무를 관리하는 업무도 총무과에서 한다. 출퇴근이야 당연히 지켜야 하는 공무원의 기본이지만 검찰에서는 수시로 출퇴근 시간 준수 여부를 점검하고 있다. 대검, 고검, 지검의 감찰반들이 분기 또는 반기별로 불시에 점검을 하고, 근무 청 자체적으로도 불시 점검을 하고 있다. 지각하거나 무단결근 등을 하다가 불시 점검에 적발되면 근무 평정에 감정요인이 되고, 사안이 중한 경우 징계를 받기도 한다.

❖

03

총무과

기획, 행사, 재무,
정보시스템 관리 업무를 한다

기획과 행사 업무

총무과의 기획 업무는 행사 업무와 겹쳐 있다. 청의 수사와 관련된
사안을 기획하는 업무는 기획검사가 한다. 기획 담당 수사관은 청의
행사와 관련된 업무를 하는 것이다. 당연한 이야기지만 결정권은 없
다. 안을 작성하여 결재권자의 결재를 받아 행사를 진행한다. 법무부
장관, 검찰총장, 고검장, 지검장 등의 격려방문 행사가 있는 경우에는
기관장을 비롯하여 과장, 계장 등과 함께 행사 담당 수사관 또한 많은
심력이 소모된다. 요즘은 그래도 행사가 많이 줄었지만, 아직도 치러
야 할 행사들은 많이 남아 있다.

내가 총무과에 근무했던 시절 일화가 있었다. 법무부장관, 검찰총
장, 고검장, 지검장 등이 처음 부임하면 산하 검찰청을 순회하는 관행
이 있다. 지금은 격려방문이라고 표현하지만 얼마 전까지만 해도 '초

도순시' 또는 '지도방문'이라는 표현을 사용했다. 상부기관에서 초도 순시 일정이 통보되면 그때부터 지청은 비상사태에 돌입한다. 지청장 부터 행사 담당 수사관까지 초도순시 계획안 작성에 온 힘을 쏟는다. 어지간한 업무는 뒤로 미루고, 계획안 작성이 우선시 된다.

행사 담당이 초안을 작성하여 총무계장과 함께 총무과장실에서 협 의를 한다. 총무과장은 작성된 초안을 보며 머리를 짜내 수정을 하고, 행사 담당은 다시 수정안을 작성하여 과장과 함께 국장실로 간다. 마 찬가지 방법으로 국장은 또 머리를 짜내고, 차장검사실로 간다. 차장 은 또 머리를 쥐어짠 후 지청장실에 간다. 지청장이 다시 수정하면 그 간 거치는 단계가 아무런 의미가 없어진다. 처음부터 지청장이 알아 서 지시를 해주면 번거롭지 않고 얼마나 좋겠는가. 직장이라는 것이 항상 그렇듯이 꼭 효율적으로만 일이 진행되지는 않는다.

이렇게 부산을 떨어서 총괄 계획안이 작성되면 다시 세부 계획안이 작성된다. 각 직원에게 할 일을 부여하는 것이다. 상부 청에서 초도순 시 할 분이 출발하면 이를 상부 청 행사 담당이 연락을 해준다. 연락 을 받은 청에서는 차량이 톨게이트에 도착할 시간을 확인하고, 지청 장과 총무과장이 톨게이트까지 영접을 나간다. 승용차로 오는데 왜 꼭 톨게이트까지 나갔는지 모르겠다. 내비게이션이 없어서 청사를 못 찾을까 봐 그랬을까?

청사에 순시 차량이 도착한 이후에도 소소한 부분까지 모두 짜여 있었다. 차 문은 누가 열지, 순시하는 분의 양복 주머니에 꽃다발은 누가 꽂을지, 여직원은 한복을 입을지 말지, 업무보고 탁자에는 어떤 꽃꽂이 수반을 놓을지, 물컵은 유리로 하되 물은 얼마나 채워둘지, 지금 생각하면 참 민망할 일이다. 직원 신고도 있었다. 옷을 단정하게 입고 10분 전까지 지청장실 앞에서 대기한다. 직원 신고 시 직원이 설 자리를 표시해두고, 그곳에 서서 인사를 해야 한다. 너무 멀거나 너무 다가서면 순시할 분이 불편하다는 엄청난 배려였다. 관등성명을 대는 순서 또한 미리 통지했다. 인사를 먼저하고 관등성명을 댈지, 관등성명을 먼저 대고 인사를 할지도 미리 정해졌다. 인사 후에는 우측으로 빠져나와 회의실에 들어간 후, 직원훈시를 기다린다. 직원 인사 후 업무보고를 먼저 했으니 업무보고 끝날 때까지 회의실에서 전 직원이 서서 기다려야 했다.

비공식 방문 때는 속옷까지 챙겼다. 등산 일정 때문에 땀날 것을 대비한 것이다. 사이즈를 수소문하느라 해프닝도 있었다. 남의 속옷 사이즈를 어떻게 알 거라고. 모두 사라진 일이지만 그때는 그게 당연했으니 참 요지경 세상이었다.

재무계, 정보통신계 등

총무과에는 재무계가 있다. 예산업무를 담당하고 물품 조달 및 청사를 관리하는 부서다. 예산은 '원인'과 '지출'이 구분되어 있다. 지출이 필요한 부분에 대해서 원인행위를 담당하는 수사관이 먼저 서류를 작성하여 결재를 득하고, 결재를 득한 서류를 지출담당에게 넘겨 지출하도록 하는 구조이다. 원인과 지출을 같이했을 때 혹시 발생할 수 있는 사고를 예방하기 위해서다. 직원들의 봉급, 출장비, 교육여비 등을 지급한다. 주로 8급 수사관이 담당하고 있다.

총무과 소속으로 청사의 모든 인터넷 랜선망, 정보보안, 정보시스템, 정보화장비 운영관리 등을 담당하는 정보통신계가 있다. 컴퓨터 및 정보시스템 관련 전문가들로 구성되어 있고, 포렌식 전문 수사관이 만들어지기 전까지는 이 정보시스템 수사관들이 압수수색 현장에서 컴퓨터 내부자료 압수수색 업무를 모두 담당했었다. 내가 특수부에 근무하던 시절에 압수수색 시 참여, 자료 분석 등의 업무를 도맡아 하고, 같이 고생도 많이 했다. 지금은 컴퓨터 수리 등의 관련 업무는 외부 업체에 용역을 주고 도움을 받고 있다.

총무과는 업무는 힘들지만 수사관들이 승진 직전에 선호하는 부서다. 아무래도 인사업무를 담당하는 부서이므로 인사고과를 타 부서보다 더 잘 받는 경우도 있고, 차기 인사이동 시 원하는 부서로 갈 수 있는 경우도 있다. 물론 다 그런 것은 아니다. 사실 힘 있는 인사부서라고 해서 혜택을 주면 원칙이 무너지기도 하니 옳은 현상은 아니다. 총무과 또한 자격조건이 있는 것은 아니고 순환보직이다. 1.5년에서 2년 정도면 타 부서로 옮겨 가는 게 인사 지침이다.

❖

04

사건과

송치사건 및 불송치 사건을 접수하여 검사실에 배당한다

사건 접수 및 배당 부서

검찰청 '사건과'라고 하니 '사건'이라는 용어 때문에 일반인들은 사건을 수사하는 부서로 생각하는 경우가 있다. 사건과는 '수사'부서가 아니라 사건을 '관리'하는 부서다. 접수된 사건을 배당하고, 그 과정에 필요한 절차를 진행하는 부서라고 생각하면 된다.

사건과는 사건을 접수하는 사건계, 영장을 접수하는 검찰계, 합의를 중재하는 형사조정실, 민원서류를 발급하는 종합민원실 등으로 구성되어 있다.

형사소송법의 개정으로 인해 2021. 1. 1.부터 경찰에 수사종결권이 부여되고 검사의 경찰에 대한 수사지휘권이 폐지되면서 검찰 업무 중 가장 많은 영향을 미치는 부서가 사건과다. 경찰에서 검찰로 보내오던 사건이 송치사건과 불송치 사건으로 구분되고, 수사지휘가 폐지되면서 수사지휘 건의 업무는 사라졌지만 재수사요청이나 보완수사요구 등의 업무가 신설되면서 사건과의 업무 처리 절차가 상당부분 변경되었다. 법이 개정되고, 각종 지침이 변경되었으니 사건과의 업무에 대해서 자세히 알아보기로 한다.

사건계 : 경찰 송치사건 접수 및 배당

사건과는 검찰에서 사건이 시작되는 관문 역할을 한다. 이 때문에 사건과 사건계는 매일 아침 경찰관들로 붐빈다. 각 검찰청 관할에 있는 여러 경찰서에서 송치사건기록을 접수하러 오거나 사건 관련 문서를 접수하러 오기 때문이다. 많은 사람이 붐비다 보니 바쁜 와중에도 미혼인 직원끼리 서로 호감을 갖게 되어 결혼하는 경우도 가끔 있다. 젊음은 사건 속에서도 꽃을 피운다. 전쟁통에도 아이는 태어나듯이 말이다.

검찰에 접수되는 사건은 사건과에서 최초 접수를 하여 검찰 사건번호를 부여하게 된다. 사건의 효율적인 관리를 위해서인데 일명 '형제번호'라고 한다. '형사사건 제 몇 호'의 줄임말이다. 예를 들어 '2021 형제1호'처럼 연도별, 일련번호 순으로 부여한다. 이 사건번호는 사건 접수 담당 수사관이 부여한다. 사건이 접수되는 순서대로 '넘버링'이라는 번호 부여 도구를 이용하여 사건기록 상단에 찍게 된다. 사건번호를 부여한 후 기록을 전산 입력실에 넘긴다. '전산실'이라고 하는데 주로 여성 실무관들이 근무하고 있다. 입력하는 내용은 사건관련자들의 인적사항, 주소, 죄명, 연락처 등이다. 사건기록은 넘쳐나고 입력할 내용은 많아서 상당히 손이 빨라야 하는 곳이다. 전산실에서 필요한 내용을 전산에 입력하고 나면 기록을 사건 배당실로 옮긴다. 1차로 사건 배당은 차장검사가 하게 되는데 차장검사는 각 부에 나누어 배당을 하고, 각 부에 배당된 사건은 2차로 부장검사가 각 검사실에 배당함으로써 주임검사가 결정되고 배당된 주임검사가 사건을 처리하는 구조다.

사건 접수를 담당하는 수사관은 사건 접수업무를 맡는 동안에는 수사업무를 하지 않는다. 검사실이나 수사과, 조사과로 부서를 옮기게 되면 수사를 하게 되지만 사건과 업무 중엔 수사업무가 없다.

형사소송법 개정으로 인하여 사건과에서 접수하는 사건이 송치사건과 불송치 사건으로 구분되었다. 송치사건은 경찰이 범죄 혐의가 인정된다고 판단하여 기소의견으로 송치하는 사건과 검사의 송치요구에 따라 송치한 사건, 경찰에서 불송치 결정 처분을 받은 고소인 등이 이의신청을 한 사건 등을 말한다.

송치사건을 배당받은 검사는 사건의 사안에 따라 직접 보완수사를 하거나 검찰청 수사과·조사과에 보완수사를 지휘할 수가 있고, 결정으로 경찰에 보완수사 요구를 할 수 있다. 간단한 사실관계 확인이나 서류 보완을 하면 처리할 수 있는 사건, 공소시효가 임박한 사건, 경찰에 다시 보내면 수사의 공정성이 의심되는 경우 등은 검사실에서 직접 보완하게 되고, 그 외에 보완수사가 필요하다고 판단되면 원칙적으로 경찰에 보완수사를 요구하게 되어 있다. 보완수사 요구는 송치사건을 배당받은 날로부터 30일 이내에 결정하도록 되어 있고, 30일이 넘어서면 차장검사 또는 지청장의 결재를 받아야 한다. 보완수사가 결정된 사건기록은 사건계로 다시 내려오는데 이때 담당 수사관이 보완수사요구서를 1부는 경찰에 송부하고, 부본은 별도로 보존해야 한다. 보완수사 요구는 그 이행기간을 정하여 내려 보내기 때문에 이행기간의 점검을 사건계 담당 수사관이 해야 한다. 경찰이 정당한 이유 없이 검사의 보완수사 요구를 이행하지 않는 경우에는 징계 요구를 할 수 있으므로 수사관은 이행 여부에 대한 점검을 수시로 해야한다. 보완수사를 이행하여 다시 경찰에서 사건이 넘어오면 이를 사건계 담당 수사관이 접수하여 해당 검사실로 인계하게 된다. 사건계 접수 담당자의 업무가 많이 변경되었고, 할 일도 많아졌다.

사건계 : 불송치 사건 접수 및 배당

불송치 사건은 경찰이 사건을 수사한 후, 혐의가 없다고 판단하거나 죄가안됨, 공소권없음, 각하 등의 결정을 하게 되는 사건을 검사에게 송부하는 것을 말한다. 이 경우는 '송치'가 아닌 '송부'라는 표현을 사용한다. 불송치 사건은 검사가 90일 동안 기록을 검토한 후, 별 문제가 없다고 판단되면 경찰에 기록을 반환하게 된다. 이 불송치 사건 접수는 이전까지는 없었던 업무다. 법 개정으로 인해 신설되었다. 경찰에 수사종결권을 부여하면서 검사가 최종적으로 검토하는 절차를 만들어 둔 것이다. 아직은 경찰을 완전히 신뢰하지 못하겠으니 검사가 검토하겠다는 것인데 이 규정으로 인해 검찰의 업무가 오히려 더 많아졌다. 불기소에 해당하는 사건을 경찰에서 종결하게 되면 그만큼 검찰로 넘어오는 사건수가 줄어들 것으로 예상했지만 이 불송치 사건 송부라는 규정이 만들어지면서 어차피 모든 사건이 검찰로 넘어오게 됨으로써 관련 업무가 오히려 신설되고 복잡해진 것이다. 이 불송치 사건으로 인해 사건과 사건계에는 담당 수사관의 인력이 추가 투입되었다. 송치사건 접수 담당 수사관이 모두 처리하기에는 업무가 너무 많고, 사건이 혼재될 위험이 있어서 따로 업무를 배정하게 된 것이다.

불송치 사건 접수 담당자도 송치사건 접수 담당과 같이 접수된 사건기록에 사건번호를 부여한다. 이때는 '형제번호'가 아닌 '불제번호'라고 칭하는데 '2021불제 1호'라고 사건번호를 부여하는 것이다. 불송치사건 제 몇 호라는 의미다.

불송치 사건도 접수 후 전산입력을 하고 배당을 받는 절차는 송치사건과 동일하다. 배당을 받은 검사실에서는 불송치 사건기록을 검토하여 검토결과서를 작성하게 되는데, 법 개정 후 만들어진 지침에 의하면 불송치 기록 검토를 검사실 수사관에게 명할 수 있도록 되어 있고, 수사관은 검토결과서를 작성하게 되어 있다. 물론 수사관이 작성한 검토결과서는 결정서가 아니라 검사가 판단하는 데 참고하는 수사보고서 정도로 이해하면 되겠다.

　검사실에서 90일 동안 기록을 검토한 후, 특별한 문제가 발견되지 않으면 검사는 기록반환결정을 하게 된다. 반환결정 된 사건기록은 다시 사건계로 내려오는데 불송치 사건 접수 담당자가 이를 받아 불송치 기록 접수서나 검토결과서 등을 기록에서 분리하여 별도로 보존하고 기록은 경찰에 반환해주어야 한다. 기록 반환은 검찰에 송치 오는 경찰관이 와서 직접 가져가므로 일일이 우편으로 보내야 하는 것은 아니다. 불송치 사건을 검토한 결과 추가 수사가 필요하다고 판단되면 검사는 재수사요청을 할 수가 있는데 이 경우 재수사요청서를 작성하여 경찰에 송부하게 되고, 부본은 사건계 불송치 사건 담당자가 별도로 보존해야 한다. 그동안 기소중지 의견으로 송치하던 사건도 불송치 사건처럼 검찰에 송부하게 되는데 '수사중지' 사건이라고 칭한다. 이 수사중지 사건도 불송치 사건 접수 담당자가 접수하여 처리하게 된다.

05

✧

사건과

기소중지자 관리와
압수물 관리 업무를 한다

사건계 : 기소중지자 관리 업무

'지명수배'가 무엇인지는 독자들도 알고 있을 것이다. 이 지명수배를 사건과 수사관이 담당한다. 물론 검찰 지명수배의 경우다. 경찰은 앞서 언급한 수사중지라는 명목으로 송부한 사건을 자체적으로 관리하므로 검찰의 지명수배와는 사건이 다르다.

'기소중지'란 피의자가 연락이 되지 않아 사건 수사가 중단된 경우를 말한다. 이 경우 피의자에 대해 지명수배를 하게 되는데 지명수배 및 관리 업무를 사건과 수사관이 담당한다. 검사실에서 피의자의 소재가 파악되지 않으면 사건과에 지명수배를 요구하게 된다. 지명수배를 요구 받은 수사관은 전산에 입력하는 방법으로 전국에 지명수배를 하게 된다. 그동안에는 경찰에 '소재수사지휘'라는 용어로 지휘서를 발송하여 소재를 파악해 왔는데 수사지휘라는 용어가 없어지면서 '소재수사요청서'로 제목이 변경되어 경찰의 협조를 받아 파악하게 된다. 또한 출입국 사실 조회를 통하여 국외 출국여부를 확인하고, 국외 출국자의 경우에는 입국 시 통보를 요청한다. 지명수배 된 피의자가 발견되었다는 통보를 받게 되면 지명수배를 해제하고, 그 사람에 대한 관리를 종결한다. 지명수배는 매우 중요한 업무다. 해제사유가 있어 해제를 하여야 함에도 해제가 되지 않아 체포되는 경우가 종종 발생한다. 해제사유가 발생하면 즉시 처리해야 하는 중요한 업무 중에 하나다.

사건계 : 사건 압수물 접수 및 처분 업무

사건수사를 하게 되면 증거가 되는 물건을 압수하는 경우가 많다. TV에서 압수수색 장소에서 수사관들이 파란 박스에 담아 들고 나오는 물건들이 모두 압수물이다. 이 압수물은 사건관계인들 소유의 물건이므로 사건이 끝나면 돌려주거나 필요한 경우 몰수 등의 조치가 필요하다. 모든 압수물은 압제번호라 하여 번호를 붙여 철저하게 관리하게 된다. 이를 담당하는 수사관이 사건과 압수사무 담당자이다.

경찰에서 사건을 송치할 때 압수물이 있는 경우 함께 딸려오게 된다. 압수사무 담당자는 사건기록에 첨부된 압수물 총목록과 압수조서 등을 확인하고 이를 수리한다. 압수물을 수리한 후에는 압수표라는 것을 작성한다. 압수물의 품명, 수량 등 필요한 내용을 기재하는 표를 만드는 것이다. 차후에 압수물 관리를 위해서 필요한 절차이다. 접수한 압수물은 총무가 영치 담당자에게 인계하여 압수물 창고에 보관하게 되는데, 압수물은 수사가 종결되면 검사가 처분명령을 하게 된다. 압수물을 어떻게 처리하라는 검사의 명령이다. 압수물이 가치 있는 물건이면 검사는 공매처분을 하여 국고에 귀속하라는 명령처분을 하게 된다. 이때 압수사무 담당자는 공매절차를 진행하여 그 대가를 국고에 귀속시켜야 한다. 압수물의 규격이 크고, 검찰청에 보관하기가 적정하지 않은 물건들은 검찰청 외에서 압수물을 보관해주는 장소에 보관위탁을 한다. 이를 '청외보관압수물'이라고 하는데 이 경우에는 보관증을 첨부하여 수리하고, 반기에 1회 이상 압수물 점검계획을 수립하여 수사관이 직접 압수물 점검을 나가게 된다.

사건이 종결되기 전에 물건의 소유자가 압수물에 대해서 환부를 요청하는 경우가 있다. 이 경우엔 '가환부'라는 용어를 사용하는데 민원인으로부터 가환부신청서를 받아 결재를 받은 후에 돌려주는 등의 절차를 밟게 된다. 환부해야 할 압수물을 제출인 등의 연락처를 알 수 없어 환부할 수 없을 때는 검사의 결재를 받아 관보에 3개월간 공고를 하고, 공고기간이 경과되면 총무과 영치 담당자에게 인계하여 처리하도록 하고 있다. 관보 공고 의뢰 등의 업무를 압수 담당 수사관이 진행해야 한다. 압수사무는 매우 중요한 업무이므로 정기 사무 감사 시 매번 집중적으로 감사를 하게 되며 지적사항도 많이 나오는 업무이다. 청별로 처리 실적 또한 산정하므로 수사관들이 상당히 부담을 갖는 업무이기도 하다. 대신 업무처리 실적이 뛰어난 경우 격려나 포상을 받기도 한다. 주로 8급 선임수사관이 업무를 맡는다.

사건계 : '검찰시민위원회' 운영 업무

검찰청에는 '검찰시민위원회'라는 심의기관이 설치되어 있다. 독자들은 생소할지 모르겠으나 검찰의 의사결정 과정에 국민의 의견을 직접 반영하여 검찰권 행사의 공정성과 투명성을 제고하고 국민의 인권을 보장하기 위한 목적으로 꽤 오래전부터 설립·운영되고 있다. 이 업무를 사건과에서 수사관이 담당하고 있다. 검찰시민위원회가 뭔지 궁금한 독자들을 위해서 간단히 설명을 해보면 지역에서 학식과 연륜을 갖추었다고 판단되는 사람들을 위원으로 선정하여 검찰의 사건에 대해서 의견을 구하는 제도이다. 구속력은 없지만 시민위원회 의견을 인용하여 검사가 최종 판단하는 경우도 많다.

당연한 이야기지만 검사가 처리하기 애매한 사건이 있는 경우 시민위원회에 회부하게 된다. 지역 토착비리나, 권력형 비리 사건, 피해자가 불특정 다수인 사기·횡령·배임 등 금융·경제범죄, 조직폭력, 마약, 살인, 성폭력 등 중요 강력사건, 사회적 이목이 집중된 사건 등이 주로 대상인데 공소제기나 불기소가 적정한 것인지, 구속영장청구가 적정한 것인지, 구형 의견이 적정한 것인지, 항소 여부의 적정성 등을 심의 안건으로 올린다. 사건과 수사관이 간사 역할을 담당하면서 위원회 개최 일정이나 위원들에 대한 연락 등의 업무를 담당하고 있다. 위원들이 한두 사람이 아니다 보니 수사관이 일일이 연락하여 일정을 맞추기가 쉽지 않다고 한다. 주로 8~9급 수사관이 담당하고 있다.

06

❖

사건과

항고, 재정신청, 헌법소원, 소송수행 등의 업무를 한다

사건계 : 항고장 접수 업무

'항고'는 검사의 불기소처분에 불복하는 고소인이나 고발인이 문서로 이의를 제기하는 것이다. 검찰청법 제10조에 의하면, 고소·고발사건에 있어 검사의 불기소 처분에 이의가 있다고 생각하는 사람은 '항고' 할 수 있게 되어 있다. 항고 사건은 고등검찰청에서 판단하게 되어 있지만 항고장은 사건을 처분한 원 사건 처분청에 제출해야 한다. 이때의 항고장 접수를 사건과 사건계 수사관이 담당하고 있다. 항고는 항고인 적격이 있는지, 공소시효나 항고기간이 도과되지 않았는지 등을 확인하여 전산에 입력한 후 부장검사실에 인계한다. 이때 기록을 대출하여 기록과 함께 인계하게 되는데 기록 대출은 집행과 보존계에 의뢰하여야 한다.

부장검사실에서는 사건기록을 검토하고 항고가 이유 없다고 판단되면 기록과 항고장을 다시 사건계로 내려주고, 담당자는 이를 고검에 송부하게 된다. 고검에 송부하는 기간이 정해져 있으므로 담당자는 기간이 도과되지 않도록 항상 주의를 기울여야 한다. 고검에서 항고기록을 검토한 후, 항고기각을 하거나 재기수사명령을 하거나 또는 고검에서 직접 경정을 하기도 하는데 이에 대한 절차 진행을 모두 항고 담당 수사관이 하게 된다. 항고장 제출은 매일 수시로 접수되므로 항상 자리를 지키고 신경 써야 하는 업무 중에 하나다.

사건계 : 재정신청 접수 업무

'재정신청'은 법원에 사건의 판단을 구하는 제도이다. 불기소처분 통지를 받은 고소·고발인은 이의가 있으면 '항고'를 하게 되는데, 항고가 기각되면 통지받은 날로부터 10일 이내에 '재정신청'을 할 수 있다. 검찰의 사건 처분을 믿지 못하겠으니 법원의 판사가 판단해달라는 취지이다. 재정신청 또한 사건계에서 접수하게 되는데 접수 및 수리 절차는 항고사건과 유사하다. 고검을 경유하여 법원으로 가기 때문에 해당 고검으로 송부하게 되는데 접수 후 고검 송부 기간이 짧아서 신속하게 처리해야 한다. 재정신청까지 하는 민원인은 사건으로 인해 스트레스가 엄청 쌓인 민원인일 가능성이 있다. 업무처리에 실수가 있다면 바로 진정할 수가 있으므로 조심해야 하고, 민원인의 심기를 불편하게 해서는 안 된다. 공무원은 민원인에 대해서는 항상 약자다.

사건계 : 헌법소원 사건 처리 업무

'헌법소원심판청구'는 대한민국 국민이면 누구나 청구할 수 있다. 공권력의 행사 또는 불행사로 인하여 헌법상 보장된 기본권을 침해받은 사람이 제기하는 경우가 있고, 법원에 위헌법률심판제청 신청을 했는데 기각된 경우에 제기하는 경우가 있다. 검찰청으로 통지가 오는 경우는 검사의 사건 처분에 이의가 있는 이해관계인이 헌법재판소에 헌법소원을 제기하는 경우다. 이때 원 사건 처분청에 헌법소원수리통지가 오고, 사건에 회부하면 회부통지가 오게 된다. 이때 검사의 답변서를 받아 헌법재판소에 송부해야 하는데 이 업무를 사건계에서 담당하고 있다. 자주 있는 업무는 아니다.

사건계 : 소송수행업무

검찰수사관이 소송수행업무를 진행하는 경우가 있다. 예컨대, 고소인이나 피의자가 사건기록 열람등사 신청을 했는데, 자신이 원하는 부분을 열람하지 못했다며 소송을 제기하는 경우다. 수사기관에서 생산한 부분은 규정상 열람등사에서 제외되기에, 검사는 이 부분에 대한 열람등사를 허가하지 않는데 고집이 있는 민원인은 검사의 열람등사 불허가 처분을 취소하라는 행정소송을 제기한다. 이때 검사가 일일이 그 소송에 참가할 수 없어, 사건과 수사관을 소송 대행자로 지정하여 재판에 참석하게 한다. 이것이 소송수행 업무다.

검찰수사관이 재판에 참석한다고 해서 검사처럼 임의로 재판정에서 자신의 의견을 제시할 수는 없다. 당사자로 출석은 하지만 재판정에서 있었던 상황을 검사에게 모두 보고하고, 검사가 지시를 내리는 형식으로 재판을 진행해 나가는 구조다.

재판진행에 대한 결정권이 없이 재판에 참석하는 방식은 직원에게 매우 난감한 일이다. 사정을 잘 모르는 판사가 재판에 참석한 수사관을 상대로 질책하는 경우가 가끔 있기 때문이다. 간단한 사안임에도 바로바로 답변을 하지 않으니 판사 입장에서는 답답하기도 할 것이다. 검찰수사관은 결정권한이 없으니 아무리 사소한 사항일지라도 함부로 답변할 수가 없고, 판사는 재판에 소극적으로 대처한다며 질책하니, 답답한 수사관들이 하소연하는 경우도 있다. 어쩔 수 없는 업무지만 사건계에서 8급 서기가 주로 담당하고 있다.

사건계 : 기타 업무

    앞서 언급한 업무 외에도 사건계에서 처리하는 업무가 다수 있다. 고소·고발을 한 민원인에게 결과를 통보해주는 업무, 공무원이 저지른 범죄에 대해서 각 기관에 통보해주는 업무, 사건과 전체의 필요한 살림을 맡는 서무업무와 각종 사건 통계를 파악하는 통계 업무 등이 있다. 각 청마다 배치 사정이 약간씩 다르지만 거의 유사하다.

07

❖

사건과

영장 접수, 진정·내사 사건 접수 등의 업무를 한다

검찰계 : 영장 접수 및 청구 업무

사건과에는 검찰계라는 부서가 있다. 검찰계는 주로 정식 사건번호 부여 전에 이루어지는 일들을 처리하는 부서다. 예를 들어, 경찰이 사건을 수사하다가 피의자를 구속할 필요가 있다면 검사에게 영장을 신청하게 되는데 이 접수업무를 검찰계에서 담당하고, 압수수색영장 또한 이 부서에 접수한다. 접수한 영장은 검사에게 올려서 검사가 기각하거나 법원에 청구하게 되는데 영장담당자가 영장기록을 법원에 접수하는 업무까지 진행한다. 법원에 접수된 기록은 결과가 나오면 법원 담당자가 다시 기록을 검찰에 가져다주고 있다. 글을 쓰다 보니 예전 이야기를 많이 하게 된다. 글을 쓰면서 드는 생각이 예전과 요즘을 비교하면 검찰이 참 많이도 변했다는 것이 느껴진다. 사건과의 업무도 마찬가지로 뽕나무밭이 푸른 바다로 변했을 정도로 많은 변화가 있었다.

　지금은 있을 수 없는 일이지만 예전에는 사건과 구속영장 담당 주임이 인기가 많았다. 구속이 엄청나게 많았던 시기였다. 사기 사건의 경우만 해도 피해 금액이 500만 원 이상이면 무조건 구속하는 시기였고, 긴급체포가 당연시되던 시기라 어지간한 사안만 되면 다 구속시켰다. 간통죄는 무조건 구속을 하던 시기였으니 알 만하지 않은가.

　구속사건이 많다 보니 직원들이 변호사를 소개해주고 변호사로부터 소개비를 받는 일이 빈번했다. 변호사 선임료의 20%인가를 소개비로 무조건 받았을 것이다. 소개비를 받으려면 구속자를 알아야 하는데 내가 근무하던 청은 시골이고 지역사회다 보니 직원들이 아는 사람들이 서로 겹쳤다. 그래서 구속영장 장부를 먼저 보고 영장이 청구된 사람 중에서 자신이 아는 사람들을 찾아내 변호사를 소개해주고 소개비를 받는 직원들이 생겨났고, 먼저 사건을 선점하기 위해 영장 담당 주임에게 자신에게 먼저 연락을 해달라는 일까지 생기게 되면서 영장 담당 주임의 인기가 많았던 것이다. 물론 영장 담당 주임에게도 담뱃값 정도를 쥐여 주는 건 당연한 일이었을 것이다. 20~30년 전의 일이니 얼마 되지도 않았다. 물론 일부 직원들의 일이었다. 그런 일이 발각되어 파면된 직원들도 몇 명 있었다.

　그런데 어느 시점부터 변호사를 소개해주고 소개비를 받는 행위가 깨끗이 사라졌다. 예전 대전 모 변호사의 비리 사건 이후부터인지 모르겠지만 지금은 찾아볼 수가 없는 일이 되었으니 참 다행스럽다. 형사소송법의 개정으로 영장업무에 약간 변화가 있다. 경찰이 신청한 영장을 검사가 기각하는 경우 영장심의위원회에 심의를 신청할 수 있는 제도가 생겼다. 검사가 영장을 기각하면 다툴 방법이 없었던 경찰 입장에서는 이의를 제기할 수 있는 창구가 생긴 셈이다. 이 업무 또한 검찰계 영장담당자가 맡고 있다. 영장담당자는 그 외에 구속적부심 업무와 불구속 피고인에 대한 관리 업무도 담당하고 있다.

검찰계 : 진정·내사 사건 접수 및 관리 업무

검찰청에 진정서를 접수하는 경우 사건과 검찰계에서 진정서를 접수한다. 대부분의 진정은 검사의 사건 처분에 불만이 있는 사건관계인이 제출하는데 검찰계 진정업무 담당자가 이를 접수하고 전산에 입력한 후, 차장검사의 배당을 받아 검사실에 인계한다. 진정서 외에 탄원서, 반성문, 투서 등도 진정업무 담당자가 접수한다. 요즘은 진정서를 제출하는 방법이 다양해졌다. 직접 방문하여 제출하는 경우도 있지만, 우편으로 제출하는 경우, 국민신문고라는 사이트에 입력하여 제출하는 경우, 형사사법포털에 입력하여 제출하는 경우 등 다양하다. 인터넷을 이용하여 진정서를 제출할 수 있는 제도가 있다 보니 말도 안 되는 내용을 기재하여 진정서라고 제출하는 사람들도 꽤 있다.

검찰청은 형사사건을 처리하는 수사기관 및 공소제기 기관일 뿐인데 도로건설을 중단시켜 달라는 사람, 본인이 김일성의 손자라는 사람, 법원 재판 중인 사건을 검찰에 진정서를 제출하는 사람 등 다양한 진정서가 제출되는데 이런 경우는 검사가 다른 조치를 취할 수가 없어 대부분 '공람종결'이라는 처분으로 마무리하고 있다. 진정의 내용이 수사에 착수할 만한 사안이 있는 경우도 있다. 이때 검사는 내사사건으로 등록하여 내사를 진행하게 되고, 내사에 착수하여 정식 사건화 할 필요가 있으면 입건 처리하여 사건번호를 부여하게 된다.

검찰계 : 국민신문고 관리 업무

국민권익위원회에서 운영하는 온라인 국민참여포털이 있다. 이곳에는 소극행정신고, 갑질피해신고, 부패·공익신고를 할 수 있는 항목이 있는데 이곳에 신고하거나 진정, 고발하게 되면 관련부서로 전달된다. 검찰과 관련이 있는 내용은 대검찰청에서 이를 수리하여 전국의 각 관할 검찰청으로 보내게 되고, 이를 검찰계 국민신문고 담당자가 수리하여 처리하게 되어 있다. 인터넷으로 하는 신고는 그 편리성으로 인하여 많은 사람이 다양한 내용을 신고하기 때문에 상당히 많은 양의 내용이 접수된다. 따라서 담당자가 할 일이 꽤 많은 편이다. 담당자는 내용을 파악하여 진정내용이면 진정접수 담당자에게, 고소·고발의 내용이면 고소·고발 담당자에게, 검사실에 전달할 내용이면 검사실 등에 전달해주고, 그에 대한 처리 내용을 인터넷에 입력하거나 우편으로 답변해주고 있다.

검찰계 : 변사사건 접수 및 처리 업무

사인이 명확하지 않은 사망을 '변사'라고 한다. 이 경우 검사가 사체 처리 지휘를 하거나 사건지휘를 하게 되는데, 경찰에서 변사사건 발생보고를 하게 된다. 형사소송법 개정으로 이 변사사건도 사용하는 용어가 약간 변경되었다. '보고'와 '지휘'라는 용어를 없애고 '통보'와 '의견'이라는 용어를 사용하게 되었다. 용어만 변경되었을 뿐 하는 업무는 변화가 없다. 변사 사건이 발생하면 경찰에서 통보를 하게 되고, 검찰계 담당자가 이를 접수하여 검사에게 올린다. 사안을 판단한 검사는 직접 사체가 있는 곳에 나가서 검시하거나, 직접 나가지 않는 경우에는 서류만 보고 사체를 어떻게 처리할 것인지에 대한 의견을 경찰에 제시하도록 되어 있다. 언론에 보면 사체를 부검한다는 내용 등이 나오는데 검사의 부검지휘 등으로 영장을 발부받아 하는 행위다. 안타까운 일이지만 변사사건은 매일, 수시로 발생하기 때문에 일과 후에는 당직업무 담당자가 처리하고 있다.

❖

08

사건과

형사조정 및 종합민원 업무를 한다

형사조정실 : 합의를 지원하는 업무

사건과에는 '형사조정실'이라는 부서가 있다. 검사실에서 고소인과 피고소인의 합의가 필요하다고 판단되는 사건을 형사조정실에 넘기게 되고, 형사조정실에서는 검찰직원이 아닌 일반국민들로 구성된 형사조정위원회를 개최하는 절차를 밟아 고소인과 피고소인을 소환하여 조정하는 절차를 진행하게 된다. 주로 사기 고소사건의 경우 이 절차를 통해서 서로 간의 합의로 사건이 종결된다.

형사조정위원들은 검찰직원이 아닌 일반시민들로 구성되어 있다. 주로 어느 정도 법률지식이 있는 사람들로 구성되지만 일반 시민들 중에서 본인의 신청으로 형사조정위원이 될 수 있다. 임기는 2년으로 연임할 수 있다. 조금 전 언급한 대로 검사실에서 넘어온 사건의 당사자들을 불러 서로 원하는 바가 무엇인지 들어주고 중재하는 역할을 한다. 주로 돈 문제이기 때문에 양쪽 당사자가 조금씩 양보해야 조정이 쉽게 성립된다. 조정이 성립되면 검사실로 결과를 통보하고 검사실에서는 그 결과에 따라 적절히 처분한다. 형사조정실에서 중재를 했을 때는 피고소인이 배상해주겠다고 약속을 했다가, 맘이 바뀌어 돈을 주지 않는 경우가 있다.

　이때 또다시 고소하는 사람들이 있는데 돈을 받지 못하여 재차 고소한다고 해도 검사의 처분이 달라지진 않으니 형사조정실에서 합의 시 여러 가지 사정을 충분히 고려해서 결정해야 한다. 고소할 일을 만들지 않는 게 가장 좋고, 사안이 발생했다고 하더라도 서로 화해해서 해결하는 게 낫다. 감정 상하며 싸워봤자 형사조정위원 출장비만 보태준다. 개인적인 의견으로는 검찰청에 합의를 조정하는 부서를 왜 만들었는지 이해할 수가 없다. 이런 합의를 해주는 부서까지 만들어 놓으니 수사기관에 고소를 해두면 최소한 상대방이 합의하려고 고개를 숙이고 들어오겠지 하는 고소인들을 양산하는 결과를 초래하고 있지 않나 라는 생각을 떨칠 수가 없다. 검찰수사관인 내가 어떻게 할 수 있는 정책은 아니지만 개인적인 의견은 그렇다는 것이다. 여하튼 위와 같은 형사조정실의 서류처리 업무를 1~2명의 검찰수사관들이 담당한다. 업무를 보조하는 행정관이나 실무관이 같이 근무하는 청도 있다.

종합민원실 : 시정사건 신고 접수 및 처리

'시정사건'이라는 용어는 형사소송법 개정으로 인해 신설된 용어다. 경찰의 수사 과정에서 법령위반, 인권침해 또는 현저한 수사권 남용이 있었다고 생각되면 사건 관련자는 검찰청에 이를 신고할 수 있도록 만든 제도이다. 종합민원실에 시정사건 구제 신청서가 비치되어 신고할 수 있도록 되어 있고, 시정사건으로 수리하게 되어 있다. 수사종결권이 부여된 경찰의 권한 남용을 방지하기 위해서 신설된 제도이니 독자들도 알아두고 주변에도 알려주면 도움이 될 것이다.

종합민원실 : 형사사건관련 서류 발급 및 상담

검찰청의 종합민원실이 사건과 소속이다. 사건과 관련하여 필요한 서류는 이곳에서 발급해준다. 불기소처분증명, 출국가능사실증명, 고소·고발사건처분결과증명 등의 발급 서류가 있다. 민원실은 대부분 불만이 있는 민원인이 찾는 부서로 직원의 스트레스가 심한 부서 중에 하나다.

"왜 그걸 처벌을 못 한다는 거야? 볼 것도 없는 사건인데 검사가 그거 하나 처리 못 해?"

검찰청 민원실에서 매일 매일 반복되는 민원인들의 목소리다. 비가 오나 눈이 오나 1년 열두 달 매일 출근하는 사람들도 있다. 본인의 생각으로 억울함이 뼈에 사무치고, 머리에까지 뻗쳐 집착으로 변질한 경우다. 최초 처분받았을 때는 검사실을 쫓아다니다가 검사가 다른 청으로 발령 가버리면 민원실로 쫓아와 매일 같은 서류를 발급받으며 민원실 직원을 상대로 스트레스를 해소한다. 당사자는 스트레스를 해소하지만 그 스트레스를 고스란히 전달받은 검찰직원은 그 스트레스를 해소할 방법이 없다. 검찰청 사건과 민원실의 현주소다.

몇 년 전에는 휘발유를 들고 와서는 분신하겠다며 난동을 부리는 민원인이 있었다. 군청 공무원을 상습적으로 고소하던 사람이었는데 공무원에게 아무런 책임이 없어, 검사가 계속 고소각하를 한 사안이었다. 이에 불만을 가진 민원인은 청사 앞에서 1개월가량 1인 시위를 하다가 그것도 부족하여 휘발유를 들고 민원실로 쳐들어온 것이다.

가지고 온 휘발유를 자신의 몸에 끼얹고 라이터를 꺼내든 그는 1시간을 민원실 직원들과 대치했으나 다행히 몸에 불을 붙이지는 못했다. 뒤늦게야 그 민원인을 조사했던 선임 계장이 연락을 받았고, 민원실에 내려가 그 상황을 직면하게 되자 선임 계장은 민원인에게 "그래 불붙여라! 그렇게 죽고 싶으면 불붙여! 못 붙이겠으면 내가 라이터 켜줄까?"라며 강하게 나가자 그 서슬에 민원인은 라이터를 던져버리고 고개를 떨구더니 스스로 더 이상의 행동을 포기했다. 선임 계장이 민원인을 상담하고 한참을 달래서 돌려보내고 사건이 마무리되었지만 몸에 불을 붙였다면 정말 큰일 날 사건이었다. 휘발유를 들고 온 당사자도 오죽했으면 그런 행동까지 했을까 싶어 안타깝기도 하지만, 검찰청 종합민원실에서는 심심찮게 크고 작은 사건들이 일어난다. 관공서 민원실 어디나 마찬가지겠지만 검찰청 민원실도 다양한 군상들로 인해 참 근무하기 어렵고 힘든 곳이다.

한편 미담으로 언론에 보도된 민원실 실무관이 있었다. 7년 전 어느 날 검찰종합민원실에 70대로 보이는 노인이 찾아왔다. 노인은 지병으로 죽음을 앞둔 여동생의 사연을 실무관에게 풀어놓았다. 당시 60대인 노인의 여동생은 그로부터 약 15년 전에 지인들끼리 꾸렸던 계의 곗돈을 가로채 도망갔었단다. 지인들은 노인의 여동생을 경찰에 고소했으나 형편이 여의치 않았던 여동생은 15년을 숨어 지냈다. 여동생은 항상 그 일이 마음의 짐으로 남아 있었고, 지병으로 죽음이 눈앞에 다가오자 그 짐을 덜고 떠나고 싶으나 고소인들의 연락처를 모른다는 것이 검찰청을 찾아온 노인의 사정이었다.

사기 사건의 공소시효는 10년, 이미 공소시효는 만료되었고, 사건 기록은 이미 폐기되었다. 실무관은 난감했다. 사정은 딱하고 안타까우나 민원업무 지침상 연락처를 임의로 알려줄 수 없었다. 지침을 고지하고 돌려보내면 될 일이었다. 사람 맘이 어찌 칼로 무 자르듯 되는가. 노인의 마음을 외면할 수 없었던 실무관은 고소인들의 연락처를 찾아내 사전 동의를 구하는 방법을 강구했고, 어렵사리 전산기록을 검색하여 연락처를 찾아냈다. 동의를 구하기 위해 노인과 담당자가 자필로 편지를 썼다. 돈을 갚겠다는데 누가 마다하랴. 자필 편지를 받은 고소인들은 연락처를 알려주었고, 노인의 여동생은 고소인들의 빚을 갚고 마음의 짐을 덜게 되었다. 금액은 200만 원이었다. 그 청의 검사장은 "생을 얼마 남기지 않고 괴로워하던 여동생이 검찰의 도움으로 마음의 빚을 일부라도 덜 수 있게 됐다"는 내용의 감사 편지를 받았고 이 사연은 언론에 보도되었다. 민원실 담당자는 친절우수직원으로 선정되어 '국민감동상'을 받았다. 모두에게 딱딱하게만 보이는 검찰청에도 항상 미담은 존재한다.

종합민원실 : 고소·고발사건 접수 업무

검찰청에 제출하는 고소·고발장은 민원실에서 접수한다. 형사소송법의 개정으로 검찰청에서 수사할 수 있는 범죄가 6대 범죄로 한정되어 대부분 사건은 경찰에서 접수하고, 검찰청에 제출해도 경찰로 이송된다. 검찰에서 수사 가능한 내용은 종합민원실에서 접수하게 되는데 검사가 수사를 개시할 수 있는 범위에 포함되는지 여부를 민원실 접수 담당 수사관이 점검해야 한다. 검사가 수사를 개시할 수 있는 범위가 아닌 경우에는 민원인에게 사정을 설명하고 경찰서에 제출할 것을 안내하고 고소·고발장을 반려하게 된다. 우편으로 제출된 고소·고발장은 반려 절차 없이 무조건 수리한 이후에 검사가 판단하여 경찰로 이송 등의 조치를 취하게 되어 있다. 접수된 고소·고발장은 사건계 사건 접수 담당에게 인계하게 된다. 고소·고발장을 인계 받은 사건접

수 담당자는 차장검사에게 배당을 받아 각 검사실에 인계하면 검사실에서는 직접 수사에 착수하거나 수사과나 조사과에 수사지휘를 하는 등의 절차를 밟게 된다.

09

집행과

벌금수납, 벌금미납자 검거, 노역장 유치 집행 업무를 한다

검찰청 사무국 집행과는 형의 집행을 담당하는 부서다. 집행과는 재산형집행계, 자유형집행계, 수형·보존계 등으로 구성되어 있다. 집행과 수사관들은 벌금 미납자 검거 업무, 형 미집행자 검거 업무 등을 맡고 있어 수사에 준하는 업무라 할 수 있다. 따라서 수사업무를 하는 수사관들에게 지급되는 수사 활동비도 전액 지급된다.

재산형집행계 : 벌금 수납 업무

법원에서 벌금형이 선고되면 사건기록은 약식명령문과 함께 다시 검찰청으로 인계된다. 약식명령은 벌금을 선고하는 법원의 결정을 말한다. 정식재판에 대비되는 개념이다.

벌금 기록을 넘겨받은 검찰청 집행과에서는 기록과 약식명령문을 확인하여 일정 기간이 경과하면 벌금형을 확정시킨다. 확정된 벌금은 납부할 사람에게 통지하여 이를 수납하여야 하는데 이 벌금은 가상계좌를 통하여 은행에 납부토록 하고 있고, 일정 기간이 경과할 때까지 벌금을 납부하지 않으면 지명수배를 하게 된다. 이러한 벌금형을 집행하는 수사관들이 검찰청 집행과 재산형집행계 수사관들이다. 직접 검찰청에 찾아오는 경우엔 검찰청에서 벌금을 수납하는 경우도 있지만 요즘에는 대부분 은행에 납부하도록 하고 있고, 수사관들은 벌금 독촉 및 벌금 미납자를 검거하는 업무를 담당한다.

일정 요건이 충족되면 벌금은 분납도 가능하고, 사회봉사로 대체할 수도 있다. 벌금미납자의 지명수배 입력 또한 담당 검찰수사관이 전산에 입력하고 경찰이 사용하는 전산시스템과 연동된다. 이 전산시스템으로 경찰관이 지명수배여부를 확인하여 검거 등에 활용한다. 벌금도 형의 일종이므로 기필코 집행되어야 한다. 따라서 벌금을 납부하지 않는 사람에 대해서도 지속적인 전화와 여러 가지 통지 등을 통해서 벌금 납부를 독촉하게 되고, 그럼에도 벌금 납부를 지연하는 경우에는 검찰수사관들이 직접 대상자의 검거에 나서기도 한다.

대부분 '벌금지명수배'를 해두면 경찰에서 검거하여 검찰에 인계하지만 벌금 납부 시효가 임박하거나 고액인 경우에는 검찰수사관들이 직접 추적하여 검거에 임하는 것이다. 요즘 검찰청에서는 벌금 집행률이라고 하여 매년 2회 각 청의 실적을 산출하여 비교하는 방법으로 벌금징수를 독려하고 있다. 집행률이 저조하면 기관장이 질책하는 경우도 있어 집행과 수사관들은 벌금 미납자 검거에 큰 노력을 기울인다. 전과가 많은 벌금 미납자들은 검찰수사관들의 추적기법을 잘 알고 이를 역이용하는 경우가 있다. 집행과 수사관들은 이런 사람들의 심리까지 미리 파악하여 검거에 임해야 한다.

재산형집행계 : 노역장 유치집행 업무

벌금 미납자가 검거된 경우, 곧바로 미납 벌금을 납부하지 못하면 '노역장유치집행'이라고 하여 교도소에 수감된다. 벌금 액수만큼 교도소에서 노역에 처해지므로 벌금 납부 통지를 받으면 바로 납부하는 것이 좋다. 노역장유치집행은 벌금 액수에 따라, 통상 1일당 10만 원으로 환산하여 집행일수가 계산된다. 예전 모 재벌기업 회장이 1일당 1,000만 원으로 환산되어 황제노역이라는 용어로 언론에서 회자된 경우도 있었으나 노역장 유치집행은 3년을 초과할 수 없으므로, 고액의 경우 벌금 액수를 3년 기간으로 나누게 되면 이런 경우가 발생하는 것이다. 어느 특정 위치의 사람의 편의를 위해서 1일 환산액을 고액으로 산정하는 경우는 없으므로 오해 없길 바란다.

"벌금을 내지 않으면 지금 바로 교도소로 가야 합니다."

노역장 유치 담당 수사관이 경찰이 검거해온 벌금 미납자에게 최종 통보를 한다. 경찰이 벌금 미납자를 검거하여 집행과 사무실로 인계해주면 노역장 유치 담당 수사관은 벌금을 납부할 수 있는 시간적 여유를 준다. 가족이나 지인들에게 전화할 시간을 주는 것이다. 교도소에 보내는 것보다는 벌금을 받는 것이 목적이므로 최대한 납부 기회를 주는 것이다. 충분한 시간을 주어도 납부를 못 하게 되면 교도소 노역장에 집행해야 하는데, 교도소로 가야 한다는 통보를 하면 대부분의 사람들은 이의를 제기한다.

"내가 교도소를 왜 가요? 벌금 좀 못 냈다고 교도소 보내는 법이 어디 있어?"

법이 있으니 보내지, 법도 없는데 교도소까지 보내겠냐만 억지를 쓰는 사람들은 본인이 무슨 말을 하는지 생각지도 않고 우선 감정을 표출하고 본다.

슬리퍼에 추레한 옷을 입고, 술기운에 얼굴이 벌건 벌금 미납자가 억지를 쓴다. 역한 술 냄새가 온 사무실에 퍼진다.

"네, 그런 법이 있습니다. 벌금을 못 내면 교도소 노역장에서 벌금 금액만큼 일하다 나오면 됩니다. 하루 일당도 많이 쳐주니 괜찮아요."

역한 술 냄새를 견디다 못한 수사관이 창문을 열며 대꾸한다. 재산형 집행계 사무실에서 매일 벌어지는 일상이다. 벌금 미납자들은 왜 그리 모두 술을 마시고 잡혀 오는지, 또 남이 먹은 술 냄새는 왜 그리 독한지 정말 참기 힘들다. 벌금 낼 돈은 없다면서 술값은 어디서 나서 그렇게 마셔대는지.

"하루에 얼마씩 까지는데요?"

억지가 안 통할 듯하자 미납자가 한풀 꺾여 물어본다. 사실 이들도 벌금을 못 내면 교도소에 가야 한다는 것도 잘 알고, 하루에 10만 원씩 차감된다는 것도 모두 알고 있으면서 괜히 어깃장을 부리며 물어보는 거다.

"매일 10만 원씩 차감되니까 열흘만 교도소에 있으면 되겠네요. 선생님 벌금이 100만 원이니까요."
"그럼 벌금 낼게요. 내면 되잖아요."
"네, 그럼 내세요. 벌금을."
"지금은 없어요. 내가 밖에 나가야 돈을 마련할 것 아니요?"

다시 원점이다. 벌금을 내지 않으면 보내주지 못한다고 몇 번을 설명을 했음에도 같은 이야기를 반복하게 한다.

"일단 검거되어 왔기 때문에 선생님은 나가지는 못하고, 가족이나 지인들에게 연락해서 대신 벌금을 내달라고 해보세요. 시간 여유를 많이 드렸으니 벌금을 못 내신다면 지금 바로 교도소로 갑니다."

한 사람을 상대하느라 다른 업무를 계속 못 할 수는 없으니 이제 교도소로 집행을 해야 한다. 서류를 준비하고, 검사로부터 집행지휘를 받아 수갑을 채우니 그때부터 예전에 근무했던 검사 누구를 안다느니, 자신이 모 과장과 친구라느니 협박 아닌 협박을 해보지만, 이제 그만 교도소로 모셔야 한다. 수사관 두 명이 교도소로 정중히 모셔가고, 사무실은 그제야 잠시나마 평안을 찾는다. 집행과 호송 차량을 이용하여 교도소로 향한다. 교도소 철문을 통과하면 곧바로 교도소 보안과로 향한다. 교도관 두 명이 벌금 미납자를 맞이하고, 준비된 의자에 앉힌다. 교도소 보안계장이 무표정한 얼굴로 들어와 벌금 미납자의 인적사항을 확인하며, 음주 여부와 아픈 곳이 있는지를 물어본다. 벌금 미납자의 기세는 이미 사그라져 있다. 검찰청에서는 그렇게 목소리를 덧세우더니 교도소에 갇힌다는 무거움이 사람의 기를 빼앗아 가나 보다. 모든 입소 절차를 마친 보안계장으로부터 신병인계 장부에 서명을 받고 검찰수사관들은 교도소를 나와 집행과 사무실로 복귀한다. 하루에도 몇 번씩 이루어지는 노역장 유치 집행 담당 수사관의 일과다.

재산형집행계 : 집행 촉탁 업무

내가 첫 발령 받은 부서도 재산형집행계였다. 그 당시에는 징수계라고 불렀었는데 오래된 건물 1층 한편에 민원실과 접해 있던 징수계는 매우 소란스러운 곳이었다. 직장생활이 처음이었던 내가 곧바로 적응하기에는 쉽지 않은 일이었다. 매일 벌금을 납부하러 오는 사람들, 벌금을 납부하지 못해 잡혀 오는 사람들, 벌금 문의전화, 납부 독촉전화 등으로 사무실이 시장바닥이었다. 그 와중에 징수계에서 내가 맡게 된 업무는 '징수금 집행 촉탁'이라는 업무였다. 우리 청에서 납부 확정된 벌금을 타 청으로 보내거나 타 청에서 온 벌금을 우리 청에서 수리하는 업무였다. 쉽게 말해서 벌금을 납부해야 할 사람이 거주하는 곳으로 자료를 보내거나 받는 업무를 맡은 것이다.

벌금집행업무는 법원에서 넘어온 기록과 약식명령을 보고 납부할 사람과 벌금 액수를 전산에 입력하여 징수금원표라는 것을 출력하여 관리하는 것이 기본 업무였다. 출력한 징수금 원표를 관리하면서 납부 대상자에게 전화 연락하거나 벌금을 납부하라는 납부통지서를 발송하고, 일정 기간이 지나도 납부하지 않는 경우, 경찰서에 형집행장을 보내서 미납자를 검거하거나 벌금을 받도록 하는 것이다.

"예전에 벌금은 먼저 본 놈이 임자였대." 당시 선배가 술자리에서 한 말이다. 그 선배도 윗대 선배한테서 들은 이야기라고 했다. 언제 적 이야기인지 알 수는 없었지만 황당한 정도로 보아 아마 호랑이가 담배 피우던 시절 이야기였을 것이다. 전산이라는 것이 없고, 대충 수기 장부만 있던 시절, 벌금을 내러 오면 제일 먼저 본 직원이 받아 챙겨버리고 벌금 장부는 찢어버리는 시절이 있었다는 황당한 이야기였다. 믿거나 말거나.

여하튼 선배들의 허세로 지어낸 이야기일 터고, 내가 입사했을 당시 징수금원표는 징수계 직원별로 관리를 했다. 개인별로 관리하다 보니 아무래도 실적경쟁이 있었고, 너무 많은 미제를 가지고 있으면 눈치가 보였다. 따라서 직원들은 자신이 관리하는 원표를 최대한 빨리 처리하고 싶어 했다. 벌금을 받지 않고도 처리 건수를 줄일 수 있는 방법이 바로 촉탁이었다. 타 청으로 보내버리면 한 건이 줄어드는 것이다. 그래서 벌금 납부의무자가 타 청 관할에 있다고 확인되면 재빨리 징수금 원표를 촉탁담당자인 나에게 건네고 나는 그 자료를 확인하여 전산에 입력하고 타 청으로 보냈다. 문제는 납부의무자가 타 청 관할에 거주하는지를 확인하는 방법이었다. 경찰서에 소재수사지휘를 하여 그 사람의 소재여부를 보고받아 그 소재수사지휘서를 근거로 거주여부를 확인하게 되는데 납부의무자가 그 지역에 거주하고 있음에도 경찰관이 부탁을 받고 대충 돈을 벌기 위해 서울 쪽 어딘가로 갔다는 내용의 소재수사보고를 하는 경우가 빈번하게 발생한 것이다. 소재수사보고서를 근거로 타 청에 촉탁을 보내면 타 청에서는 기재된 주소지에 소재수사지휘를 해보고 납부의무자가 거주하지 않는다는 사유로 다시 우리 청으로 보내는 일이 자주 생기자 촉탁담당자가 일을 제대로 못 한다는 말이 나오기 시작했다. 그때부터 나는 촉탁 보낼 건마다 다시 확인을 시작했고, 다시 돌아오는 촉탁건수가 줄어들었다. 요즘은 미납자에 대한 관리 지침도 명확하고, 매뉴얼도 완벽하여 청별로 서로 미룰 수 있는 구조가 아니지만 이렇게 타 청 관할의 벌금을 보내는 업무가 촉탁 업무다.

촉탁 업무와 함께 맡았던 업무가 우편·전신환 수리 업무였다. 지금은 사라진 제도지만 그 당시만 해도 벌금을 우편으로 납부하려면 우체국에서 '우편환'이나 '전신환'이라는 것으로 바꾸어 납부해야 했는데 그 우편환을 접수하여 벌금 완납 처리하는 업무였다. 우편환은 우체국에서 사용하는 자기앞수표와 같은 것이었다. 우편환이 접수되면 장부에 기재하고, 해당 징수금원표를 찾아 완납처리를 하게 되는데, 지금은 있을 수 없는 일이지만 접수된 우편환을 당일 처리하지 말고 며칠만 빌려달라는 선배 직원이 가끔 있었다. 돈이 급하다며 먼저 좀 쓰겠다는 것이다. 지금이야 마이너스 통장이라는 게 있어서 수중에 돈이 없으면 마이너스 통장에서 인출해 사용하지만 그때만 해도 그런 게 없었다. 그러다 보니 벌금으로 납부한 우편환까지 빌려달라는 직원이 있었다. 납부의무자는 벌금을 납부한 것으로 확신하고 있을 텐데 그 돈을 유용하겠다는 의도였다. 난감한 일이었다. 선배의 요구를 무조건 무시할 수도 없고, 그렇다고 벌금 완납처리를 하지 않고 우편환을 주면 문제가 생길 소지가 있었다.

선배의 요구를 고민하던 나는 결국 내 돈을 찾아 벌금은 완납처리하고, 선배에게 우편환을 건네는 방법으로 해결했고, 그 돈은 나중에 선배로부터 받았다. 지금은 가상계좌라는 게 있어 벌금을 직접 가상계좌로 납부하거나 신용카드로 납부하는 방법까지 생겨 우편환이라는 것은 없어졌지만 그때만 해도 이렇듯 담당자를 곤란하게 하는 일이 가끔 있었다. 당시 벌금을 직접 수납하는 세입담당 직원의 경우에도 비슷한 사례가 가끔 발생하여 힘들어하는 직원도 있었고, 어느 청에서는 납부한 벌금을 유용한 직원이 구속되는 사건도 있었다. 지금은 다 옛날 추억거리가 되었다.

생활이 어려운 미납자를 만나면 안타깝다

벌금 집행 담당 수사관은 미납자를 검거하기 위해 모든 수사기법을 동원한다. 가만히 사무실에 앉아서 벌금을 납부하기만 기다릴 수 없기 때문이다. 벌금 집행에도 수사관의 열정이 필요하다.

벌금 미납자 검거를 위해 직접 검거에 나서다 보면 수많은 유형의 인간상을 접하게 된다. 수사관이 보기에도 사정이 너무 어려워 벌금을 납부할 형편이 되지 않는 사람들이 상당하지만 법의 엄격한 집행을 위해서는 어쩔 수 없이 검거하는 경우가 많다. 더군다나 어린아이가 보는 앞에서 아빠나 엄마를 검거해야 할 때는 검찰수사관이라는 직업에 대해 회의를 느끼기도 한다.

내가 초임 때는 현금 납부만 가능한 때였기 때문에 어린아이가 있거나, 대상자를 검거하면 그 집안이 생활을 할 수 없다고 판단될 때는 조용히 모른 체하고 나와 버린 경우도 많았다. 벌금 한 건 처리하겠다고 한 가족의 삶을 무너뜨릴 수는 없었다.

요즘은 그런 경우는 많지가 않다. 벌금 분할 납부도 가능하고, 신용 카드 등의 납부도 가능하므로 본인의 의지만 있으면 벌금 미납으로 교도소까지 가는 일은 막을 수 있다고 본다.

벌금과 추징금은 다르다

한참 언론에서 전직 대통령의 추징금과 관련하여 보도가 나온 적이 있었다. 이 추징금 징수를 담당하는 부서도 집행과다. 추징금은 벌금과 달리 사람의 인신을 구속할 수 없으므로 추징금을 납부하지 않았다고 하여 교도소에 사람을 수감할 수가 없다. 따라서 대상자의 재산을 압류하게 되는데 이 경우를 대비하여 재산을 다른 사람 명의로 빼돌려놓은 경우엔 어쩔 방법이 없다. 따라서 이를 대비하는 방법으로 법원에 기소하는 단계에서 추징 예상되는 금액에 대해 사전에 추징보전조치를 취하기도 한다. 뭐든 쉬운 일은 없다.

10

❖

집행과

실형 확정 받은 피고인에 대한 형 집행을 한다

집행과에는 재산형집행부서 외에 실형을 선고받은 사람들을 집행하는 자유형집행계라는 부서가 있다. 자유형집행계에서는 실형 집행, 미집행자 검거, 구속집행정지, 형집행정지, 형사보상업무, 보석 등 여러 가지 업무를 수행한다. 이 중 몇 가지만 이야기해보기로 한다.

확정된 형에 대한 집행지휘

법원에서 재판을 통해 판결이 확정되면 그 확정된 형을 집행하여야 한다. 집행은 검찰에서 하는 것이므로 그 집행을 담당하는 부서가 집행과다. 사람의 신체상의 자유를 구속하는 자유형집행과 재산에 대해 가해지는 재산형집행으로 나누어지는데 통상 크게 구분하여 징역형과 벌금형으로 생각하면 된다. 지검의 경우 자유형집행 분야는 공판과에 배치된 경우도 있으나 집행 분야이므로 집행과에 소속된 것으로 설명하는 것이 이해하기 쉬울 듯하다.

기본적으로 판결이 확정된 형의 집행은 검사가 하게 되어 있다. 법원 판사의 판결로 형이 선고되고 일정 기간이 지나면 형이 확정되는데 확정된 형을 집행하는 절차를 집행과에서 진행한다. 징역형의 경우를 실형이라고 표현하고 검사의 집행지휘서에 의해 교도소에서 실형 복역이 시작된다.

재판을 통하여 형에 대한 선고가 이루어지면 법원에서 재판결과를 통지해주는데, 이를 접수한 집행과 담당 수사관은 먼저 집행원부에 재판결과를 등재하고, 형 집행지휘서를 만들어 검사에게 결재를 올린다. 검사는 기재 사항을 확인한 후에 집행지휘서에 서명하게 된다.

사형 집행

얼마 전 '어금니 아빠'로 불리는 범죄인에게 검찰에서 사형을 구형했다. 청와대 국민 청원 게시판에 사형을 집행하라는 청원이 10만 건 이상 올라왔다고 보도된 바 있다.

우리나라는 아직 법률상 사형제도가 존재하고, 간혹 법원에서 사형이 선고되기는 하나, 집행 담당자가 사형 집행을 담당해보는 경우는 거의 없다. 나도 검찰수사관으로 27년여를 근무했지만 사형 집행을 경험한 적은 없다. 다만 사형 집행에 대해서 궁금해하는 사람이 있어 간략하게 언급해 보겠다.

우리나라에서는 1997년 12월 30일에 마지막으로 사형이 집행되었다. 그후로 20년 동안 사형이 집행되지 않았다는 뜻이다. 국제사면위원회(앰네스티)에서는 10년 이상 사형을 집행하지 않은 국가를 '실질적 사형폐지국'으로 분류하고 있다. 하지만 사형 집행 여부를 떠나 우리나라는 아직 사형제도가 존속하고 있다.

사형은 법무부장관의 명령에 의하여 집행한다. 법원에서 사형판결이 확정되면 기관장은 법무부장관에게 이를 보고해야 한다. 사형판결 확정일로부터 4개월 이내에 법무부장관에서 사형 집행을 구하는 의견을 올리고, 법무부장관은 판결확정 된 날로부터 6월 이내에 사형을 집행하여야 한다.

사형 집행은 재판한 법원에 대응한 검찰청 검사가 지휘하고, 검사는 법무부장관의 사형 집행 명령이 있는 날로부터 5일 이내에 사형수가 있는 교도소에 사형 집행을 지휘하여야 한다. 사형 집행에는 검사, 검찰청서기관과 교도소장이 참여한다. 사형은 교도소 사형장에서 교수하여 집행하는데 공휴일과 토요일에는 집행하지 않는다.

형 미집행자 검거 업무

판사의 판결로 징역형이 확정되었음에도 피고인이 도주하는 등의 사유로 교도소에 수감되지 않는 경우가 있다. 이땐 집행과 검찰수사관이 직접 해당 피고인의 소재를 추적하여 검거하게 된다. 이를 '형 미집행자'라고 표현한다. 형이 집행되지 않는 자라는 의미다. 요즘은 검거 실적 등으로 각 청마다 서로 경쟁하는 추세에 있으므로 청에서 형 미집행자가 발생하면 검거 담당 수사관은 미제 건수를 줄이기 위해 밤낮으로 추적을 한다. 형 미집행자는 의도적으로 도망을 다닌다. 잡히면 바로 교도소에 가야 하기 때문이다. 의도적으로 수사기관을 피하는 자들은 검거하기가 매우 어렵다. 하지만 아무리 도망 다닌다고 하더라도 먹고 살기 위해시는 일을 해야 한다. 따라서 생활근거지는 있을 것이고, 생활근거지만 찾아내면 검거 가능성이 커진다.

구체적인 수사기법에 대해 밝힐 수는 없으나 휴대폰을 이용한 추적 기법은 모두 알고 있는 내용이므로 검거 사례를 하나 이야기해보자. 도망을 다니면서 태국 여성 명의로 휴대폰을 가입하여 생활하던 미집행자가 있었다. 미집행자가 성매매업소를 운영했던 전력이 있어 당시 업소에서 일하던 태국 여성 명의로 휴대폰 가입한 것이다. 가족들의 모바일 메신저 로그기록을 받아 분석해보니 로그기록 중에 성매매업소 관련자와 대화한 기록을 찾았고, 그 대화자의 휴대폰을 추적하면서 미집행자의 차명 폰을 찾아낼 수가 있었다.

글로는 쉽게 설명하지만 그 과정에 많은 시간과 품이 들어간다. 통신영장 청구를 통해서 가족의 모바일 메신저 로그기록을 분석해야 하고, 그 분석 자료에 나타난 수많은 휴대전화의 통화내역을 분석해야 한다. 휴대폰이 수십 대에 달하므로 분석해야 할 통화내역만 10만여 건이 넘는 경우도 있다. 물론 통화내역 분석프로그램이 있기는 하나 관련성을 찾기가 쉬운 일이 아니다. 최종 유력한 휴대폰의 위치추적으로 기지국 위치를 확인하여 주변 거리에 미집행자가 있을 것으로 추정되는 장소를 찾아내야 하는데 이것 또한 쉽지 않다. 수사관의 엄청난 수고와 열정이 필요한 일이다. 여하튼 위와 같이 집행담당 수사관들은 온갖 과학적 추적기법을 동원하고, 경이로운 은신술을 이용한 잠복, 혀를 내두를 만한 유인체포술 등으로 100% 가까운 검거율을 보인다. 도망 다니는 것은 한계가 있다. 형 미집행자는 도주 할 생각을 버리는 것이 좋다. 반드시 잡힌다.

형사보상 업무

'형사보상'은 국가형사사법의 잘못으로 죄 없는 선량한 국민이 누명을 쓰고 미결구금 또는 형의 집행을 받아서 손해가 발생하였을 때, 그 손해를 국가가 보상해주는 제도다. 예를 들어 억울하게 형을 살다 무죄 판결 등을 받은 사람에게 국가가 그만큼의 보상을 해주는 제도다. 얼마 전 20년간 죄가 없음에도 억울한 복역을 하다, 결국 무죄판결을 받은 사람에게 몇십 억의 형사보상금을 지급해야 한다는 내용의 언론보도가 있었다. 이런 형사보상금의 지급 업무를 집행과에서 하고 있다. 법원에서 형사보상금 지급결정을 받은 사람이 지급신청을 하면 절차를 밟아 지급하게 되는데 지급신청 접수 및 지급의뢰 절차를 집행과 자유형집행계 수사관이 맡고 있다.

형 집행정지 업무

간혹 언론보도에서 형 집행정지라는 말을 들어봤을 것이다. 최근 교도소에 수감 중인 전직 대통령이 형 집행정지를 두 번 신청했지만, 받아들여지지 않았다고 언론에 보도된 바 있다. 우리나라의 규정 상 형 집행정지 요건은 매우 엄격하다.

형 집행정지는 교도소에서 실형을 복역 중인 수형자에 대하여 계속적인 형의 집행으로 현저히 건강을 해치거나 생명을 보전할 수 없을 염려가 있을 때 형의 집행을 정지하는 것이다. '생명을 보전할 수 없음 염려' 수준의 요건이 들어 있다. 이런 상황이 가끔 발생한다. 수감자가 암이나 치유하기 힘든 특수한 질병에 걸린 상황이다.

형 집행정지는 교도소장이나 구치소장이 건의할 수 있고, 수형자 본인이나 가족 또는 변호인이 신청할 수 있다. 형 집행정지 신청이 접수되면 수감 중인 교도소 의무과에서 수형자의 상태를 확인하게 된다. 수형자의 상태가 위독하여 석방이 급박할 경우에는 접수 당일 검사와 수사관이 수형자의 상태를 확인하기 위하여 수형자가 있는 곳으로 직접 나가서 확인해야 한다. 일명 '임검'이라고 한다. 검사는 임검 및 교도소의 진료 기록 등을 종합 검토하여 검사장에게 보고하고 검사장은 형 집행정지 여부를 결정한다. 위와 같은 절차의 진행을 형 집행정지 담당 수사관이 하게 된다. 형 집행정지 건의나 신청이 접수되면 수사관은 신속하게 업무처리를 해야 한다. 수형자가 교도소 내에서 사망할 경우 인권문제 등 사회적 물의를 일으킬 소지가 있기 때문이다.

보석신청 접수 및 처리 업무

'보석'은 일정한 보증금을 납부하는 조건으로 법원이 구속영장의 집행을 정지함으로써 구속된 피고인을 석방하는 제도다. 법원으로부터 보석의견요청서가 오면 보석 담당 수사관은 검사에게 의견요청서를 올리고, 검사로부터 보석에 대한 의견을 표명 받아 법원에 넘기게 된다. 법원으로부터 보석허가결정등본 등의 서류를 받고, 보석허가결정 등본에 기재된 보석허가조건, 즉 보석보증금이나 보험증권이 제출되면 이를 확인하고 검사의 서명을 받아 석방조치를 하게 된다.

❖

11

집행과

전과기록 관리와
사건기록의 보존을 한다

집행과에는 수형·보존 업무를 담당하는 부서가 있다. 수사업무는 하지 않고 행정업무를 담당하는 수사관들이다. 집행과 수형·보존계에는 수형업무, 기록 보존 및 대출 업무, 기록 열람·등사 업무 등이 있다. 예전에는 사건기록을 보존할 때 모든 기록을 끈으로 묶었으나 요즘은 기록보존 상자를 이용하고, 또 모든 기록에 바코드를 붙여 관리하는 등 업무가 많이 편해졌다.

수형·보존계 : 전과기록(수형인 명부) 관리 업무

흔히 주변에서 교통사고 등으로 벌금 처분을 받은 경력이 있는 지인들이 자신도 전과자로 등록되는 거냐고 묻는다. '아니다'가 답이다.

전과로 기록되는 형은 자격정지 이상의 형이다. 검찰청 집행과에서는 자격정지 이상의 형을 받은 사람들의 명부를 작성·관리하고 해당 등록기준지 지방자치단체에 자료를 송부하는데 이를 수형인 명부, 수형인명표라고 한다. 자격정지 이상의 형이 확정된 순간부터 수형인은 수형인명부에 기재되고, 그 후 수형인에게 일어나는 모든 사항은 수형인 명부에 부기되어 지자체로 송부된다. 이것이 수형업무다.

수형·보존계 : 기록 보존 및 대출업무

모든 형사사건기록은 검찰청에서 보존한다. 형 확정기록은 형을 얼마나 받았느냐에 따라서, 불기소기록은 공소시효에 따라 보존하게 된다. 보존기간이 종료된 기록은 폐기하게 되고, 영구 보존할 기록은 정부기록보존소에 보내게 된다.

검사실에서 수사를 마친 후, 법원에 기소하지 않고, '혐의없음' 등으로 불기소 처분된 모든 기록은 사건과로 보낸다. 사건과에서 처분에 대한 전산입력을 마치면 기록은 집행과 보존계로 인계된다. 보존계 담당자는 공소시효별로 기록을 구분하여 바코드를 붙이고 기록관리시스템에 해당 자료를 입력하게 된다. 이후 기록 창고에 보존하게 되는데 기록의 양이 많다 보니 커다란 수레를 가지고 옮긴다.

요즘은 그래도 기록보존창고가 1층에 있어 수레를 이용하여 옮길 수 있으나 예전 내가 근무했던 낡은 청사는 4층에 기록보존창고가 있었다. 담당 수사관이 1층 보존계에서 4층까지 기록을 어깨에 메고 날라야 했으니 참 힘든 일이었다. 기록 보존 담당자의 부모가 검찰청에 와서 그 장면을 보고 놀라서 울었다는 일화도 전해지고 있을 정도로 그때는 보존 담당자가 참 힘들게 일했다. 그래서 보존 기간이 지난 기록을 폐기하는 기록 폐기 작업에는 온 직원이 동원되었고, 작업 후에는 온통 먼지를 뒤집어쓴 덕분에 막걸리에 수육을 꼭 먹기도 했다.

불기소 처분 기록뿐만 아니라 법원에서 넘어온 재판 기록도 형의 시효에 따라 마찬가지 방법으로 보존을 하게 된다. 수사상 필요하거나 업무상 필요에 의해 이 기록을 수시로 대출하게 되는데 이 대출업무 또한 보존계에서 담당한다. 이 기록 대출업무 또한 간단한 일은 아니다. 기록 대출은 매일매일 반복된다. 불기소처분 받은 사건을 고소인이 항고하게 되면 원 처분 사건기록을 대출받아 고검으로 보내야 한다. 이 대출 건수만 해도 지청의 경우 1년에 200건~300건가량이다. 법원의 판단을 요하는 재정신청 또한 마찬가지인데 이 재정신청 건수도 1년에 100건이 넘는다. 모두 기록 대출이 필요한 업무다. 검사실에서 수사상 필요에 의해서 수시로 관련 기록을 대출한다. 이 또한 적은 건수가 아니다. 또한 검찰에서는 1년에 1회 정기사무감사라는 것을 실시한다. 이때 수사사무 감사라는 분야가 있다. 이때의 기록 대출은 엄청나다. 몇천 건의 기록을 대출하여 감사준비를 해야 한다. 지금은 공익근무요원이 업무를 도와주고 있어 부담이 적지만 쉬운 일은 아니다. 모두 기록 대출담당자의 업무다.

수형·보존계 : 기록 열람·등사 업무

사건관련자들이 법원에 민사소송을 제기하는 경우 법원에서는 형사사건기록을 요구하게 되는데 이때 보존계 담당 수사관이 해당 기록을 복사하여 법원에 넘겨주어야 한다. 또한 변호사 사무실이나 사건관련자 개인이 직접 열람등사를 신청하는 경우에도 복사를 해주어야 한다. 모두 보존 담당 수사관의 일이다.

사건기록 복사업무라는 것이 참 힘든 일이다. 모든 사건기록은 끈으로 묶여 있고, 또한 매 문서마다 스태플러로 묶여 있다. 이 철끈과 스태플러를 모두 제거해야 복사를 할 수 있다. 기록이 얇을 때는 그나마 좀 낫지만 수천 페이지 이상인 기록일 때는 담당자는 기록 복사를 위해 야근까지 불사해야 한다. 기록은 종이로 이루어져 있다 보니 먼지 또한 많이 날린다. 그렇다고 사무실에서 마스크를 쓰고 일하자니 직원들 눈치가 보이고, 마스크를 쓰지 않으면 목이 칼칼하여 따끔거리기까지 한다. 또 기록 열람·등사가 모두 허용되는 것은 아니다. 열람이나 등사가 가능한 부분에 대한 지침이 정해져 있고, 이 지침에 따라 검사가 허가하는 부분만 열람이나 등사가 가능하기 때문에 열람등사를 신청한 민원인과의 마찰도 자주 있다. 민원인은 당연히 왜 모두 해주지 않느냐는 것이고 담당자는 지침상 안 된다는 실랑이다. 열람등사를 해주지 않는다며 소송까지 하는 민원인도 있으니 어느 업무나 쉬운 일은 없다.

이렇게 열거하니 보존계 수사관의 업무가 엄청 힘든 일인 것 같지만 적응하면 나름대로 그리 어렵지는 않고, 그 업무만 계속하는 것은 아니고 1~1.5년이면 바뀌기 때문에 한 번씩 경험으로 해볼 만한 일이기도 하다. 수형·보존 업무는 수사업무는 아니지만 사건기록을 관리한다는 측면에서 꼭 필요한 업무이기도 하다.

12

수사과와 조사과

검사의 수사지휘 사건 조사를 한다

사무국 소속의 수사과와 조사과는 수사를 하는 부서이지만 검찰수사관들로만 구성된 부서다. 검사실에서 보내는 사건, 고소·고발 사건, 진정 사건 등을 수사한다. 주로 사기, 횡령, 배임 등 재산범죄에 대해서 검사의 지휘를 받아 수사한다.

검사 수사지휘사건 조사

수사과는 범죄 정보를 직접 인지하여 수사에 착수하기도 하고, 검사실에서 직접 수사하기 곤란한 사건에 대해 검사의 수사지휘를 받아 사건을 조사한 후 그 결과를 다시 검사에게 보내는 부서다. 형사소송법의 개정으로 인해 수사과에서 직접 사건을 인지하는 경우는 거의 없을 것으로 보이나, 검찰에 직접 고소·고발하는 사건을 수사과·조사과에서 처리해야 할 것으로 예상되므로 업무량은 더 늘어날 것으로 보인다. 그동안 수사과는 사건을 인지하는 부서, 조사과는 수사지휘 사건을 담당하는 부서로 구분할 수 있었는데 수사과의 인지가 거의 없어지면 수사과 조사과의 구분도 의미가 없어질지 모르겠다. 두 개의 과 모두 고소·고발 사건을 주로 담당할 것으로 예상된다.

우리나라의 고소사건은 다른 나라에 비해 월등히 높은 비율을 차지하고 있다고 한다. 개인 간의 권리 분쟁을 민사절차에 의하지 않고 고소나 고발을 통해 해결하려는 사회 현상 때문이다. 검찰이 사인 간의 권리 분쟁에 있어 해결사 역할을 하는 실정이다. 고소나 고발을 통해서 형사사건화 하고 상대방이 피의자로서 처벌받을 위기에 놓인 상황을 이용하여, 고소나 고발인 자신이 협상에서 유리한 위치에 서려는 생각이 그 원인이다. 그나마 검찰에 직접 고소하는 사건수는 경찰에 고소하는 사건수보다 월등히 적지만 고소, 고발사건으로 인해 투입되는 수사의 낭비는 너무 많다. 낭비라고 단정하는 이유는 고소, 고발이 무혐의 처리되는 비율이 거의 70%를 상회하기 때문이다. 무혐의 될 것이 뻔하다고 해서 고소, 고발을 접수하지 않을 수도 없으므로 제도가 바뀌거나 국민의 인식이 바뀌기 전에는 수사기관에서 받아들여야 할 수밖에 없는 작금의 현실이다.

검찰에 고소사건이나 진정사건이 직접 접수되면 사건과에서는 각 검사실로 사건을 배당하는데 배당받은 검사실 검사는 본인의 검사실에서 직접 수사할 수 있는 사건인지, 아니면 검찰 내 수사과나 조사과로 수사지휘할 만한 사건인지를 판단한 후 처리를 결정한다.

　대부분의 검찰 직접 고소나 진정사건은 검사실에서 직접 수사할 여건이 되지 않는다. 매일 배당되는 경찰의 송치 사건만 해도 검사 1명과 수사관 1~2명의 인력으로는 감당하기 힘들 정도이므로, 필히 검사실에서 해결해야 하는 사안이 아니면 경찰에 수사지휘를 보내거나 검찰 내 수사과, 조사과에 내려보냈었다. 그런데 이제 형사소송법의 개정으로 경찰에 수사지휘를 할 수 없는 상황이므로 대부분 수사과나 조사과에 내릴 확률이 높아졌다.

　수사과, 조사과에서는 사건 조사와 관련하여 모두 검사의 수사지휘를 받는다. 경찰과의 관계에서 수사지휘가 폐지되었다고 해서 검찰 수사과·조사과에 영향을 미치는 것은 아니므로 수사과, 조사과에 대한 수사지휘는 그대로 존속한다. 수사과, 조사과에서는 피의자, 참고인 등을 조사하고 필요한 자료를 수집하여 수사결과가 나오면 기소의견인지 불기소의견인지에 대해서 사전에 '건의'라는 절차를 밟는다. 검사의 의견대로 처리하라며 승인을 하던지, 보완이 필요한 경우에는 보완할 사항에 대해서 의견을 기재하여 다시 수사담당자에게 보낸다. 이와 같은 절차로 수사가 완료되면 수사지휘한 검사에게 기록을 넘기는 것이다. 경찰과 마찬가지로 이를 '송치'라고 한다.

　수사관의 의견과 검사의 의견이 다를 경우에는 수사관이 직접 기록을 들고 검사를 찾아가 사건에 대해서 설명을 하고 논의한다. 의율할 죄명이 맞는지, 기소할 만큼 증거가 충분한 것인지, 아니면 불기소할 사안인지 등에 대해서 논의를 한 후 최종 결정하게 된다. 수사관보다는 검사가 법률전문가이므로 대부분 검사의 의견이 합당하다고 결론이 나지만, 수사를 직접 담당한 수사관의 의견이 타당하다고 생각되는 경우에는, 검사는 수사관의 의견대로 처리하라는 지휘를 하기도 한다. 검사가 독단으로 수사지휘하는 것은 아니라는 의미다. 수사관이 수사에 대한 열정이 높을수록 사건을 심도 있게 검토하고, 많은 자료를 확보하여 결론을 도출하므로 수사에 있어 수사관의 열정과 사명감은 그만큼 중요하다.

수사 결과, 피의자의 혐의가 인정되고 죄질이 나쁘거나 피의자가 도주할 우려 등이 보인다고 판단되면 수사관이 검사에게 구속영장을 신청하게 되고, 수사지휘 검사가 이를 판단하여 법원에 구속영장을 청구하여 구속시키기도 한다. 사람의 인신을 구속하는 행위이므로 수사관의 정의감과 개인의 사감을 배제하는 객관성이 반드시 요구되는 절차이다.

담당 수사관이 수사결과 및 의견서를 작성하는 것은 간단한 일이 아니다. 고소된 사실에 대한 죄명 판단, 적용법조 판단, 기소 및 불기소 여부 판단 등을 수사관이 전적으로 판단해야 한다. 물론 수사과장의 결재 단계가 있기는 하나, 그 이전에는 수사관 혼자서 모든 판단을 해야 하므로, 법조문을 확인하고, 판례를 검색하는 등의 많은 공부가 필요하다. 대충 넘겼다가 죄명부터 틀리면 얼마나 창피한 일인가. 형법과 형사소송법의 공부는 필수이고, 각 특별법 또한 수시로 찾아봐야 한다. 유사 판례검색 또한 필수적이다. 법 개정으로 인해 업무 절차가 조금 바뀔 수는 있겠지만 사건기록 검토 및 그에 필요한 수사업무라는 것에서는 변하지 않을 것이다.

범죄현장 단속 사례

예전 이야기지만 내가 초임 수사관 2년가량이 되었을 때 수사과에 배정되었다. 수사과에는 수사과장을 위시하여 수사 1계에서 수사 3계까지 있었다. 계별로 계장 1명에 주임 1명으로 총 8명의 수사관이 근무했고, 난 2계에 소속되었다.

당시만 해도 수사과는 참 활기에 가득 찼다. 사무실에서 조사를 하는 업무보다 외부 현장 단속 업무가 많았던 것이다. 수사과에서 대규모 도박 현장을 직접 급습하여 도박사범을 검거 구속하는 일이 많았고, 미성년자를 고용한 노래방, 기름 장갑을 무단 배출하는 카센터, 양귀비 재배 농가, 유명브랜드의 가짜 상표 의류를 판매하는 의류점 등을 직접 단속하고 수많은 건수의 실적을 올리고 청마다 그 실적경쟁까지 있었다.

기획수사라는 형태로 이루어지는 단속이다 보니 처벌 가치가 없는 아주 작은 현장까지 단속하여 그 건수가 상당했고, 고향 토박이 직원들의 사건 무마 청탁 또한 비일비재했다. 지금은 위와 같은 직접 단속은 모두 사라졌고 검찰수사과에서는 사기, 횡령, 배임 등 재산범죄를 검사실에서 수사지휘 형태로 내려받아 진행하는 수사가 대부분이지만 그땐 몸으로 움직이는 단속업무가 많았다. 심지어 아주 소규모 청에서는 사건수를 늘리기 위해 경찰과 합동으로 음주단속까지 했다.

지금 생각하면 우스운 일이지만 영세한 카센터에 들어가서 직원이 일하고 던져놓은 기름 장갑을 수거하기도 했다. 기름 장갑 몇 켤레를 방치해두면 폐기물 관리법위반으로 적발되었다. 장갑 몇 켤레 방치에 몇십만 원의 벌금이 부과되던 시기였다. 왜 그렇게까지 하는지도 모르고, 무작정 선배들 따라서 단속하러 다니던 신규 시절이었다. 지금은 마약관련 단속은 마약반에서 담당하고 있지만 마약직이 없던 시절에는 수사과 직원들이 시골 농가를 돌아다니며 양귀비 단속도 했다. 농민들은 씨가 어디서 날아와서 스스로 크고 있는 것을 내가 어쩌란 말이냐, 소 아플 때 주려고 몇 주 놔두었는데 그걸 단속하느냐며 항의도 많이 했다. 커다란 개가 있는 농가는 무서워서 들어가지도 못했다. 양귀비 몇 주는 처벌하지 않았지만 일정 주수 이상이면 농민이라도 단속하여 처벌했었다.

또 가짜 브랜드 의류를 판매하는 가게 단속 또한 자주 했다. 브랜드 본사에서 나왔다는 직원들이 검사를 찾아가 가짜 상표 단속을 요청하면 검사가 단속기획안을 작성하여 수사과에 단속 지시를 했었다. 가짜 상표가 붙은 의류를 엄청나게 수거하여 화물 차량으로 압수해온 기억도 있다. 압수 창고가 부족하여 곤란할 정도였다. 그때 압수해온 가장 상표 의류들 다 어떻게 처리했는지 궁금하다.

도망가는 놈은 잡지 마라!

내가 수사과에 발령받은 후 첫 조사가 참고인 조사였다. 신규인 나는 내 명의로 조사할 권한이 없었다. 조사권한은 조금 더 경력을 쌓아야만 주어졌다. 내가 신규였던 시절은 25년 전이었으므로 계장이 나에게 조사 경험을 시켜주고 수사를 배울 수 있도록 배려하여 참고인 조사를 맡을 수 있었다. 물론 당시 계장님의 명의로 조사를 했지만, 검찰청에 입사하여 맡은 첫 조사였다. 조사 후 계장님이 확인하고 몇 가지 수정을 해주었고 잘했다는 격려까지 해주었다.

칭찬에 고무된 내가 두 번째 했던 조사가 도박사범 조사였다. 지금은 없는 일이지만 그때만 해도 검찰청에 도박신고가 들어오면 수사과에서 직접 현장에 출동하여 검거에 나섰다. 수사과 직원이 8명이었는데 전체 직원이 동원되었다. 하루는 제보를 받고 시골 들판에 있는 비닐하우스에 단속을 나갔다. 비닐하우스는 검은색 망으로 씌워져 내부는 보이지 않았다. 차량을 근처에 세우고 하우스에 접근하기도 전에 문이 열리며 놀란 메뚜기처럼 사람들이 튀어나와 도망가기 시작했다. 도망가는 사람들을 쫓으려는 나를 계장님이 제지했다. 미처 도망가지 못하고 비닐하우스 안에 있는 사람만 제지하고 한쪽으로 모이게 했다. 도망가는 사람을 쫓으면 한두 사람을 검거할 수는 있겠지만 하우스 안에 있는 사람들 모두를 놓친다고 했다. 초임 수사관으로서는 생각하지 못한 현명한 판단이었다. 어차피 도망가는 모두를 검거하지 못한다. 도망간 사람과 검거된 사람은 복불복 게임이 되겠지만 어쨌든 그렇게 10여 명의 도박사범을 현장에서 검거하여 사무실로 돌아왔다.

직접 검거한 도박사범 조사의 가장 기본은 서로 대화하지 못하도록 하는 것이다. 도박사범들이 서로 말을 맞추면 조사에 실패하기 때문이다. 사무실에 들어온 이후 계장님은 피의자들을 분리하고, 서로 말을 나누지 못하도록 감시하게 했다. 막내였던 나는 계장님이 시키는 대로 피의자들을 분리시켜 대화를 못 하도록 각각 코너에 서게 했고, 피의자들은 순순히 응했으나 한 명의 피의자가 갑자기 호주머니에서 무언가를 꺼내더니 캐비닛 밑으로 재빨리 집어넣었다. 내가 보지 못할 것으로 생각했던 피의자의 돌발 행동이었다. 시선은 다른 데 있었으나 계속 감시하고 있던 나는 피의자의 행동을 발견하고 먹이를 발견한 매처럼 달려갔다. 뭐냐고 소리치는 내 목소리를 들은 수사관들이 달려왔고, 캐비닛은 들추어졌다. 현금 뭉치가 든 하얀 봉투였다. 도박 판돈을 줄이려는 수작이었다. 도박 사건을 조사하는 경우 판돈을 나누어 개인 소지 금액을 구분하고, 개인 판돈이 많을수록 형량이 늘어나기 때문에 경험이 있는 도박전과자들은 최대한 개인 판돈을 줄이려고 돈을 숨기거나 돈이 나오더라도 자기 돈이 아니라고 주장한다는 계장님의 설명이었다. 나는 정확히 현금 봉투의 금액을 세서 그 피의자의 판돈에 포함시켜주었다.

미성년자 고용 노래방 단속

내가 수사과에 근무하던 시절은 열정이 충만하고 과한 시절이었다.

어느 날 퇴근 후 저녁, 동료들과 술자리에 앉자마자 미성년자를 고용한 노래방이 영업하고 있다는 제보를 받았다. 그즈음 지속적으로 불법 영업 노래방을 단속하던 시기였다. 단속만 나가면 어디서 정보가 샜는지 문을 닫아버리는 노래방들 때문에 단속실적이 저조하여 수사과장님으로부터 계장님들이 질책을 받고 있었다. 제보를 받은 우리 신규직원 세 명은 술자리를 박차고 일어나 제보받은 노래방을 급습했다. 느닷없이 쳐들어간 덕분에 누군가의 연락을 받지 못했는지 노래방은 그대로 영업하고 있었고, 미성년자가 손님에게 노래와 술시중을 들고 있었다. 불법 영업이 제대로 걸린 것이다. 우리가 단속권한이 없는 신규직원이라는 생각조차도 없었다. 계장님들과 함께 단속하던 방식 그대로 우리끼리 단속을 하고, 업주와 미성년자를 데리고 수사과 사무실에 들어왔다. 밤 10시였다. 연락을 받은 계장님들이 놀라서 밤 늦은 시간에 사무실에 나왔고, 우리는 선임 계장님으로부터 따끔한 질책과 함께 장시간의 설교를 들어야 했다. 그때서야 우리 신규에게는 단속권한이 없다는 것을 알았다. 그래도 수사과장님은 별 말 없이 계장님들께 조사를 하도록 했고, 그 업주는 불구속 입건되어 벌금형을 받았다. 지금 같으면 불법단속이라며 난리를 치겠지만 그때는 검찰청 직원의 단속을 어느 누가 문제 삼는 시절이 아니었다. 그때는 왜 그렇게 미성년자를 고용한 노래방들이 많았는지 어린애들을 고용한 업주보다 애들을 찾는 손님들이 더 싫었다.

과한 열정은 삼가야 한다

너무 과한 열정은 민망함을 남기기도 한다. 오래전 수사관 선배의 신규 시절 이야기다. 오래전 이야기이니 나하고 일면식은 없고 들은 이야기다. 그는 검찰청에 입사한 것에 대해 무척 고무된 상태에서 범죄현장 단속을 나갔다고 한다. 처음 현장 경험에 너무 흥분한 선배는 문을 박차고 들어서자마자 책상 위에 올라서서 신분증을 꺼내 들고 "검찰청이다!"라고 소리쳤다. 다른 수사관들이 말릴 틈도 없었다고 한다. 단속을 나간 수사관들이나, 단속 대상이던 사람들 모두가 잠시 멈춘 상태로 멍한 표정을 짓고 있던 차에, 단속 대상 중의 한 사람이 책상 위에 올라가 신분증을 꺼내 들고 있던 그에게 다가가 "그래서 뭐 어쩌라고요." 했다고 하니…. 내가 당한 것은 아니지만 지금 들어도 민망하고 얼굴 벌개질 에피소드다. 가끔 술자리에서 너무 과한 열정을 가지면 그렇게 민망한 상황이 온다며 후배들에게 훈계 자료로 삼기도 한다. 사람이 사람을 단속하는데 너무 흥분해서도 설쳐서도 안 된다. 수사권은 권력이 아니라 책임이다.

호송·인치 업무

예전에는 검찰에서 지명수배했다고 하더라도 경찰이 이를 검거하면, 검거된 피의자에 대한 호송·인치업무를 경찰에서 대신 해주었다. 하지만 몇 년 전부터 이들에 대한 호송 및 인치 업무를 검찰수사관들이 직접 하게 되면서 수사과에 호송·인치 팀이 별도로 구성되어 있다. 자신이 근무하는 검찰청에서 지명수배한 사건이 다른 지역에서 검거되었다는 연락을 받게 되면, 호송 팀이 호송 차량을 이용하여 신병을 인수하고, 교도소에 수감시킨다. 업무의 특성상 다른 업무는 맡지 않고 호송 업무만 맡고 있으며, 야간이나 휴일에도 항시 대기해야 한다. 야간 호송은 자제하고 있으므로 호송업무가 없는 편이지만, 휴일에는 신병이 검거되면 곧바로 현장에 나가야 한다. 개인적인 업무를 보기가 어려운 상황인 것이다. 개인 생활이 제약받는 부분 때문에 꺼리는 수사관도 있고, 그 점 외에 주중에는 업무가 한가한 편이므로 스스로 호송 팀을 지원하는 수사관들도 있다. 수사과 소속으로 4~5명으로 구성되어 있다. 호송차량 운전을 직접 해야 하므로 1종 운전면허 소지가 필수다.

13

❖

분야별 전문 수사관들이 따로 있다

공인전문수사관 - 21개 분야 1, 2급

각 분야의 어느 업무나 마찬가지겠지만 전문성은 효율적인 업무 수행을 위해 꼭 필요한 부분이다. 검찰 또한 부정부패, 금융·증권, 조세 등 21개 분야를 나누어 '공인전문수사관'을 육성하고 있다. 갈수록 지능화·다양화되는 최근 범죄에 효율적으로 대처할 수 있도록 수사관들의 전문 역량 강화를 목적으로 했다. 각 부서에서 실무 수사경험 및 관련 자격 혹은 학위 보유현황 등에 따라서 '공인전문수사관'을 심사·인증한 후 인증된 수사관들을 관련 부서에 배치하거나 주요 사건 수사에 파견함으로써 검찰수사의 전문성과 효율성을 높이는 제도이다.

전문분야는 검찰업무를 처리함에 있어 전문지식, 실무경험이 특히 필요하다고 인정하여 대검찰청에서 지정한 분야를 말하고, 심사를 통해 전문성을 인증받은 수사관은 '1급 공인전문수사관', '2급 공인전문

수사관'으로 구분한다. 공인전문 수사관으로 인증받으면 포상, 근무 성적평가 등 인사상 우대를 받을 수 있고, 인증된 분야의 커뮤니티 활동을 하게 되면 활동에 필요한 교재비, 강사료, 식비, 기타 소모품 비용 등을 예산 범위 내에서 지원받을 수 있다. 부정부패, 지식재산권, 과학수사, 회계분석, 자금추적, 디지털수사, 사이버 수사 등 공인전문 수사관이 대검의 인증을 받고 활동 중이다. 마찬가지 방법으로 검사 또한 공인전문검사제도를 운영하고 있다.

임용 후 2년이 경과한 수사관은 검찰지식관리시스템을 통해 전문분야를 선택한다. 전문분야는 2개까지 선택할 수 있고, 다른 분야로 변경할 수 있다. 전문분야의 선택은 매년 2회 대검찰청에서 정하는 기간에 한하여 할 수 있다. 공인전문수사관 인증에 대한 심사를 위하여 대검찰청에 공인전문수사관 인증 심사위원회를 두고 있다. 2급 공인전문수사관 인증신청은 해당 전문분야를 선택하여 관련 직무를 3년 이상 수행한 경력이 있는 수사관이 할 수 있다. 다만 심사 공고일로부터 2년 이내에 관련 직무를 수행하지 않은 경우에는 신청할 수 없다. 1급 공인전문수사관 인증 신청은 2급 공인전문수사관 인증을 받은 후 해당 전문분야에서 3년 이상 근무한 경력이 있는 수사관이 할 수 있다.

디지털 포렌식(Digital Forensics) 수사관

요즘 사람들은 통화, 문자, 사진, 영상 등을 모두 휴대전화로 주고 받는다. 개인의 자료들이 제삼자에게 유출되면 사생활이 노출되는 난감함이 있어서 남이 볼 수 없고 비밀이 유지된다는 모 휴대 전화 업체의 광고에 많은 관심이 쏠리기도 한다.

포렌식(Forensics)은 범죄 사건의 수사나 증거를 수집하기 위하여 과학적 또는 기술적 기법을 사용하는 것을 가리킨다. 즉 디지털 포렌식(Digital Forensics)은 잠재적인 디지털 증거를 찾아내기 위하여 분석 기법을 적용하는 수사 방식이다.

디지털 포렌식 수사관은 디지털 자료에 대한 압수, 수색 및 분석 업무를 담당한다. 컴퓨터, 휴대폰, USB 등에 저장된 자료를 뽑아내어 분석한다. 모든 압수수색 시 동원되어 컴퓨터 자료 등을 압수하고 분석함으로써 검찰수사에 매우 중요한 역할을 하고 있다. 실제 사건 수사에서 피의자들이 삭제한 휴대폰 메시지 및 사진 등을 복원하여 경찰에서 무혐의로 송치된 사건의 피의자를 검찰에서 구속하는 등 수사에 자주 활용하고 있다. 당사자들은 지웠으니 괜찮을 거로 생각하지만 아무리 지워도 상당부분이 복원된다. 자료를 복구하여 증거를 찾아내는 수사기법은 지금도 활발히 이용되고 있다.

내가 검사실에서 수사할 때도 휴대폰 복원을 통해서 증거를 확보한 경우가 많았고, 현재 후배 수사관들도 대부분 포렌식을 활용하여 증거를 확보하고 있다. 포렌식 팀에서 복원한 자료를 일일이 검토해야 하는 수고는 있지만 현재 가장 중요한 수사기법 중의 하나임은 두말할 필요가 없다.

포렌식 업무는 전문영역이므로 전문가 양성교육이 필요하다. 따라서 대검에서 6개월간 교육을 통해 포렌식 전문수사관을 배출한다. 교육 후 각 고검에 인력을 배치하여 일선 지검, 지청 수사를 지원한다. 자격조건은 따로 없다. 지원하여 교육을 받고, 포렌식 전문수사관으로 발령받으면 대부분의 검찰생활을 포렌식 수사관으로 근무하게 된다. 요즘 거의 모든 수사에 활용하다 보니 일이 너무 많고, 적성에 맞지 않아 힘들어하는 수사관도 있다. 검찰수사에서 매우 중요한 전문수사관이지만 선택에 있어 신중하게 고려해야 한다. 매년 초 인사이동 시기 즈음에 신청자를 받는다. 대검찰청 국가디지털포렌식센터 6층 전용 교육장에서 교육하는데 참고로, 근래 공시된 교육생 선발 기준 자료 중에 학과와 자격증 관련 내용만 발췌해보면 아래와 같다.

평가 항목	비율 (100)	가점 부여 사항
IT 전문 자격증	10	CISA, CISSP, CIA, OCP, CCNA, MCSE, 정보처리기사, 정보처리산업기사 등 소지자 가점 부여
정보화 관련 자격증	5	사무자동화기사, MOUS, 워드프로세스 등 오피스 관련 자격증 소지자 가점 부여
IT관련 학과	5	컴퓨터 공학, 전산공학 등 IT관련 학과 졸업자 가점 부여
특이사항	5	외국어 능통자

심리생리검사(거짓말 탐지기) 수사관

수사를 하다 보면 증거가 전혀 없는 경우가 있다. 이런 경우에는 당사자들의 진술에만 의존해야 하는데, 신이 아닌 바에야 누가 거짓말을 하는지 도저히 감잡을 수 없을 때가 있다. 이런 사건은 거짓말탐지기 조사를 의뢰한다. 물론 당사자들의 동의가 필요하다. 동의가 없으면 못한다. 그래서 거짓말 탐지기 조사를 해보자고 하면 이를 거부하는 사람들이 있다. 그런 경우는 본인이 거짓말을 하는 것일 수도 있고, 자신은 진실을 이야기하지만, 검사에서 거짓말로 나올 것을 우려하여 미리 거부하는 것일 수도 있다. 실제 수사에서 거짓말탐지기 조사를 활용할 때가 자주 있다. 거짓말탐지기 조사의 정식용어는 '심리생리검사'다. 심리생리 분석기에 의하여 사람의 심리변화에 따른 혈압, 맥박, 호흡, 피부전류저항 및 뇌파변화 등을 측정한 후 그 기록을 해석하여 진술의 진위여부를 추론하는 심리분석기법이다.

심리생리검사 수사관도 몇 개월간의 검사관 양성교육을 통해 배출된다. 대검찰청 법과학 분석과에서 필요한 인원이 있을 경우 공시한

주요 교과목	
심리생리검사의 역사	행동분석, 뇌파분석, 인지심리, 임상심리
APA 규정	차트분석, 심리학, 생리학
법과 인권	검사 전, 검사 후 면담
연구방법론	심리생리검사기법(UTAH, AFMGQT 등)

다. 참고로, 교육 시 배우게 되는 일부 내용은 위의 표와 같다.

검사실에서 피의자, 고소인 중 누가 거짓 진술을 하는지 알 수 없거나 특별한 증거가 없을 때 활용하게 되는데 이 분석결과는 참고만 할 뿐 증거로 사용할 수는 없다. 디지털포렌식 수사관과 마찬가지로 전문성이 필요한 분야이므로 일단 수사관으로 배치되면 계속 근무하게 된다. 신중한 선택이 필요한 분야다.

회계분석·금융거래추적 전문수사관

대검찰청 반부패·강력부 수사지휘·지원과에서 회계분석·금융거래추적 업무 수행과 관련하여 전문수사관을 양성하고 있다. 교육기간은 1년으로 이론교육 6개월, 실무수습 6개월이다. 교육을 이수하면 근무 청으로 복귀하여 관련 수사부서에서 2년 이상 의무적으로 근무해야 하고, 대검 수사지휘지원과 전문수사관 관리부에 등재하여 관리하게 된다. 회계 관련 자격증인 재경관리사, 회계관리, 전산회계운용사, 기업회계 등의 자격증과 엑셀 관련 자격증인 컴퓨터활용, ITQ엑셀, MOS엑셀 등의 자격증이 있는 경우 우대하고, 자격증이 없는 경우에는 신규 수습교육 기간 중 일정 기간 내 회계 관련 자격을 취득할 의무가 있다. 회계분석 전문 수사관은 재경관리사, 금융거래추적 전문 수사관은 회계관리 1급과 은행 텔러 자격을 취득해야 한다.

진술분석 전문 수사관

진술분석은 사건과 관련된 진술을 과학적으로 분석하여 진술의 신빙성 여부를 판단하는 기법이다. 진술분석관은 대검찰청 과학수사부장이 임명하는데 검찰 근무경력 3년 이상인 검찰수사관으로 분석관 양성교육을 2개월 이상 받아야 한다. 진술분석 대상사건은 모든 사건에 해당되는 것은 아니고 정해진 규정이 있다. 학대 및 성폭력 사건의 아동·청소년, 지적장애 피해자, 성폭력사건으로 인한 외상 후 스트레스 장애 등으로 조사가 어려운 성인 피해자가 그 대상이다. 진술 분석은 직접 범죄를 경험한 사람과 경험하지 않은 사람의 행동은 다르다는 전제조건과 거짓말을 하는 사람들의 경우 진술한 사람들에 비해 불안감을 수반하고 이에 따라 불안감을 해소하기 위한 무의식적인 일탈반응이 나타난다는 전제 조건에서 출발한다. 따라서 진술할 때 나타나는 모든 행동 및 음성, 감정표현의 적절성을 분석해야 하는 등 많은 공부가 필요한 전문 분야이고, 영상을 통해 그 사람의 행동을 일일이 확인해야 하므로, 분석에 많은 시간이 소요되는 분야이다. 영화를 많이 보거나 추리소설을 좋아하는 사람은 흥미 있을 분야이기도 하다.

행동분석기법 전문 수사관

영화를 보면 조사받는 사람이 수사관의 질문에 먼 산을 쳐다보거나, 다리를 꼬거나, 머리를 긁거나, 손가락으로 책상을 계속 두드리는 장면이 클로즈업되고, 그 행동을 유리 너머에서 유심히 관찰하는 사람이 있다. 그 사람의 행동을 통해 거짓말을 하는지 진실을 말하는 것인지 등을 분석하는 장면이다. 실제 검찰수사관 중에는 피조사자의 행동을 분석하는 전문 수사관이 있다. 행동분석은 분석대상자들의 여러 가지 누출 신호를 통해 심리학을 바탕으로 진술의 진위여부를 추론하는 기법이다.

검사직무대리

검찰수사관은 검사가 될 수 없지만 검사의 권한으로 사건 처분을 할 수가 있다. 이를 '검사직무대리'라 한다.

자격조건으로는 5급으로 채용된 후 5년 이상 근무한 사람으로서 수사경력이 3년 이상인 검찰수사서기관(4급), 검찰사무관(5급), 7급 이상으로 10년 이상 근무한 사람으로서 수사경력이 5년 이상인 검찰수사서기관, 검찰사무관이다.

검사와 같은 권한이 주어지는데 검사의 업무 중 경미한 사건을 처리한다. 벌금으로 기소하는 사건, 불기소 의견으로 경찰에서 송치된 사건 등인데, 주로 처리하는 사건 죄명으로는 폭력행위등처벌에관한 법률위반 사건, 도로교통법위반 사건, 교통사고처리특례법위반 사건, 도로법위반 사건, 자동차관리법위반 사건, 식품위생법위반 사건, 청소년보호법위반 사건, 병역법위반 사건, 부정수표단속법위반 사건 등을 처리한다.

과중한 검사의 업무를 분담하여 처리하자는 방안으로 만들어진 제도다. 보통은 6급에서 5급으로 승진하게 되면 검사 직무대리 교육을 받고 발령을 받아 근무할 수 있다. 검사와 동일하게 검사 직무대리실이라 하여 따로 검사실을 배정받고, 검찰수사관과 실무관이 함께 근무한다. 검사에게 지급되는 소정의 판공비도 지급된다. 7급으로 임용되면 조금 더 빠르겠지만 검찰수사관이 9급으로 임용되어 5급 사무관으로 승진하려면 약 25여 년이 넘게 소요되므로, 늦은 나이에 맡게 되는 업무라 힘들어하는 사람도 있지만 검사업무를 하는 데 대한 자부심을 갖는 사람도 있다. 본인이 어떻게 받아들이느냐의 문제다. 청마다 다르지만 내가 근무하는 청의 경우 검사직무대리가 한 달에 처리하는 사건수는 약 300건가량으로 한 사람이 처리하기에 적지 않은 사건수지만 추가 조사가 필요하지 않은 간단한 약식사건이 주를 이루고 있으므로 가능한 일이다. 검사의 업무부담 경감 및 검찰수사관들의 사기 진작 차원에서 검사 직무대리 수를 더 늘릴 계획이라고 했었다. 다만, 검경수사권조정으로 인해 사정이 많이 변경되면서 검찰수사관인 검사직무대리 정원을 늘릴지, 줄일지는 아직 알 수가 없다.

여성 검찰수사관 : 25%가 여성 수사관이다

전문수사관을 다루는 부문에 여성 수사관을 분류하여 어색함이 있지만 여성 수사관이 얼마나 되는지, 어떤 일들을 주로 하는지 묻는 분들이 있어 설명하는 것이니 이해하길 바란다. 대한민국 검찰수사관 6,000명 중 24%가량이 여성 수사관이다(2018. 3. 기준 자료).

구분	합계	5급	6급	7급	8급	9급
남성 수사관	4,795	383	1,565	1,718	623	323
여성 수사관	1,535	15	54	435	552	479
여성 수사관 비율	24.20%	3.80%	3.30%	20.20%	46.90%	59.70%

요즘 신규 수사관들의 경우는 60%를 차지하고 있고, 남성들만의 분야라고 생각했던 특수, 강력부 등에서도 주력을 담당하며 활발히 활동하고 있다. 후배 여성 수사관 중 한 명은 스스로 자원하여 특수, 강력, 성폭력 전담 검사실만 근무하고 있다. 여성, 남성의 구분을 떠나서 그 분야가 더 적성에 맞고 보람 있다고 한다. 열심히 하다 보니 대검에서 선정하는 우수 수사관에 몇 차례 선정되어 포상도 받았다.

예전 같으면 이해하지 못할 일이지만 요즘은 남성, 여성 수사관이 밤샘 당직을 같이 서고 있다. 예전에는 여성 수사관은 밤샘 당직을 서지 않았다. 아무래도 남성과 여성이 같이 밤을 새우면 문제가 있을 것이라는 편견 때문이었다. 우려와 달리 요즘은 아무런 문제 없이 잘 돌아가고 있다. 이제 업무에 있어 성별 구분은 문제가 없는 듯하다.

내가 입사한 때만 해도 여성 수사관들이 부족하여 여성 피의자의 검거 등을 매번 도맡는 여성 수사관도 있었다. 요즘은 여검사, 여수사관, 여실무관 등 여성들로만 구성된 검사실까지 있다 보니 오히려 남성 수사관이 그 검사실 사건 수사에 동원되는 경우까지 생겼다. 성을 구별하는 것 자체가 성차별이라는 말도 있으나 범죄자를 다루는 수사기관인 검찰이나 경찰에서는 아무래도 힘이 약한 여성 수사관의 한계는 엄연히 존재한다. 오해할까 무서워서 미리 말하건대, 실력을 말하는 게 아니라 육체적 힘의 정도를 말하는 것이다. 힘센 남자 피의자를 제압하려면 아무래도 여성 수사관의 힘으론 부치지 않겠는가. 그렇지만 검찰청에서 힘으로 피의자를 제압할 만한 일들은 많지 않으니 여성 수사관들이 검사실에서 남성수사관보다 더 탁월한 활약을 하는 경우가 많다.

참고로, 어렵사리 오래된 신문 기사를 검색하여 우리나라 최초의 여성 검찰수사관을 찾았다. '장송자'라는 분이다. 1948. 10. 20.자 경향신문에 실린 기사 내용이 재밌다.

檢事검사廷정에 紅一點홍일점 韓國한국선 처음인 女여書記서기

언제 보던지 냉정하고 쌀쌀한 검사정에 한송이 신선한 꽃처럼 파란 저고리에 하얀치마를 입은 조선에서 처음 보는 여

자 서기가 생기어 딱딱한 분위기를 일종 보드러운 공기로 만들고 있다. 이 여자는 장송자(張宋子장송자, 21) 법학에 매우 흥미를 느끼어 검사 임석서기를 지원하여 19일부터 서울지방검찰청 제18호 검사정에서 사무를 보게 된 것이라 하는데 취조실에 여자 임석서기란 해방 전후는 물론 남조선에 처음인 만큼 재판소 내의 화제꺼리가 되고 있다(최초의 검사정 여자서기 장양).

최근 여성 검찰수사관이 국제형사재판소(ICC)에 진출했다는 소식이 있었다. 국제형사재판소는 전쟁범죄 등 반인륜·반인도적 범죄를 저지른 개인을 국제사회가 신속하게 단죄하기 위해 네덜란드 헤이그에 설치된 조직이다. 서울 중앙지검 첨단범죄수사부 소속 디지털 분석관 홍○○ 수사관이 국제형사재판소 수사관으로 근무하게 되었다는 소식이다. 국제형사재판소에 한국인 여성 수사관이 채용된 것은 처음이라고 한다.

04

검·경 수사권 조정으로 인한 변화

검·경 수사권 조정으로 인해 형사사법시스템에 많은 변화가 있었었다. 가장 큰 변화로 경찰에 수사종결권이 부여되고, 검사의 직접 수사개시 범위가 제한되었다. 검사의 경찰에 대한 수사지휘가 폐지되면서 경찰은 독자적인 수사권을 가지게 되었고, 검사와 경찰과의 관계가 협력관계로 변화하였다. 검찰과 경찰은 변화된 시스템에 신속한 적응으로 대국민 사법서비스 향상에 노력해야 한다.

01

❖

검찰의 수사개시 가능 범위가
제한되었다

검사의 수사개시 가능 범위

형사소송법 개정으로 인해 검사의 수사개시 범위가 제한되었다는 내용은 앞부분에서 언급하였지만 간단한 개요만 설명하였으므로, 구체적으로 어떤 범죄를 수사개시할 수 있는지 알아보기로 한다.

검사의 수사개시 가능 범위가 제한되었다는 의미는 검사가 수사를 할 수 있는 범죄가 한정되었다는 의미가 아니라, '수사를 개시'할 수 있는 범위가 제한되었다는 뜻이다. '수사의 개시'라는 것은 수사의 단서를 가지고 최초에 수사를 시작한다는 것인데 검사가 범죄를 저질렀다고 의심되는 사안을 발견하였을 때, 수사에 착수할 수 있는 범죄가 정해져 있다는 것이며, 또한 고소·고발인이 고소·고발장을 제출했을 때 고소·고발장에 기재된 내용을 검찰에서 수사에 착수할 수 있느냐, 없느냐가 구분된다는 의미다.

검사가 수사를 개시할 수 있는 범죄의 범위에 대한 규정은 검찰청법 제4조(검사의 의무)에 규정하고 있다. 부패범죄, 경제범죄, 공직자범죄, 선거범죄, 방위사업범죄, 대형참사 등 대통령령으로 하는 중요범죄와 경찰공무원이 범한 범죄 그리고 경찰이 송치한 범죄와 관련하여 인지(認知)한 각 해당 범죄와 관련성이 있는 범죄로 되어 있다.

부패범죄는 '주요공직자'의 수뢰 및 뇌물공여 등의 범죄를 말하는데, '주요공직자'라고 하면 다음 표와 같다.

주요공직자(공직자윤리법 제3조1항 1호부터 13호 해당자)
• 대통령, 국회의원, 지방자치단체장, 지방의원 등
• 4급 이상의 일반직 국가·지방공무원
• 법관, 검사, 헌법재판소 헌법연구관 등
• 대학 학장 이상, 교육감 및 교육장 등
• 총경 · 소방정 이상의 경찰·소방 공무원
• 공기업의 대표, 이사, 감사 등
• 검찰청, 경찰(경사 이상), 감사원, 국민권익위원회, 공정위, 국세청, 관세청 등 소속과 중앙행정기관 또는 지자체에 소속되어 감사, 회계, 인·허가 등 업무를 담당하는 5급에서 7급 공무원
• 한국은행, 예금보험공사, 국가철도공단 등 소속 2급 이상의 직원
• 금융감독원 소속 4급 이상 직원 등

주요공직자가 아닌 사람의 3,000만 원 이상 수뢰, 수수금액 합계 5,000만 원 이상의 알선수재, 1억 원 이상의 국고손실 등도 부패범죄에 포함되고, 변호사법위반과 정치자금법위반의 수수 금품의 합계가 5,000만 원이면 대상이다. 의료법위반 리베이트, 배임수재 5,000만 원 이상 등도 포함되어 있다.

경제범죄는 이득액 5억 원 이상의 사기, 상습사기, 횡령, 배임죄, 3,000만 원 이상의 밀수출입, 5,000만 원 이상의 관세포탈, 5억 원 이상의 조세범처벌법위반 범죄가 포함되어 있고, 지방검찰청 검사장이 사회적 이목을 끌 만한 사건으로 검사의 수사개시가 필요하다고 판단한 경우에 수사개시가 가능하다.

'주요공직자'의 형법상 직무유기, 직권남용, 불법체포·감금, 독직폭행, 피의사실공표, 공무상비밀누설 등의 범죄가 포함되고, 허위공문서작성, 행사, 국가정보원법의 불법체포·감금, 직권남용, 대통령 등의 경호에 관한 법률 비밀누설, 직권남용 등이 있다.

사실 검사의 수사개시 범위 제한과 관련하여 가장 큰 영향은 민원인이 고소·고발장을 검찰청에 제출해야 하느냐, 경찰서에 제출해야 하느냐일 것이다. 수사개시 가능 범위에서 살펴보았다시피 어지간한 내용은 대부분 경찰서에 제출하는 것이 맞을 것 같다. 일반들이 가장 많이 제출하는 고소·고발장의 내용이 사기죄인데 검찰은 5억 원 이상으로 되어 있으니 5억 원 미만은 경찰에 제출해야 한다는 것이다. 일반인들이 5억 원 이상의 사건에 연루될 일이 얼마나 있겠는가.

최근 검찰청에서는 이와 관련하여 고소·고발장 접수 및 처리지침을 만들어 각 일선 청에 내렸다. 요지는 검사가 수사개시할 수 있는 범위가 아닌 고소·고발장의 경우에는 경찰서에 제출하도록 안내한 후 반려하고, 현장 판단이 어려운 경우에는 정식으로 접수 후에 검사가 경찰에 이송하도록 했다. 우편으로 접수된 사안은 접수 후에 이송하도록 지침을 만들었다. 아직은 대상이 아닌 내용임에도 검찰에 고소·고발장을 제출하는 민원들이 많이 있으나 시간이 지나면 차츰 정립될 것으로 보인다.

⚜

02

검찰과 경찰과의 관계가
협력관계로 변했다

검사와 경찰의 상호협력 원칙 규정

형사소송법 개정으로 경찰에 대한 수사지휘가 폐지되면서 '검사와 사법경찰관과의 상호협력과 일반적 수사준칙에 관한 규정'이 제정되었다.

검사와 사법경찰관과의 상호협력과 일반적 수사준칙에 관한 규정
(2021.1.1. 시행)

제6조(상호협력의 원칙) ① 검사와 사법경찰관은 상호 존중해야 하며, 수사, 공소제기 및 공소유지와 관련하여 협력해야 한다.

세상은 순식간에 변하기도 한다. 당장 얼마 전까지 수사지휘를 하고, 받던 관계가 협력관계로 변하면서 수사에 관한 많은 용어를 변경

해야 했다. 아무리 협력관계로 변했다고 하더라도 그동안 검찰과 경찰과의 연계 업무를 전면 중단할 수는 없으니 우선 용어를 변경했다. '지휘'라는 용어를 모두 '통보', '요청', '요구'로 변경한 것이다. 다만 협력관계로 규정되어 있다고 하더라도 수사할 내용이 동일 내용으로 중복되어 경합될 경우에는 검사가 경찰에 사건을 송치할 것을 요구할 수 있게 되어 있다.

형사소송법

제197조의4(수사의 경합) ① 검사는 사법경찰관과 동일한 범죄사실을 수사하게 된 때에는 사법경찰관에게 사건을 송치할 것을 요구할 수 있다. ② 제1항의 요구를 받은 사법경찰관은 지체 없이 검사에게 사건을 송치하여야 한다.

'수사지휘'가 아닌 '보완수사요구'

경찰에서 송치된 사건은 검사가 이를 검토한 후, 추가 수사가 필요하다고 판단되면 그동안 추가 수사가 필요한 사항을 기재하여 '수사지휘'를 했다. 이런 '수사지휘'가 폐지되면서 검찰이 경찰에 수사에 관하여 아무런 관여를 할 수 없는 것인지 묻는 사람들이 많다. 그렇지는 않다. 용어만 변경하여 추가 수사가 필요한 부분에 대해서는 내용을 기재하여 다시 경찰에 보낼 수 있다. '보완수사요구'라는 표현을 사용한다. 처음부터 경찰이 조사했던 사건은 경찰이 사건내용을 제일 잘 알고 있을 것이므로, 추가 수사가 필요한 부분만 기재하여 보내면 효율적으로 추가 수사를 할 수 있을 것이다. 검찰에서 처음부터 다시 사건을 파악하여 보완하려면 아무래도 비효율적일 것이기 때문이다. 상호협력 규정에도 특별히 직접 보완수사가 필요한 경우를 제외하고는 원칙적으로 경찰에 보완수사를 요구하도록 되어 있다.

검사와 사법경찰관과의 상호협력과 일반적 수사준칙에 관한 규정 (2021.1.1. 시행)

제59조(보완수사요구의 대상과 범위) ① 검사는 법 제245조의5제1호에 따라 사법경찰관으로부터 송치받은 사건에 대해 보완수사가 필요하다고 인정하는 경우에는 특별히 직접 보완수사를 할 필요가 있다고 인정되는 경우를 제외하고는 사법경찰관에게 보완수사를 요구하는 것을 원칙으로 한다.

03

경찰에 '수사종결권'이 부여되었다

'수사종결권'이란 무엇인가?

그동안 검사는 경찰의 송치 사건이든 직접 수사한 사건이든 수사를 마무리하면 '기소' 또는 '불기소'로 사건을 종결해왔고, 그 사건에 대한 최종 종결권은 검사에게만 있었다. 경찰은 '기소' 의견이던 '불기소' 의견이던 모든 사건을 검찰에 송치했고, 종결할 권한은 부여되지 않았다.

하지만 이제 법 개정으로 경찰은 '기소'할 사안이 아니라고 판단되면 스스로 사건을 종결할 수 있게 되었다. 즉 검찰에 사건을 송치할 사건이 아닌 경우에는 '불송치' 결정을 할 수 있게 된 것이다. '불송치' 결정의 내용으로는 '혐의없음', '죄가안됨', '공소권없음', '각하'로 구분되어 있다. 이 사안에 해당되면 경찰은 검찰에 사건을 송치할 필요가 없다. 다만, 불송치 결정 사안도 검찰에 보내 90일 동안 검사가 검토

할 수 있도록 보완장치를 만들어 두었는데 갑자기 부여된 경찰의 수사종결권에 대해서 아직은 신뢰할 수 있는 단계가 아니라는 주장으로 만들어진 보완장치다. 이는 경찰이 신뢰할 수 있는 단계가 되었다고 판단되면 차츰 없어지지 않을까 예상한다. 불송치 기록을 검찰에 보내는 것은 '송치'가 아닌 '송부'라고 표현하고 있다.

사건 '불송치'와 '재수사요청'

경찰이 사건을 불송치 결정하면 불송치 이유를 적은 불송치 결정서와 함께 사건기록을 검찰로 송부한다. 검찰로 송부된 사건기록을 검사는 90일 동안 검토하고, 재수사할 만한 사유가 발견되면 경찰에 재수사요청을 할 수 있다. 재수사요청을 할 때는 재수사요청서와 함께 기록을 반환하게 되는데, 경찰은 재수사를 하여 범죄 혐의가 인정되면 정식으로 사건 송치를 하게 되고, 재수사를 해 봐도 불송치 결정이 맞는다고 판단하면 재수사결과서를 서면으로 기재하여 검사에게 통보하게 된다.

검사는 재수사 결과를 통보한 사건에 대해서는 경찰에 다시 재수사를 요청하거나 송치 요구를 할 수 없다. 다만, 사법경찰관의 재수사에도 불구하고 관련 법리에 위반되거나 송부받은 관계 서류 및 증거물과 재수사결과만으로도 공소제기를 할 수 있을 정도로 명백히 채증

법칙에 위반되거나, 공소시효 또는 형사소추의 요건을 판단하는 데 오류가 있어 사건을 송치하지 않은 위법 또는 부당히 시정되지 않은 경우에는 재수사 결과를 통보받은 날부터 30일 이내에 사건송치를 요구할 수 있다.

> **검사와 사법경찰관과의 상호협력과 일반적 수사준칙에 관한 규정 (2021.1.1. 시행)**
>
> **제62조(사법경찰관의 사건불송치)** ① 사법경찰관은 법 제245조의5제2호 및 이 영 제51조제1항제3호에 따라 불송치 결정을 하는 경우 불송치의 이유를 적은 불송치 결정서와 함께 압수물 총목록, 기록목록 등 관계 서류와 증거물을 검사에게 송부해야 한다.

현재 검찰에서는 이 불송치 결정으로 송부된 사건기록을 검찰수사관에게 검토하도록 할 것인지에 대해서 여러 가지 의견이 나오고 있다. 형사소송법 개정으로 인해 검사실에서 직접 조사가 줄어들 것으로 예상되고, 조사가 줄어들면 검찰수사관의 할 일이 많이 줄 것으로 예상되는데, 그에 따라서 검찰수사관이 검사실에 무엇을 할 것인지에 대해 논의가 있다 보니 이 불송치 사건기록을 검토하는 역할을 해야 하지 않느냐는 논의가 있는 것이다. 이 검찰수사관의 역할 변화에 대해서는 뒤에 자세히 이야기해보도록 하겠다.

경찰에 대한 통제 방법이 있나?

경찰에 독자적 수사권이 부여되고, 수사종결권이 부여됨에 따라 경찰에 대한 검사의 사법적 통제는 매우 중요한 이슈로 부각되고 있다. 경찰에게 수사종결권이 부여된 지 1개월여 밖에 지나지 않았음에도 벌써 언론에서 사건 관계인으로부터 청탁을 받고 부당한 압력을 행사하는 경찰관의 비리가 보도되고 있다. 가장 우려했던 바이지만, 형사소송법 및 관련 규정으로 통제장치는 여러 가지가 만들어져 있다.

경찰이 수사 과정에서 법령위반, 인권침해 또는 현저한 수사권 남용이 의심되는 사실의 신고가 있거나 그러한 사실을 인식한 검사는 경찰에 사건기록 등본의 송부를 요구할 수 있다. 필요한 경우 검사는 경찰에 시정조치를 요구할 수 있고, 경찰은 정당한 이유가 없으면 지체 없이 이행하고 그 결과를 검사에게 통보해야 한다. 또한 법령위반, 인권침해 또는 현저한 수사권 남용이 있었던 것으로 확인되면 징계를 요구할 수 있게 되어 있다. 이와 관련하여 경찰은 피의자를 신문하기 전에 수사 과정에서 법령위반, 인권침해 또는 현저한 수사권 남용이 있는 경우 검사에게 구제 신청할 수 있음을 피의자에게 알려주어야 하고, 검찰청 민원실에는 시정조치 사건에 대한 '구제신청 접수창구'가 마련되어 신고할 수 있다. 시정조치 사건 전담 검사와 수사관도 따로 마련되어 있다.

검사의 영장기각에 대해 경찰이 심의를 신청할 수 있다

지금까지는 경찰이 신청한 영장을 검사가 기각할 경우 경찰은 아무런 대책이 없었다. 재청구하는 방법으로 항의를 해봐도 다시 기각하면 어쩔 수 없었다. 법 개정으로 이제 경찰은 검사가 정당한 이유 없이 영장을 청구하지 않은 때에는 고등검찰청 영장심의위원회에 심의 신청을 할 수 있게 되었다. 아무런 이유 없이 경찰이 신청한 영장을 기각하는 검사는 당연히 없겠지만 심의 창구가 하나 생겼다는 것은 경찰의 입장에서는 고무적인 일이긴 하다. 영장에서는 통신 관련 허가서와 경찰이 신청하고 검사가 청구하는 강제처분이 포함되어 있고, 검사와 경찰은 심의회에 의견서를 제출하거나 출석하여 의견을 개진할 수 있다. 통상적인 영장 신청사건의 경우 검사가 기각했다고 하여 심의 신청을 하는 경우는 거의 없을 것으로 생각하지만 사회적 이목을 끈 사건에서는 가끔 있지 않을까 생각한다.

기타 변화된 내용

기타 변화된 내용을 보면, 체포영장에 의해 체포한 피의자를 검사의 지휘나 승인 없이 경찰이 석방하고 검사에게 보고만 하도록 되었고, 경찰 구속영장이 발부된 사람을 수사하다 불송치 사안으로 판단한 경우 임의로 구속을 취소하고 석방할 수 있게 되었다. 특별사법경찰관에 대한 검사의 수사지휘권은 그대로 유지되었고, 검사의 수사개시 범위를 불문하고 지휘할 수 있다.

04

❖

검찰수사관의
역할 변화 필요성이 대두되었다

형사소송법의 개정으로 검사의 경찰에 대한 수사지휘권이 폐지되고, 검사의 직접 수사개시 범위가 제한되는 등 검사실의 수사 환경이 아주 많이 변화하였다. 검사실 수사 환경의 변화는 그간 검사의 보조자로서 역할을 하던 검찰수사관들의 업무에도 많은 변화를 야기한다. 검사 피의자신문조서 증거능력의 제한, 그리고 조서 작성의 최소화 등으로 그동안 조서 작성 업무를 하던 검찰수사관에게 어떤 업무를 부여해야 할지 등의 방안 마련이 검찰의 숙제가 되고 있다.

기본적으로 검사를 보조하여 사건기록을 검토하고, 그에 대한 의견을 제시하는 기조는 그대로 유지하겠지만 검사의 업무를 어느 선까지 보조할 것인지는 구체적 지침이 만들어질 때까지는 논의가 계속될 것으로 보인다.

지금부터 언급하는 내용은 대검찰청에서 마련한 내용이 아니고, 대두된 기초사실과 함께 대부분 저자의 개인적인 의견이 개입되어 있다. 개정된 형사소송법 시행 초기이므로, 아직 시행착오가 있을 수 있고, 제도는 여러 시행착오를 거쳐 만들어지는 것이므로 검찰수사관의 구체적 업무 또한 지속적으로 변화할 수 있음을 인식하고 내용을 이해하기 바란다.

형사부 검사실 수사관은 어떤 업무를 해야 할까?

그동안 형사부 검사실 수사관의 주된 업무는 조사 업무였다. 법 개정으로 인해 송치 사건의 경우 보완수사가 필요하다고 해도 경찰에 요구하는 것이 원칙으로 되어 있어 이제 검사실에서 검찰수사관이 직접 조사하는 경우는 많이 줄어들 것으로 보인다.

그럼 수사관은 무엇을 해야 할까. 검사실에서 검사는 '수사 과정'과 '최종결정'의 업무를 하고, 수사관은 '최종결정'의 권한은 없으므로 '수사 과정'의 업무를 하게 된다. 검사와 수사관의 업무가 '수사 과정'에서 중복되는데 수사 과정과 최종판단을 분리할 수 없기 때문에 발생하는 문제다. 단순히 생각하면 수사 과정은 수사관이, 판단은 검사가 하면 되지 않느냐고 생각할 수 있겠으나, 검사는 수사 과정을 알지 못하면 최종 판단을 할 수 없으므로 이는 분리할 수 있는 문제가 아니다.

따라서 검사와 수사관의 업무가 중복되는 '수사 과정'을 어떻게 효율적으로 나누어 분담함으로써 서로에게 도움이 되느냐의 화두가 현재 대안 설립의 주안점이 된다. '수사 과정' 내에 포함되는 업무는 송치된 사건기록의 검토, 검토 후 직접 보완수사 또는 경찰에 보낼 보완수사요구서 작성, 직접 보완수사 후 결과서 작성, 공소장 초안 작성, 형사조정 의뢰, 고소인과 피고소인에게 합의의사 확인, 그리고 기타 부수적 업무 등이 있다.

사실 검사실로 송치된 사건의 처리 업무는 전체적으로 보아 검사의 업무다. 이 부분은 수사관의 업무, 저 부분은 검사의 업무, 이렇게 구분할 수가 없다. 법 규정상 검찰수사관의 업무가 구체적이지 않기 때문에 발생한 현상이다. 규정에는 '검사의 명을 받은 수사에 관한 사무'가 검찰수사관의 업무로 되어 있기에 검사의 명을 받은 수사에 관한 사무를 어디까지 해야 하는지에 논란이 있는 것이다. 지금까지 수사관들은 검사가 넘겨준 사건기록을 검토하고, 피의자신문조서를 작성하고, 필요한 모든 조사를 한 후 사건이 완결된 상태에서 기록을 검사에게 다시 넘겨주는 역할을 해왔다. 특별한 사건을 제외하고는 대부분 이루어져 온 검사실의 운영방식이다.

그중 가장 중요하고 핵심적인 업무가 조서 작성인데 조서 작성 업무가 줄어들었다고 해서 수사관이 손 놓고 참여업무만 할 것인가? 그럴 수는 없다. 사건기록을 검토하여 그 결과서를 작성하고 검사의 최종 결정의 기초자료를 제공하는 업무를 해야 할 것으로 보인다. 일부 수사관들은 그렇게 되면 검사의 업무보다 수사관의 업무가 더 많게 된다는 불만 또는 우려를 표하고 있으나 업무량은 수사관에게 배당되는 사건기록권수 등으로 조절하면 되지 않을까 생각한다.

'주임수사관' 제도가 논의된다

예전부터 언급되어 왔고, 일부에서는 시행되고 있던 제도지만, 요즘 다시 검찰 내에서 '주임수사관'이라는 용어가 대두되고 있다. 경찰에게 접수된 사건이 검사에게 배당되면 검사는 그 사건의 '주임검사'라 칭한다. 사건의 주임검사는 전산에 정식으로 등록이 되고, 그 사건 처리를 최종적으로 책임진다. 마찬가지로 수사관에게도 사건을 정식으로 배당하여 '주임수사관'의 책임을 부여하여 검사에게 사건을 인계하기 전까지 사건 처리 책임을 지게 한다는 것이다. 수사관의 판단으로 사건의 최종적 처리 의견이 정리되면 검사와 상의하고 그 결과를 보고하는 방식인데, 이렇게 되면 주임수사관의 업무량과 책임이 너무 부담스럽고, 사건 판단 능력이 미흡한 초급 수사관의 경우에는 상당히 벅차고 감당하기 어렵다는 문제가 발생하기는 하나, 수사관들의 역량 교육을 한층 더 강화함으로써 이를 해결하겠다는 취지다.

어떤 방식으로 형사부 수사관의 업무가 정립될지 아직은 기다려 봐야겠지만, 기본적으로 송치된 사건기록을 검토하고, 필요한 부분을 보완하거나 확인하는 업무 등은 변하지 않을 것으로 보이고, 그 업무를 하지 않는다면 수사관은 존재가치를 잃게 된다. 검찰수사관은 수사를 하고자 입사한 사람들이므로 수사업무를 두려워하거나 업무량에 대해 불만을 품는 것은 수사관으로서 합당한 태도가 아니다. 이 글을 읽은 독자가 검찰수사관으로 임용된다면 어떤 의견을 가질 것인가?

수사과·조사과 수사관은 어떤 업무를 해야 할까?

그간 검찰청 수사과 수사관은 주로 인지(認知)사건 수사를 담당했고, 조사과 수사관은 검사실에 배당된 사건 중 검사가 수사지휘한 사건을 조사하여 다시 검사실로 송치하는 업무를 담당해왔다. 이제 검찰에서 직접 인지하는 사건은 자제하는 추세이므로 수사과에서 사건을 인지하는 경우는 거의 없을 것으로 보인다. 따라서 수사과와 조사과의 구분이 의미가 없어질 것으로 보이고, 따라서 수사과·조사과 모두 검사의 수사지휘 사건을 조사하게 될 것이다. 검찰에서 직접 수사개시할 수 있는 범위에 포함되는 고소·고발 사건과 검사실에서 직접 판단하기에는 사안이 복잡하고 시일이 요구되는 사건을 맡게 될 것으로 보인다.

수사과·조사과에 연륜이 있고 경력이 많은 수사관을 배치하여 사건기록을 검토하게 하고, 검토 후 필요한 조치에 대해서 검사와 상의하는 방법으로 수사관 활용 방안이 강구될 것으로 예상되고, 현재 의견이 개진되고 있는 것으로 알고 있다.

아무튼, 방법과 절차가 어떤 형태로 흐를지 아직은 미지수지만, 수사과·조사과 수사관이 사건을 배당받고 사건기록을 검토하여, 검사와 상의 후 처리한다는 기본 틀은 변하지 않을 것 같다.

법률지식 함양과 수사역량 강화가 필요하다

　형사소송법 등의 개정과 검·경 수사권 조정으로 인하여 검찰의 수사 환경이 대폭 변화함에 따라 그간 조서 작성 업무를 수사관의 업무로 생각하던 사고의 틀에서 벗어나 검찰 사건 전반에 대해서 검사와 함께 주도적, 능동적으로 처리하겠다는 마음 자세가 필요해졌다. 이제 사실관계만을 조서에 현출하던 수동적 입장에서 사건의 법리검토까지 마쳐야 할 필요성이 대두됨으로써 수사관들의 법률지식 함양은 검사 수준까지 높여야 할 것이고, 수사역량 또한 고도의 전문기법을 터득해서 검찰수사관의 존재 가치를 스스로 부각시켜야 할 상황에 이르렀다.

　'검사의 명을 받은 수사에 관한 사무'가 아닌 '검찰의 1차적 사건 검토자로서의 사무'를 주도적으로 수행하고, 검사의 경찰에 대한 사법통제역할을 심층적으로 지원함으로써 검찰수사관의 존재가치를 일반 국민에게 입증해야 한다. 업무량 과다를 핑계로 또는 검사의 업무라는 수동적 자세로 주어질 업무를 회피하면 점진적으로 검찰수사관의 존재가치는 희미해지고, 결국은 검사의 비서라는 오명을 벗을 길이 없어질 것이다. 이제 검찰수사관은 고도의 법률지식을 함양하고, 프로페셔널 전문수사관으로서 거듭나야 할 것이다.

05

검사와 검찰수사관의 관계

검사와 검찰수사관의 관계는 애매한 부분이 있다. 일반 회사와 같이 상사와 부하직원 관계라고 보기도 어렵고, 또 아니라고 하기도 어렵다. 수사에 관한 사무에 대해 검사의 지시를 받는 것은 사실이지만 그 외 행정사무에 대해서는 검사의 결재를 받지 않는다.

01

❖

검찰수사관은 검사의 부하직원일까?

검사와 검찰수사관의 관계는 참 애매한 부분이 있다. 일반 회사와 같이 상사와 부하직원 관계라고 보기도 어렵고, 또 아니라고 하기도 어렵다. 수사에 관한 사무에 대해 검사의 지시를 받는 것은 사실이지만 그 외 행정사무에 대해서는 검사의 결재를 받지 않는다. 영화에서는 검사와 수사관을 조직의 보스와 똘마니 관계처럼 그려내지만 현실의 검사와 수사관은 그렇지 않다. 서로 존중하는 관계를 유지한다. 복잡하고 어려운 사건을 마무리하거나, 야근하는 경우 일을 마치고 포장마차 같은 곳에서 소주나 막걸리를 한잔씩 기울이고, 이런 저런 사생활이나 세상 돌아가는 이야기 등을 나눈다. 일반적인 직장동료 관계와 다를 바 없다. 힘든 일이 있으면 서로를 위로하고 격려하며, 기쁜 일이 있으면 같이 기뻐해 준다. 생일이 돌아오면 케이크를 나눠먹기도 하고 좋은 일이 생기면 피자를 시켜 같이 먹기도 한다. 많이 친한 경우 사석에서는 형님 동생 하며 서로의 가족을 챙기기도 한다.

검사와 수사관은 숙제 친구

검찰청 사무국에는 검사가 근무하지 않고, 사무국 직원들이 검사를 마주칠 일은 많지 않으므로, 검사와 수사관의 관계는 주로 검사실에서의 관계를 말한다. 앞서 언급했듯이 검사실은 검사, 수사관, 실무관이 근무한다. 매일 아침 인사를 하고 퇴근 때까지 같은 공간 안에서 8시간 이상을 생활한다. 지금은 돌아가신 선배 수사관이 술자리에서 항상 했던 말이지만, 야근까지 하는 경우 집에서 잠자는 시간을 제외하면 가족들보다 더 많은 시간을 검사실 공간에서 생활하는 것이다. 따라서 검사와 수사관은 서로 간의 이해와 친밀도가 매우 중요하다.

검사와 수사관은 그 검사실에 배당된 사건의 경우, 어떤 사건인지를 불문하고 사건을 종결시켜야 한다는 목적이 동일하다. 수사관에게 배당하지 않은 사건은 검사 혼자서 처리하게 되지만, 수사관에게 배당된 사건은 결국 검사가 최종 처분을 하게 되므로 수사 과정과 처분을 끝까지 함께 해야 한다. 따라서 수사관과 검사는 수사에 있어 목적이 동일한 동행자이다. 검사가 삐끗하면 수사관이 힘들고 수사관이 어긋나면 검사가 힘들다.

수사관은 몇 년을 사무국 업무를 거친 후 검사실에서 근무하게 되고, 검사는 바로 임용되어 근무하게 되므로 대부분은 수사관이 검사보다 나이가 많다. 나이가 많다고 하여 검사에게 함부로 하는 수사관은 없지만 나이 때문에 불편해하는 경우는 있다. 잘못된 생각이다. 검사와 수사관의 관계는 지위와 나이의 관계가 아니라 업무적 관계이다. 검사는 사건에 대한 최종적 처분권과 수사에 관한 지휘권을 그리고 수사관은 검사의 수사지휘에 따른 수사업무를 진행하면 된다. 결국 나이와 지위를 떠나 서로 존중하는 마음이 가장 중요하다. 존중과 신뢰가 없으면 그 검사실은 제대로 돌아가지 못한다. 하나의 기록을 들고 같은 방향으로 걸어가야 하는 둘의 관계는 그만큼 중요하다. 둘 사이에 협의되지 않는 방향은 불협화음이 발생한다. 검사실에 배당된 사건은 검사만의 미제는 아니다. '검사가 알아서 하겠지'라는 수사관의 생각은 수사관에 대한 검사의 불신을 만들어낸다. 검사와 수사관은 같은 숙제를 하는 숙제 친구다.

마음을 열어야 서로가 산다

검사와 수사관은 서로 마음을 열어야 한다. 수사관은 최종 처분권은 없으나 자신이 최종 처분한다는 마음으로 사건에 임해야 한다. 수사가 미진한 부분과 누락은 줄고, 검사는 그만큼 사건 처리가 수월해질 것이다. 검사는 수사관을 신뢰하게 되고, 서로의 친밀감은 농도가 짙어질 것이다. 이 말을 하면 싫어하는 수사관이 있을지 모르겠지만, 스스로의 법률판단 없이 사실 조사만 하고 사건을 검사에게 넘겨주는 수사관들이 있다. 법률판단은 검사의 몫이니 본인이 고민할 필요가 없다는 것이지만, 이런 사고를 나는 반대하고 달리 생각한다. 법률판단 없이 어떻게 사건이 마무리될 것인가. 맞든 틀리든 수사한 사람의 판단과 의견이 있어야 미흡한 부분이 없이 사건을 종결할 수 있다.

공소장 작성은 검사의 업무지만 수사관도 사건기록 검토와 함께 공소장을 작성해보는 훈련이 필요하다. 작성한 공소장을 검사에게 넘겨주든 주지 않든, 공소장 작성은 법률판단에 있어 매우 중요한 일이다. 공부다. 수사에 있어서는 수사관도 검사가 되어야 한다. 처분검사의 마음으로 수사해야 한다. 수사관의 완벽한 수사종결이 곧 처분으로 귀결된다. 서로 마음을 열어야 사건의 완결성이 높아진다.

수사관의 열정이 수사의 성공률을 높인다

몇 년 전, 법무연수원장을 지냈던 조은석 검사장은 《수사감각》이라는 교재를 직접 저술했다. 그 책에 수사와 관련하여 다음 내용이 담겨 있다.

'사람의 심리 변화를 이끌어 내는 '심문'은 법률의 영역이 아니라 경험의 영역이므로 범죄자를 다루는 경험이 많은 수사관이 심문에는 적격이다.'

수사관들의 사기를 높이려 삽입한 내용일 수도 있다. 의도를 떠나 '심문'은 경험의 영역이니 경험 많은 수사관이 심문에는 적격이라는 말에 공감이 간다. 수사관의 수사능력과 열정이 수사 성공의 핵심이라는 말까지 이후에 덧붙였다. 지금은 우스갯소리로 들리지만 내가 젊은 수사관이던 시절 "검사가 출세하려면 삼복, 즉 상사 복, 피의자 복, 수사관 복이 있어야 한다."는 말이 있었다.

수사관이 수사에 적극적으로 뛰어들지 않으면 수사는 진행할 수가 없다. 법률적 판단은 검사가 하지만 실질적 수사는 대부분 수사관이 한다. 검사가 수사능력이 없어서 수사관이 하는 것은 아니다. 검사가 수사에 직접 참여하는 경우도 있지만, 검사는 직접 수사 외에 법률적 판단과 지휘를 해야 한다. 따라서 직접 수사에 임하는 수사관의 능력과 열정이 수사의 성공 여부를 결정한다고 해도 과언이 아니다. 더하여 검사의 명석하고 핵심적인 '법률적 지휘'와 '수사관의 수사열정'이 더하여진다면 성공률은 한층 더 높아진다.

나와 친분이 있는 검사실 후배 수사관은 피해자에게 도움이 된다면 자신의 수고가 힘들지 않다고 한다. 예컨대, 사기 사건에서 피해는 무조건 돈과 관련이 있다. 실제 돈을 빌려주었음에도 이를 받지 못하는 상황이 자신에게 닥친다면 너무 힘들 것 같다는 것이다. 따라서 자신은 돈을 빌려서 사용하고 갚지 않는 사람은 특별한 경우를 제외하고는 사기죄로 처벌받는 것이 마땅하고, 채무는 최대한 변제하도록 해야 한다는 사명감을 가지고 있다. 후배수사관은 '혐의없음'으로 송치된 사기 사건의 피의자에 대해서는 예외 없이 전과를 확인한다. 과거에 단 한 건이라도 '혐의없음' 처분된 사건이 있었다면 해당 기록을 대출받아 기록을 다시 살펴본다. 모든 경우에 해당되는 것은 아니겠지만, '사기' 죄명으로 2회 이상 '혐의없음'으로 처분된 피의자는 분명 문제가 있는 사람으로 전문 사기꾼일 가능성이 높다는 것이다. 타 청에서 '혐의없음' 처분된 사건의 기록까지 확인하여 피의자의 유죄 증거를 찾아내고, 피해자에게는 피해금을 변제받도록 해주는 경우가 여러 차례 있어 감사 편지를 받기도 했다. 한 건씩 별건으로 처분했을 때는 '혐의없음'으로 끝날 수 있는 사건을 여러 건 합쳐 판단하니 기소가 되는 경우들이다. 수사관의 열정이 없었다면 '혐의없음' 처분으로 끝나게 되고 피해자는 아무런 피해회복을 받지 못한다. 이렇듯 수사관의 열정은 무에서 유를 창조하기도 하고, 누군가에게 도움이 되는 것이다.

❖

02

검사와 검찰수사관은 직렬이 다르다

검사는 특정직, 수사관은 일반직

국가공무원은 경력식공무원과 특수경력직 공무원으로 구분하는데 특수경력직 공무원은 국회의원이나 비서관 등의 별정직 공무원을 말하는 것이므로 우리가 통상 말하는 공무원은 경력직 공무원을 말한다. 실적과 자격에 따라 임용되고 신분이 보장되어 평생 공무원으로 근무할 것이 예정되는 공무원이다. 경력직 공무원은 일반직과 특정직으로 구분되는데 일반직공무원은 행정 일반에 대한 업무를 담당하는 공무원이고, 특정직 공무원은 법관, 검사, 외무공무원, 경찰공무원, 소방공무원, 교육공무원, 군인 등을 말한다. 따라서 검사는 특정직이고, 수사관은 일반직이다. 직렬자체가 다르다. 일반직은 1급부터 9급까지의 계급으로 구분하고 있으나 특정직은 계급으로 분류하지 않고 있다.

검사의 직급은 '검찰총장과 '검사' 2개만 있다

검사는 사법시험에 합격하거나 로스쿨(법학전문대학원)을 졸업하고 변호사 시험에 합격한 재원들로 검찰청에 임용되어 검사로서 일하게 된다. 검사의 직급은 검찰청법 제6조에 규정되어 있는데 '검찰총장'과 '검사'로 구분된다. '검사' 외 따로 직급을 구분하지 않은 것이다. 따라서 직위로 구분을 하는데 앞서 말한 부부장, 부장, 차장, 검사장, 검찰총장 이렇게 구분한다. 재밌는 것은 일반 기업에서 '차장'은 부장 아래의 직위지만, 검찰청에서 '차장검사'는 '부장검사' 위의 직위다. 가끔 주변에서 이 순서를 묻는 사람들이 있다.

각 지역을 관할하는 검찰청의 장을 구분하지 못하여 상당부분의 우편물에 지청이나 지검의 경우에도 '검찰청장님 귀하'라고 기재되어 온다. 얼마 전 버닝썬 사건에서도 휴대폰에 '경찰총장'이라고 입력한 사건관계인이 있었다고 보도된 바와 같이 직위 명칭을 잘 모르는 경우가 많다. 물론 국민이 꼭 알아야 할 필요는 없으나 정확한 용어를 사용해서 나쁠 것은 없다고 본다. 각 지역 검찰청 기관장들의 간략한 호칭은 지청의 경우 지청장, 지검의 경우 지검장, 고검의 경우 고검장, 대검의 경우 검찰총장이다. 우편물을 보낼 때는 지청장, 지방검찰청검사장, 고등검찰청검사장 이렇게 기재하면 된다. 참고로 검찰의 최고 수장은 '검찰총장'이고, 경찰의 최고 수장은 '경찰청장'이라고 호칭한다. 검찰청장이라고 하거나 경찰총장이라고 하는 것은 잘못된 표현이다. 잘 구분하지 못하는 경우가 있는 듯하여 일러두고자 하는 마음에 덧붙인다.

✧

03

검사와 수사관은 인사이동이 다르다

검사는 2년마다, 수사관은 5년마다 이동한다

평검사는 한 검찰청에서 2년을 근무하면 다른 청으로 인사이동을 하게 된다. 공무원들 용어로 '전보'라 한다. 부장검사 이상의 경우는 통상적으로 1년이다. 수사관들은 5년마다 이동한다. 평검사는 2년마다, 검찰수사관은 5년마다 타 청으로 이동하다 보니 검사실에서 최소 6개월에서 2년 내에 처음 보는 사람들이 만나서 일하게 된다.

검찰수사관은 이동이 있다고 해도 타 청에서 1~2년을 근무하면 다시 거주지 근처의 청으로 돌아와 근무할 수 있다. 하지만 검사들의 경우에는 사정이 다르다. 거의 예외 없이 2년마다 고향이든 아니든 옮겨 다녀야 한다. 승진하는 경우라면 기분이라도 좋겠지만 승진과 상관없이 계속 옮겨 다닌다. 결혼하여 아이가 있는 젊은 검사들의 고충은 아이와 떨어져 살아야 하거나, 아이를 데리고 다닌다 하더라도 초등학교 입학을 했을 경우 계속 전학을 시켜야 하는 경우가 다반사다. 요즘엔 그래도 매년 2월에 인사발령을 내줌으로써 개학 전에 준비할 수 있는 시간이 있지만 예전에는 아이들 개학 후인 3월경에 인사이동이 있어서 3월에 입학하자마자 다시 전학시켜야 하는 경우도 발생하곤 했었다. 가족과 함께 옮겨 다니는 검사는 그래도 외롭지는 않다는 점에 위로가 될 수도 있으나 혼자 옮겨 다니는 검사는, 검사를 그만두기 전까지 반복되는 일이다. 중간에 몇 년 정도 거주지에서 근무할 기회가 있지만 잠시일 뿐이고 그 외에는 계속 연고가 없는 곳으로 옮겨 다닌다. 이런 면에서 보면 검사라는 직업이 좋은 것만은 아닌 듯하다. 고단한 직업이다. 혼자 옮겨 다니는 검사는 끼니를 거의 검찰청 내에서 운영하는 구내식당에서 해결하거나 외부 식당에서 해결해야 한다. 검사가 집에서 직접 밥을 해 먹기는 시간이 허락하지 않는다. 검사들은 거의 부장검사가 되기 전까지 십수 년이 걸리는데 일선 청에서 근무하는 검사의 경우 거의 매일 야근을 해야 한다. 한 달에 100여 건 이상의 사건을 처분하려면 주간 8시간만 일을 해서는 시쳇말로 턱도 없다.

검사가 일선검찰청으로 발령받으면 전담 분야가 배정된다. 사건 처리의 전문성을 위해서다. 특수, 강력, 공안, 환경, 소년, 식품, 해양수산 등 여러 가지 전담 분야가 나뉘어 있어 차장검사가 사건을 배당할 때 전담별로 배당하게 된다. 한 달에 100여 건의 사건이 1개 검사실에 배당되고 검사는 배당된 사건기록을 사전에 검토한 후, 조사가 필요하다고 판단되는 사건기록은 수사관에게 다시 배당하고, 조사가 필요하지 않다고 판단되는 사건은 곧바로 처리한다. 바로 처리하는 사건은 간단한 벌금 사안들이다. 검사의 판단이 끝나면, 법원에 기소가 필요한 경우는 공소장을 작성하고, 기소가 필요하지 않거나 증거가 부족한 사건은 불기소장 등을 작성하여 기록과 함께 실무관에게 인계한다. 실무관은 검사가 작성한 서류 중 누락 여부 등을 검토하고 기록을 정리하여 부장검사, 차장검사, 검사장의 순서로 결재를 올리게 된다. 형사소송법의 개정으로 인하여 기소의견으로 송치된 사건수가 많이 줄어들 것이므로 검사가 처리하는 사건수도 줄었을 것으로 생각하지만 불송치 사건을 검토해야 하는 업무가 추가되어 검사의 업무는 줄어들지 않았다. 오히려 업무처리절차가 복잡해졌다.

검사와 수사관은 당직을 함께 한다

검찰청의 당직은 당직부장, 당직검사, 당직 점검관, 당직 상황실책임 수사관, 당직 상황실보조 수사관, 변사체 검시 당직 수사관, 호송팀 수사관 등으로 구성되어 있다. 실제 청에서 근무하는 당직검사와, 당직 상황실 근무 수사관들이다. 나머지 사람들은 비상 상황이 발생했을 때 청에 나오면 된다.

검사는 당직인 경우 오후 6시부터 11시까지 청 내에서 근무하고 이후부터 다음 날 아침 9시까지는 자택 대기를 한다. 검찰수사관들은 오후 6시부터 다음 날 아침 9시까지 청 내 당직실에서 근무한다. 검사는 오후 11시까지만 청 내 근무를 한다고 해서 좋아할 만한 일은 아니다. 급한 사건이 발생한 경우에는 집에 들어가지 못하고, 집에 들어간 이후에도 상황이 있으면 수시로 나와야 한다. 또 검사수가 수사관보다 적은 만큼 수시로 당직이 돌아온다. 전날 당직을 했다고 해서 다음 날 잠깐이라도 쉴 수 있는 규정도 없다. 검사들의 당직업무 중 하나는 경찰에서 청구한 구속영장 및 압수수색영장 등을 검토하고 이를 보완수사지휘하거나 기각 또는 법원에 청구하는 업무를 하게 된다.

담당하는 사람마다 다르겠지만 주간에 신청 가능한 영장임에도 꼭 야간에 신청하는 경찰들이 있다. 경찰들도 사정이 있겠지만 야간에는 시급을 요하는 사안만 신청하도록 지침이 만들어졌으면 하는 바람도 있다. 검사들의 당직 업무 중 또 하나가 변사사건 처리 업무이다. 검사가 직접 검시해야 하는 사안이라도 발생하면 사체가 있는 병원에 직접 나가서 검시해야 한다. 물론 그날 변사체 검시 당직인 수사관도 동행한다. 수사관의 구체적 당직업무에 대해서는 따로 이야기 했으므로 여기서는 언급하지 않겠지만 검사나 수사관의 당직은 다른 직렬과 달리 참 피곤하다.

06

검찰수사관의 채용 및
신규발령, 인사, 승진

공무원 응시생들에게 가장 중요한 관심사 중 하나는 근무 여건이다. 인사, 승진, 교육, 휴가, 당직 등이 모두 포함된다. 인사가 불공정해지면 조직에 대한 애정이 없어지고, 근무여건이 열악하면 이직률이 높아진다. 검찰수사관들에 대한 여건이 지금보다 많이 개선되어 젊은이들의 선호 직업이 되기를 바란다.

01

❖

검찰수사관의 신규채용

검찰수사관은 국가직 공무원이므로 일반 공무원과 마찬가지로 공개경쟁 채용시험으로 채용한다. 5급 공무원을 신규 채용하는 경우에는 1년, 6급 이하의 공무원을 신규 채용하는 경우에는 6개월간 시보로 임용하고, 그 기간 동안의 근무성적·교육훈련성적과 공무원으로서의 자질을 고려하여 정규 공무원으로 임용한다. 검찰공무원은 결격사유가 있으면 임용될 수 없다. 금고 이상의 실형을 선고받고 그 집행이 종료되거나 집행을 받지 아니하기로 확정된 후 5년이 지나지 아니한 자, 집행유예 기간이 끝난 날부터 2년이 지나지 아니한 자, 금고 이상의 형의 선고유예를 받은 경우에 그 선고유예 기간 중에 있는 자, 법원의 판결 또는 다른 법률에 따라 자격이 상실되거나 정지된 자 등 몇 가지가 더 있다.

공무원의 응시연령은 상한이 없고, 일반직의 경우 7급 이상은 20세이상, 8급 이하는 18세 이상이면 응시할 수 있다. 학력 제한 또한 1973

년 이후 폐지되어 없다.

응시원서 접수 기간 및 시험 일정(2021년도)

인사혁신처 홈페이지(www.mpm.go.kr)에 공지된 내용이므로, 자세한 사항은 홈페이지를 참고하면 되겠으나, 2021년도 시험일정을 정리하면 다음 표와 같다.

시험명	접수 기간	구분	시험장소 공고일	시험일	합격자 발표일
5급 공채시험 (법무행정)		1차시험	2. 26	3.6	4.7
		2차시험	4. 7	7.15~7.20	10.15
		3차시험	10. 15	11.4~11.6	11.18
7급 공채시험		1차시험	7. 2.	7.1	8.18
		2차시험	8. 18	9.11	10.13
		3차시험	10. 13	11.14~11.17	11.29
9급 공채시험		필기시험	4. 9	4.17	5.27
		면접시험	5. 27	8.4~8.14	8.26

채용인원 및 시험과목

5급 검찰직의 경우 채용인원은 2명이고, 시험은 1차 시험과 2차 시험이 있는데 1차 시험은 언어논리영역, 자료해석영역, 상황판단영역, 헌법, 영어(영어능력검정시험으로 대체), 한국사(한국사능력검정시험으로 대체) 과목이 있고, 선택형 필기시험이다. 2차 시험은 논문형 필기시험으로 시험과목은 형법, 형사소송법, 행정법, 교정학이 필수과목이고, 행정학, 경제학, 노동법, 사회법, 민법, 회계학, 법의학 중에 한 과목을 선택하면 된다.

7급 검찰직의 경우 채용인원은 10명이고, 1차 시험은 5급 과목과 같고, 2차 시험은 헌법, 형법, 형사소송법, 행정법으로 선택형 필기시험이다.

9급 검찰직의 경우 채용인원은 240명(일반 233명, 저소득 7명)이고, 국어, 영어, 한국사가 필수과목이고, 형법, 형사소송법, 사회, 과학, 수학, 행정학개론 중 2과목을 선택하면 된다.

채용인원의 경우 5급과 7급은 2020년도와 동일하지만, 9급의 경우는 2020년도에는 175명, 2021년도에는 240명으로 채용인원이 늘었다. 최근 법무부장관이 검찰수사관에 대한 채용을 중단한다는 말을 함으로써 검찰수사관들과 검찰수사관의 꿈을 가진 사람들에게 불안과 혼란을 주었지만 결국 발표된 내용은 오히려 그 수가 늘게 되어 다행이다. 현실적으로 지금도 수사관들의 인원은 부족한 실정이다. 법 개정으로 인하여 검사실의 조사 업무가 줄었다고 하더라도 조사 업무 외에 기록 검

구분	선발예정 인원	시험과목		근무처
		1차시험	2차시험	
5급 (검찰직)	2명	언어논리영역, 자료해석영역, 상황판단영역, 헌법, 영어, 한국사	필수(4) : 형법, 형사소송법, 행정법, 교정학 선택(1) : 행정학, 경제학, 노동법, 사회법, 민법, 회계학, 법의학	검찰청
7급 (검찰직)	10명		헌법, 형법, 형사 소송법, 행정법	
9급 (검찰직)	240명	필수(3) : 국어, 영어, 한국사 선택(2) : 형법, 형사소송법, 사회, 과학, 수학, 행정학개론		

토업무는 더 늘었고, 사무국의 업무가 획기적으로 늘어났다.

그동안 아무도 이의를 제기하지 않아서 그렇지, 사무국에서 행정업무를 담당하는 직렬 중에 수사관이 아닌 직렬에서 행정업무를 맡고 있는 경우가 허다하다. 인원 부족 때문에 발생한 것인데 청사를 방호해야 하는 방호직, 운전해야 하는 운전직, 청사 시설관리와 관련된 공업직, 청사 순찰 업무를 담당해야 하는 청원경찰 등이 수사관이 해야 할 행정업무를 맡고 있는 경우가 상당하다. 현 인원을 보충해주지 않으니 어쩔 수 없는 일이다. 이런 상황이 오랫동안 관행처럼 유지되다 보니 이제는 당연시되어 버렸다. 언젠가는 바로잡아야 할 일이지만 검찰청 수사관의 인원을 늘려주면 무슨 큰일이라도 날 것처럼 인사혁신처 등에 인원을 늘려주지 않고 있으니 그것만 해도 답답할 일인데, 최근 사정을 전혀 알지도 못하는 모 법무부장관이 검찰수사관 채용을 중단하겠다는 무책임한 발언을 하여 수사관들의 사기를 저하시키기도 했으니 참으로 안타까운 일이다.

02

❖

신규발령, 인사이동, 승진

검찰수사관 신규발령

검찰수사관에 도전하고자 하는 독자들이 꿈에 그리는 용어가 신규발령일 것이다. 열심히 노력하여 검찰직 시험에 합격하면 성적순에 따라 발령을 받게 된다.

요즘 들어오는 신규직원들의 경우를 보면 정식발령 전에 인턴사원이라는 형태로 수습직원 발령을 받아 근무처로 오고 있다. 사무국 소속의 각 계단위의 부서로 배치되고, 직원들의 업무를 보조하는 형태로 정식발령 전까지 근무한다.

급여는 정식직원과 거의 유사하게 지급되고, 이 기간에 1주간의 법무연수원 교육과정도 포함된다. 수습업무를 하다 보면 검찰인사이동 시기에 정식발령을 받게 되는데 현재 수습직원들의 경우 6개월 정도면 정식발령을 받고 있다. 이 기간은 검찰 인력상황에 따라 달라진다.

짧은 경우 3개월 만에 발령받는 경우도 있었다. 검찰수사관에 꿈이 있는 분들은 신규발령을 받게 되는 기간이 몇 개월 정도인지에 매우 민감하겠지만 그때그때 다르니 참고하기 바란다.

정식 본 발령은 수사관이 지원한 지역에 대부분 배치되지만 인력수급 상황에 따라 지원한 지역으로 가지 못하는 경우도 있다. 이 경우는 성적순으로 우선순위가 결정되는 것으로 알고 있다. 자신이 원하는 지역의 검찰청으로 최초 발령되지 않았다고 하여 실망할 필요는 없다. 다음 인사이동 시기에 원하는 지역으로 다시 전보신청을 하면 된다. 아주 특별한 경우 아니고는 원하는 지역으로 발령을 해준다. 대부분 자신의 연고지, 즉 가족이 있는 곳으로 가고 싶어 한다. 다만, 고향이 시골인 수사관일지라도 서울에서 자리 잡고 싶어 하는 경우도 많다. 굳이 고향으로 갈 필요 없이 자신이 살고 싶고, 필요한 지역의 검찰청에서 자리 잡고 생활하는 경우도 많다. 또한 빠른 승진을 원하는 수사관이라면 주변 선배수사관들에게 어느 곳이 승진이 빠른지 물어, 그곳으로 가는 경우도 있다. 자신의 선택이다. 얼마 전 나와 함께 근무했던 신규 수사관은 1년을 근무하다 결혼을 하겠다며 서울 쪽에 있는 검찰청으로 지원하여 간 경우도 있었다. 서울에서 지방으로 오고자 하는 수사관들이 많아서 지방에서 서울로 지원하는 경우는 쉽게 옮길 수 있다고 한다. 물론 이것도 그때그때 다르다.

본 발령을 받은 후 6개월의 시보기간이 있다. 시보기간이라고 하여 딱히 업무가 다른 것은 없고, 본 발령을 받게 되면 정식 검찰수사관이 된 것으로 보면 된다. 이때 법무연수원에서 5주간의 교육을 받게 되는데 형법, 형사소송법 등 법 과목 및 검찰업무에 대한 전반적인 교육을 받는다. 검찰행정사무 전반, 수사실무, 검찰수사관으로서의 자세 등 교양과목, 체포, 구속, 압수수색 등 검찰업무 수행에 필요한 제반 사항이 교육과정에 편성되어 있다. 법무연수원은 충북 진천에 본원이 있고, 용인에 분원이 있다. 진천에 있는 신규발령자는 진천에 있는 법무연수원으로 가게 되는데 신축한 지 몇 년 되지 않아 시설이 상당히 좋은 편이다.

신규발령 후 맡는 업무는 대부분 사무국의 업무다. 총무과, 사건과, 집행과 등에서 행정업무를 맡게 되며, 가끔 수사과에 배치되어 근무하기도 하지만 수사업무를 하지는 않는다. 수사업무는 8급 서기로 승진한 이후에 맡게 되는데 청마다 상황이 다르므로 8급 서기로 승진한다고 하여 무조건 수사업무를 하는 것은 아니다. 7급 검찰주사보로 승진하면 검사실 및 수사과, 조사과에서 수사업무를 맡기도 하고, 요즘은 사무국에서 단위업무를 맡아 일하는 경우도 있다.

인사이동

6급 이하 검찰수사관의 인사이동은 매년 2회 이루어진다. 1월과 7월이다. 예전에는 5월과 11월에 있었으나 인사시기가 너무 애매하다고 하여 1월과 7월로 변경되었는데 상황에 따라 달라진다. 근래에는 2월과 8월에 인사를 했다. 검사들의 인사도 비슷한 시기에 한다. 통상 검사는 매년 2월에 인사이동이 있고, 8월에 소폭 인사이동이 있는데, 정치적 상황에 따라 달라지기도 한다.

수사관들의 인사이동 요인은 몇 가지가 있다. 스스로 타 청을 지원할 때, 승진했을 때, 그리고 한 청에서 5년 이상 근무했을 때 이루어진다. 그 외에 징계를 받았을 때도 전보조치 되지만 이 경우는 제외하고라도 검찰수사관은 한 청에서 계속 근무할 수 없고, 입사 후 정년퇴직 때까지 적게는 5~6회, 많게는 10회 이상 이동하게 된다. 발령지는 전국 모든 청이 해당되지만 발령받아 근무하게 되면 연고지가 있는 청 주변과 재경 청 일부로, 이동 청은 어느 정도 한정되어 있고, 예상도 어느 정도 가능하다. 신규발령을 연고지 청으로 받게 되면 두말할 것도 없이 좋겠지만 그렇지 못한 경우에는 근무하다 1년 이상이 경과하면 연고지 청으로 지원하면 된다. 100% 연고지에 근무할 수는 없으나 어느 정도 고향에서 근무할 수 있다. 물론 서울 지역이 아닌 지방으로 내려갈수록 승진은 늦어질 수 있다는 것은 감수해야 한다. 내 경험상으로는 통상 승진을 염두에 둔 신규수사관이라면 법무부나 재경 청에서 근무하는 것이 좋다. 내가 근무하고 있는 현재 상황이니 언제 어떻게 변할지는 알 수 없다. 그렇지만 승진에 너무 목을 매면 삶이 피곤해진다. 느림의 미학을 즐기며 여유 있게 사는 것도 괜찮다.

승진으로 인한 인사이동은 9급에서 8급 승진의 경우에는 지방검찰청 관할 내에서 이동하게 되지만 7급과 6급으로 승진하게 되면 고등검찰청 관할 밖으로 나가게 된다. 예를 들면 광주고등검찰청 관할인

광주지검, 제주지검, 전주지검과 각 관할지청에서 근무하다가 승진하게 되면 서울 쪽에 있는 검찰청이나 인천지검 등으로 나가야 한다. 결혼한 수사관들은 객지에서 혼자 생활하는 불편을 1~2년가량 감수해야 한다. 그래도 다행인 점은 대부분 독신자 숙소가 제공되므로 따로 방을 얻어야 하는 어려움은 없다.

승진(일반승진과 근속승진, 특별승진)

검찰수사관의 승진은 일반승진과 근속승진, 그리고 특별승진이 있다. 특별승진은 말 그대로 특별한 경우이고 대부분의 승진은 일반승진과 근속승진이다. 일반승진은 일정 기간이 경과하여 승진에 필요한 평정점수를 획득하였을 경우 승진후보자 서열에 들면 승진되는 것이고, 근속승진은 한 직급에서 근속한 시간이 경과하면 규정에 따라 한 직급 위로 승진시켜주는 경우다. 특별승진은 말 그대로 특별한 경우이므로 조건이 있다.

오르면 좋은 게 내 자식 성적, 배우자의 월급 그리고 승진이란다. 어느 공무원이든 마찬가지겠지만 승진은 검찰수사관들도 중요한 관심사 중에 하나다.

최근 인사혁신처에서는 국가 공무원이 9급 서기보로 입사하여 5급 사무관까지 승진하는 데 23년가량 소요된다는 통계를 발표했다. 이 자료는 평균일 뿐 검찰수사관의 승진은 그보다 더 걸릴 수도 있고 덜 걸릴 수도 있다.

현 상황으로는 법무부나 대검에 근무하는 경우는 승진이 빠르고, 서울이나 서울 근처에 소재하는 재경지청의 경우도 지방보다는 승진이 빠르다. 지방검찰청에 근무하는 수사관들은 법무부와 대검에 근무하는 수사관들과 비교하면 몇 년씩 차이가 나는 경우도 있다. 하지만 요즘 상황은 좀 달라진 것 같기도 하다. 후배 수사관들의 승진이 예전보다 상당히 빨라질 것 같다는 의견들이 많다. 그도 그럴 것이 1990년, 1991년, 1992년, 3년 동안 총 1,500명의 수사관을 채용했다. 그 당시에는 정책적 이유가 있었겠지만 이 대책 없는 채용으로 인해 그해 당사자들뿐만 아니라 그 이후 임용된 후배들까지 승진적체로 말 못할 피해를 보았다. 숫자는 많고 자리는 없으니 승진은 남들 이야기였다. 세월이 지나니 후배들에게는 상황이 역전되었다. 이 많은 수의 수사관이 한꺼번에 퇴직하게 되면 많은 자리가 생겨날 것이므로, 그에 따라 후배들의 승진이 빨라지게 된 것이다. 세상일은 어떻게 될지 모르니 항상 너무 낙담만 할 필요는 없다.

승진에 소요되는 기간을 보면 현재 지방에 있는 검찰청의 경우 9급에서 8급 승진 소요기간이 약 2년~3년, 8급에서 7급 승진이 약 3~4년, 7급에서 6급 승진이 약 5~6년, 6급에서 5급 승진이 약 7~8년 정도 소요된다고 한다. 정확히 통계를 낸 것은 아니고, 내가 근무하면서 대략 직원들의 승진 연한을 알아본 바에 의하면 그렇다. 하지만 이제 더 빨라질 추세로 보인다. 7급까지 승진이 5년이면 가능할 듯하다. 7급 승진이 빨라지면 6급, 5급 승진도 당연히 빨라질 것이다.

아무튼, 승진 기간은 이런 정도로 소요되고, 검찰수사관은 승진하려면 시험을 봐야 한다. 타 공무원도 시험을 보는지는 모르겠지만 검찰수사관들은 법을 다루며 수사해야 하는 직업 특성상 법과목과 수사실무라는 시험을 통과해야 승진할 수 있다. 9급에서 8급으로 승진, 8급에서 7급 승진할 때 시험을 보고, 7급에서 6급 승진은 시험이 없다. 7급부터 직접 검사실 및 수사과 등에서 수사를 담당하므로 6급 승진에는 따로 시험을 두지 않는 것으로 보인다. 6급에서 5급 승진할 때 또 시험을 봐야 한다. 검찰사무관 역량평가라는 평가를 통과해야 하고, 수사실무 시험에 합격해야 한다. 현재 사무관 시험 응시는 총 3회만 가능하고 3회 응시까지 합격하지 못하면 삼진아웃이라고 하여 승진기회가 없어진다. 후배들을 위한 제한이다.

이렇듯 검찰수사관들은 끊임없이 공부해야 한다. 승진 때문만은 아니다. 검사실이나 수사과에서 수사를 담당하게 되면 피의자의 범죄행위가 어떤 죄명에 해당하는지, 또한 그 행위에 대해서 판례가 처벌을 하고 있는지 등에 대해서 계속 확인해야 한다. 엉뚱한 죄명으로 조사할 수는 없기 때문이다. 절도범을 사기범으로 조사할 수는 없지 않은가. 물론 최종 판단은 검사가 하지만 수사를 하면서 미리 판단이 서야 명확한 수사가 이루어지고, 정확한 방향이 잡힌다. 법조항도 죄명도 모르고 중구난방으로 조사해놓으면 검사의 최종판단이 어려워진다. 수사관들은 항상 공부해야 한다.

검찰수사관도 특별승진이라는 제도가 있지만 극소수에 불과하다.

언론에서 보면 경찰은 대형사건을 수사하고 그에 대한 공적이 있는 경찰관을 1계급 특진시킨다는 기사 등이 나온다. 하지만 검찰수사관은 그런 경우는 없다. 아무리 큰 대형사건을 수사했다고 하더라도 그 사건의 공적을 이유로 1계급 특진시키는 제도는 아예 없다. 검찰의 특별승진은 꾸준히 성실하게 업무에 임한 수사관의 경우 일반 승진 1~2년을 남겨놓고 조금 빨리 승진시켜주는 제도이다. 경찰 특진의 경우와 다르니 오해 없길 바란다.

최근 특별승진 전형에 나와 있던 자격조건을 보니, 신종·첨단범죄 또는 사회적 이목을 끌 만한 사건에 대한 획기적인 수사기법 개발 등 검찰수사업무 발전에 기여한 자, 수사에 탁월한 능력을 발휘하여 우수한 수사실적을 올리거나 사회적 이목을 끌 만한 사건에 관여하여 지대한 공을 세운 자, 형 집행 제도를 획기적으로 개선하는 등 형 집행 업무 발전에 크게 기여한 자, 자유형·재산형집행 등 형 집행 실적에 지대한 공헌을 한 자, 검찰행정 혁신과제의 발굴·추진이나 창의적인 업무개선, 대규모 예산절감 등 행정발전에 현저하게 기여한 자, 격무부서나 근무환경이 열악한 기피부서 등에서 장기간 소관업무를 성실하게 수행하여 업무실적이 탁월한 자, 획기적인 법령 제·개정, 대규모 사업의 성공적 완수, 검찰행정 체계의 획기적 개선 등에 직접적으로 기여한 자, 기타 검찰조직 발전에 크게 기여한 자가 그 조건으로 되어 있었다. 아무튼 열심히 해야 자격조건이 된다는 것이다.

근속승진(일정 기간이 경과하면 승진하는 제도)

공무원은 승진이 적체되어 상당기간 경과했음에도 승진을 못 하게 되면 자동으로 상위 직급으로 승진시켜주는 규정이 있다. '공무원임용령'에 규정되어 있는데 검찰수사관들에게도 적용된다. 승진은 최저 소요 연수가 정해져 있는데 9급은 1년 6개월 이상, 7급 및 8급은 2년 이상, 6급은 3년 6개월 이상, 5급은 4년 이상, 4급은 3년 이상이다. 그렇지만 현실은 최저 소요 연수에 바로 승진하는 경우는 거의 없다. 상위 직급의 자리가 비어야 하위직급에서 승진하게 되므로, 항상 내 자리가 비어 있지 않다는 것이다. 그래서 최악의 경우를 생각하여 근속승진 제도를 만들어 둔 것으로 보인다. 근속승진 기간은 9급은 5년 6개월 이상, 8급은 7년 이상, 7급은 11년 이상 근무하면 상위 직급 정원이 비어있지 않아도 승진을 시켜준다. 이 경우도 몇 가지 조건은 있지만 별문제 없으면 대부분 승진하게 된다. 근속승진으로 승진하면 승진이 아주 많이 늦은 상황이므로 기분은 좋지 않겠지만 수사관들 중에 근속승진으로 승진한 경우도 상당수 있다. 인사가 적체되었을 때 발생하는 일인데, 상황이 조금씩 좋아지고 있으므로 이제는 근속승진 전에 대부분 일반승진을 할 수 있을 것으로 보인다.

승진 최저 소요 연수			
직급	소요 연수	직급	소요 연수
9급	1년 6개월 이상	6급	3년 6개월 이상
8급	2년 이상	5급	4년 이상
7급	2년 이상	4급	3년 이상

승진 전형(8급, 7급 승진)

8급 승진 전형은 초급 검찰수사관의 업무 수행에 필요한 법률지식을 평가하여 검찰·마약수사직렬 8급 승진임용 자격을 검증하기 위한 목적이다. 승진 전형은 연 2회 실시를 원칙으로 하고, 시험 방법은 필기시험이다. 최근 공시된 전형을 보니 모든 수사관이 대상인 것은 아닌 것으로 보인다. 법무연수원의 검찰 신규 임용예정자교육 과정의 '기초법률지식평가'를 통과하지 못한 수사관이 그 대상이다. 혹 독자들 중 검찰수사관에 합격하여 법무연수원에서 교육받게 되면, 공부 열심히 해서 '기초지식법률평가'는 통과해야 할 것으로 보인다.

8급인 검찰서기나 마약서기로 5년 이상 근무하면 7급 승진 전형 시험을 보게 된다. 대검찰청에서 예정 인원을 산출하여 명단을 통보해 주는데 특별한 사정이 없는 한 1년에 2회 실시한다. 시험은 필기시험을 본다. 선택형과 약술형으로 법률, 판례, 수사실무 지식 등의 평가를 위해 형법, 형사소송법, 수사실무 3개 과목을 보게 된다. 형법과 형사소송법은 일반 시험과 다를 바 없고, 수사실무라는 것은 용어 그대로 수사에 관한 실무를 평가하는 것인데 죄명, 적용법조, 범죄사실 등을 기재하는 의견서, 체포·구속영장, 압수수색영장 등 각종 영장작성, 그리고 피의자를 신문할 때 작성하는 피의자신문조서 작성 능력 등을 평가한다. 100점 만점에 60점 이상 득점해야 합격이고, 7급으로 승진 임용될 때까지 합격의 효력은 유지된다.

검찰직 5급 승진 관리 역량 평가 및 수사실무 평가

5급은 사무관이다. 2020년까지는 '관리역량평가'라는 제도가 없었으나 2021년부터 신설했다. 6급에서 승진소요 최저 연수를 경과한 수사관들 중 승진후보자 순위 대상 인원에 포함되어야 한다. 법무연수원에서 실시하는데 관리자로서 문제해결, 정책집행관리, 조직관리, 의사소통 등 5개의 분야를 평가하고, 보고서작성 및 발표, 역할 연기 2가지 평가항목이 있다. 보고서작성 및 발표는 평가대상자의 역할과 배경이 설정된 과제검토 보고서를 작성하여 제출하고, 평가자와 질의 응답하게 된다. 역할연기는 평가대상자의 역할과 배경이 설정된 과제를 검토하고 그에 따른 역할연기를 직접 하게 된다. 법부무의 위임을 받아 대검찰청에서 실시하는데 외부 전문기관에 교육 및 평가를 위탁

한다. 역량평가에 한 번 통과하면 5급으로 승진할 때까지 효력이 유지된다.

관리역량 평가는 자격 평가다. 이를 통과한 후에도 수사실무 평가가 있어 수사실무 평가에 합격해야 사무관으로 승진할 수 있다. 관리역량 평가를 한 번만 통과하면 승진 시까지 효력이 유지되지만 수사실무 평가는 그해 불합격하면 승진할 수 없고, 다음 해에 다시 봐야한다. 그것도 3회까지만 응시할 수 있고 그 이후에는 응시할 수 없다. 5급 사무관 승진은 예전 용어인 '행시'에 합격해야 부여되는 직급과 동일하고 관리자가 되는 직급이므로 경쟁이 치열하고 상당 시간 준비해야 하는 승진 시험이다.

❖

교육·훈련

수사관들의 공부는 필수다

초급 수사관 수사실무 교육 및 평가

검찰수사관들의 수사역량은 검찰수사에 있어 매우 중요한 부분이다. 7급 이상의 수사관들은 실제 수사에 임하고 있으므로, 아직 수사 부서에 배치되지 않은 8급과 9급 초급 수사관들을 대상으로 사전에 수사역량을 강화시키기 위해 자체 교육을 실시한다. 부장검사나 수사과장, 검사직무대리 등이 강사로 교육한다. 수사관이 수사를 하지 못하면 수사관이 아니다. 따라서 지속적인 교육만이 수사역량을 강화시키는 방법이다.

초급 수사관들의 수사실무 교육에 대한 지침이 대검예규로 마련되어 시행하고 있다. 초급 수사관들에게 필요한 전문지식과 수사기법에 대한 교육 및 평가를 통해 수사역량을 제고하고 검찰 수사력을 강화하는 것을 목적으로 하고 있다. 검찰직·마약수사직 8급 및 9급 수사관을 대상으로 하는데 8급은 전체 수사관, 9급은 임용 후 2년을 경과한 수사관들이다. 7급 승진후보자 전형에 합격한 수사관은 제외되어 있다.

교육은 자체적으로 매월 2시간 이상 실시하고, 청의 실정에 따라 분기나 반기 중에 집중교육을 실시할 수 있다. 형법과 형사소송법 이론을 강의하고, 모의 사건 사례를 가지고 의견서 작성, 각종 영장 및 조서 작성 연습을 시킨다.

교육 후에는 교육에 대한 평가도 한다. 상·하반기 각 1회씩 1년에 2회 실시하는데 상반기는 3월, 하반기는 9월에 전국 검찰청에서 동시에 실시한다. 이 평가는 승진 시험과는 다르다. 실무평가를 한 직후 검찰 내 통신망에 모범답안과 채점 기준을 공개하고 각 청 자체적으로 강평도 한다. 평가시험 성적 우수자에 대해서는 포상도 실시한다. 격려금을 지급하거나 3일 이내의 포상 휴가를 주게 되어 있다. 대부분 격려금을 지급하고 휴가를 주는 경우는 거의 없다. 지침에는 성적 우수자에 대해 공무원성과평가 시 우대하고, 보직 근무기회를 우선 고려하며, 다른 표창대상자 선정에 우대하도록 되어 있다.

법무연수원 집합 교육

법무연수원에서도 수시로 교육을 한다. 사법연수원과 법무연수원을 구분하지 못하는 경우가 가끔 있다. 사법연수원은 사법시험에 합격한 사람들을 교육하는 기관으로 이곳에서 2년의 교육기간을 마치면 판사, 검사, 변호사로 배출되고, 법무연수원은 공무원으로 임용된 법무부소속 공무원, 즉 검찰, 교정, 출입국관리직 공무원들을 교육시키는 기관이다. 법무연수원은 충북 진천에 본원이 있고, 용인에 분원이 있다. 검찰수사관으로 임용되면 진천 본원에서 1개월의 신규 교육을 받게 된다. 진천본원의 신축은 몇 년 되지 않았고, 용인분원이 본원이었으나 시설의 노후 및 위치 등의 문제로 진천본원을 신축하였다. 새로 신축한 연수원인 만큼 시설도 좋고 교육환경이 개선되어 검찰수사관들의 교육이 활발히 이루어지고 있다. 연수원 부지가 넓고 풍광이 좋아 교육 일과 후 산책하기에도 좋다. 테니스장, 골프연습장, 헬스장, 당구장 등 대부분의 체육시설도 구비되어 있다. 유능한 검사와 베테랑 수사관 그리고 외부 전문가 등을 교수로 초빙하여 수준 높은 교육을 진행한다. 용인분원 또한 새롭게 개선하여 주로 검사들의 교육을 분담하고 있다.

 검찰 신규자 뿐 아니라 8급, 6급, 5급 등 직급별로 수사역량 향상을 위한 교육과정을 운영하고 있고, 분야별 전담 수사관들에 대한 교육도 실시한다. 검사나 검찰수사관뿐만 아니라 실무관, 행정관들도 이곳에서 업무와 관련된 교육을 받는다. 검찰 업무에 필요한 모든 교육을 이곳에서 실시하고, 교육시간을 공무원상시학습 실적에 포함시킨다.

법무연수원 사이버교육 센터

검찰 내 통신망을 통해 법무연수원사이버교육센터를 운영하고 있다. 검찰행정사무업무, 수사사무업무뿐만 아니라, 형법, 형사소송법 등을 동영상으로 강의하고, 검찰직원으로서 필요한 거의 모든 사안을 이곳에서 배울 수 있다. 공무원상시학습시간을 인정해주고 있어 많은 직원들이 교육에 참여한다.

자체 교육 커뮤니티 활동

수사관들은 자체적으로 공부하기도 한다. 검찰 내 통신망을 이용하여 커뮤니티를 개설하고 자발적으로 참여하여 지속적으로 학습하고 있다. 금융·증권 전문 커뮤니티, 공정거래전문 커뮤니티, 과학수사 전문 커뮤니티, 교통·안전 전문 커뮤니티 등 전문수사관 커뮤니티만 수십 개이고, 검사 또한 활발한 커뮤니티 활동을 하고 있다.

장기국외훈련 과정

선발되는 게 좀 어렵지만 1~2년간 해외 장기 훈련을 나가는 기회가 있다. 외국대학에서 학위를 취득하거나 정부기관·국제기구·연구소 등에서 직무훈련을 하는 과정이다. 검찰청뿐만 아니라 전 공무원을 대상으로 선발하는 것이지만 부처별 배정인원이 있어, 수사관들이 선정되어 나가는 경우가 있다. 9급에서 4급까지의 국가공무원을 대상으로 하고 있고, 선발 연도 기준으로 48세 이하, 실근무 경력 3년 이상을 대상으로 지원을 받는다. 영어권으로는 미국, 영국, 아일랜드, 캐나다, 호주, 뉴질랜드가 있고, 비영어권으로 중국, 독일, 일본, 프랑스, 스페인, 기타 EU국가, 러시아 등이 있다. 어학은 필수적인 요건으로 토익, 토플, 텝스 등 어학검정시험 점수를 요구하거나 직접 구술 면접을 보는 경우도 있다. 관심 있다면 미리 어학 공부를 충분히 해두어야 한다.

단기국외훈련 과정

짧으면 2주 이내에서 6개월 미만 동안 국외에 나가는 단기국외훈련 과정도 있다. 검찰청 각 부처의 핵심 업무 해결을 위한 전문성 향상, 부처 현안 문제 해결 지원, 부처 간 연계 과제 해결 지원, 중앙·지방간

공동 과제 수행 등을 목적으로 유관 기관에서의 현장 훈련, 대학에서의 과제연구, 학회·세미나 참석, 대학·국제기구·외국정부 프로그램 참여 등의 형태로 이루어지는 훈련 과정이다. 짧던 길던 해외로 나가는 경우는 외국어 실력이 필수적이다.

미국 FBI 연수 과정

매년 3월에서 6월경에 3개월 동안 미국 버지니아주 콴티코에 소재한 FBI 교육원(FBI National Academy)에서 연수를 받을 기회가 있다. 선발인원은 단 1명으로 실근무 경력 10년 이상의 7급에서 4급까지의 검찰수사관이 대상이다. 영어 능력이 우수하고 건강 상태가 양호한 자로, 최근 3년 이내 공인 어학 성적 보유자 또는 최근 3년 이내 국제 업무 유경험자가 자격조건이다. 쉽게 말해 영어를 아주 잘해야 한다는 것이다. 쉽지 않은 경우지만 뭐든 준비하는 자에게 기회는 온다.

04

✧

휴가

연가, 병가, 공가, 특별휴가가 있다

연가(조퇴, 외출)

공무원의 휴가는 연가(年暇), 병가, 공가(公暇) 및 특별휴가로 되어 있다. 검찰공무원이라 하여 다를 바 없이 전 공무원들의 공통사항이다. 일정 근무 경력이 쌓이면 1년에 총 21~22일의 연가가 주어진다. 신규 직원의 경우 1개월 이상 1년 미만을 근무하면 11일의 연가가 주어지고, 이후 근무 경력에 따라 연가일수가 늘어난다. 6년 이상이면 총 21일이 주어짐으로써 최고 상한 연가일수가 된다. 22일인 경우는 전년도에 병가를 사용하지 않은 공무원에게 1일을 더해서 22일의 연가가 주어진다.

재직기간	연가 일수
1개월 이상 1년 미만	11일
1년 이상 2년 미만	12일
2년 이상 3년 미만	14일
3년 이상 4년 미만	15일
4년 이상 5년 미만	17일
5년 이상 6년 미만	20일
6년 이상	21일

　여름 휴가철에 일주일가량의 연가를 사용하는 직원들이 많으나 연중 아무 때나 필요할 때 주어진 일수 내에서 연가를 사용할 수 있다. 예전에는 연가를 사용하는 경우 상사나 동료의 눈치를 보는 경우가 많았으나 요즘은 그런 분위기가 아니고, 상사의 경우 오히려 연가 사용을 권장하는 추세다. 직원의 휴가 사용일수가 상사의 실적이 되는 세상이 되었다. 2019년까지는 연가를 사용하지 않고 남은 일수에 대해서는 일당을 계산하여 보상을 해주었으나 2020년부터 연가보상을 해주지 않고 있다. 따라서 최대한 연가를 사용하는 것이 좋고, 그대로 남는 연가는 저축을 해두고 다음 해부터 필요할 때 사용이 가능하다. 그래서 연가를 저축하여 장기간 해외여행을 다녀오는 직원도 있다.

　잠시 개인적인 일을 보러 나가는 외출이나 조퇴 등도 모두 연가일수에 포함하여 공제한다. 조퇴나 외출을 1시간씩 8회 했다면 1일의 연가를 사용하는 것이 된다. 업무에 지장이 없는 한 외출이나 조퇴 등도 자유롭게 사용이 가능하다.

병가(질병이나 부상)

수사관이 질병 또는 부상으로 일할 수 없을 때는 병가를 내면 된다. 병가는 국가공무원 복무규정상 연간 60일의 범위에서 사용할 수 있다. 공무원도 아프면 쉬어야 한다. 공무상 질병이나 부상이 있는 경우에는 180일을 사용할 수 있다. 갑자기 감기 몸살로 출근하지 못하게 된다면 같은 부서에 근무하는 직원에게 병가 결재를 올려달라고 부탁하면 되고, 직속 상사에게는 전화로 출근하지 못하는 상황을 설명하면 된다. 하루 이틀 쉬는 경우에는 의사의 진단서가 필요 없으나 6일을 초과하게 되면 진단서를 제출해야 한다.

공가(건강검진, 승진시험, 헌혈 등)

공가는 정당한 사유가 있을 때 인정해주는 휴가다. 연가나 병가에 포함하지 않고, 사무실에 출근하지 않는 것을 인정해주는 것이다. 예를 들어 국민건강보험공단에서 매년 또는 격년제로 실시하는 건강검진, 본인의 승진시험 응시, 헌혈에 참가할 때, 남자들의 경우 예비군 훈련에 참가할 때, 투표할 때, 천재지변, 교통 차단 또는 다른 사유로 출근이 불가능할 때 등의 사유가 있다.

주말에 섬으로 여행 갔다가 폭풍우로 3일을 갇힌 수사관들이 있었다. 그들은 당연히 출근하지 못했고, 총무과에서는 천재지변을 사유로 공가 결재를 기관장에 보고했다. 기관장은 배가 아팠는지 섬에 놀러간 사람들의 공가 처리는 불가하다며 결재를 반려했다. 하지만 해당 직원의 항의로 행자부 질의 회신 등을 통해서 결국 공가 처리를 했던 사례가 있다. 고의가 아닌 천재지변은 공가 사유가 된다.

특별휴가(경조사 등의 휴가)

휴가는 국가공무원복무규정에, 휴직은 국가공무원법에 규정되어 있다. 결혼이나 출산 그리고 상을 당했을 때는 당연히 특별휴가가 주어진다. 그중 임신과 출산, 육아의 경우에 특별휴가 제도가 많이 늘어난 것 같다. 여러 가지가 있지만 임신 중인 여성 공무원은 1일 2시간의 범위에서 휴식이나 병원 진료 등을 위해 모성보호시간을 받을 수 있고, 5세 이하의 자녀가 있는 공무원은 자녀를 돌보기 위하여 24개월의 범위 내에서 1일 최대 2시간의 육아시간을 받을 수 있다. 또한 돌볼 가족이 있는 공무원의 경우 연간 10일의 범위 내에서 가족돌봄휴가를 받을 수 있다는 것도 최근 신설되었다. 궁금해하는 분이 있을 듯하여 〈특별휴가일수 표〉를 아래에 실었으니 참고하기 바란다.

특별휴가일수 표		
구분	대상	일수
결혼	본인	5
	자녀	1
출산	배우자	10
입양	본인	20
사망	배우자, 본인 및 배우자의 부모	5
	본인 및 배우자의 조부모·외조부모	3
	자녀와 그 자녀의 배우자	3
	본인 및 배우자의 형제자매	1

포상휴가

포상휴가는 국가공무원 복무규정에 기재되어 있으나 내가 근무하던 곳에서는 포상휴가를 실시한 적이 한 번도 없었다. 최근 모 기관장은 업무 실적이 탁월한 직원에게 3일의 포상휴가를 실시하겠다는 약속을 한 바가 있었으나 실행에 옮겨지지는 않았다. 군대처럼 포상휴가가 자주 있으면 좋겠지만 현실은 딱히 기대하기는 어렵겠다.

유연근무(근무 시간을 변경하여 근무)

요즘은 공무원들에게 '유연근무'라는 제도가 있다. 자신의 상황에 맞게 근무 시간을 변경하여 근무할 수 있는 제도다. 예를 들어 개인 사정상 아침에 다른 일이 있어 1시간 정도 늦게 출근해야 하는 상황이라면, 출근 시간을 오전 10시로 지정하고, 퇴근 시간을 1시간 늦추어 오후 7시로 정하는 것이다. 어린아이를 다른 곳에 맡기고 출근해야 하는 맞벌이 부부의 경우 이런 방법을 사용하기도 한다. 하루 8시간만 맞추어 근무하면 되는데 물론 무작정 신청하면 곤란하고 부서 및 본인의 업무 사정에 맞게 신청해야 한다. 객지에 근무하는 직원들은 주말에 집에 다녀오는 경우에 월요일과 금요일에 유연근무를 신청하여 활용하기도 한다. 요즘은 많이 활성화되어 있고, 반대하거나 이의를 제기하는 사람은 없다.

05

❖

검찰수사관의 상황실 당직근무

평일 당직, 휴일 당직이 있다(상황실 근무)

수사관들의 당직은 평일당직과 휴일당직으로 구분하고 있는데 평균 월 1회 정도라고 생각하면 되고, 요즘은 당직전담수사관이 지정되어 전담하는 청도 있다. 당직비는 평일 당직과 휴일 당직을 구분하여 지급되기는 하나 당직 업무의 강도에 비추어 볼 때 그리 만족할 만한 액수는 아니라는 게 검찰수사관들의 대다수 의견이다. 검찰수사관들의 당직비가 현실화되었으면 하는 바람이 있다.

매월 중순쯤이면 검찰 내부적으로 사용하는 통신망인 이프로스 게시판에 다음 달 상황실 근무명령표가 게시된다. 직원들은 수시로 게시판을 확인하여 자신의 당직 일정을 확인하고, 달력에 표시해둔다. 당직 날짜를 잊지 않기 위해서다. 청사 상황실에서 하룻밤을 새우며 근무해야 하는 당직은 항상 부담이다. 1개월에 한 번 정도 돌아오지만

293

나한테만 빨리 돌아오는 것 같다. 휴가 일정이나 특별한 일이 있을 때 당직이 걸리면 난감하다. 어쩔 수 없이 동료 수사관에게 부탁하여 당직을 바꿔야 한다.

지금은 태극기를 올렸다 내렸다 하지 않지만 예전 내가 주임 때는 매일 저녁 일과가 끝나면 태극기를 게양대에서 내리고, 아침 일찍 일어나 태극기를 게양하는 일을 당직 수사관이 담당했다. 이게 간단한 일 같아도 막상 닥쳐보면 어려운 일이다. 옥상에 올라가 국기를 매달아야 하는데 어디가 바른 방향인지, 거꾸로 매다는 건 아닌지 항상 헷갈렸다. 어떤 직원은 국기가 게양대에서 반쯤 내려오는 조기를 달아놓아 사무과장에게 된통 혼난 적도 있었다. 그래도 그때는 밤샘 당직 때 야식을 시켜놓고 소주 한 잔씩 할 수가 있어 나름 재미도 있었지만, 요즘은 당직하다 소주 한 잔이라도 마셨다가는 바로 해임이나 파면될 것이다.

전날 18:00시 ~ 다음 날 09:00시까지 근무다

직원들이 모두 퇴근 한 후인 18:00시부터 다음 날 직원들이 출근하는 아침 09:00시까지 청사 내 상황실에서 근무한다. 규모가 큰 지검의 경우 4명의 수사관이, 규모가 작은 지청의 경우 2명의 수사관이 당직 근무를 하게 되는데 검찰수사관의 당직은 상당히 고된 업무이다.

신병처리, 영장접수처리, 벌금수납의 업무

일반 행정기관의 당직근무는 청사를 지키는 업무가 대부분이지만 검찰청의 경우에는 일과 업무의 연장이다. 즉 일과 업무의 연속선상에서 중단할 수 없는 업무를 당직실에서 처리하는 것이다. 검거된 신병의 처리, 영장접수 및 처리, 벌금 수납 및 지명수배자 확인업무, 그리고 경찰과의 연계업무 등의 처리로 밤을 새워야 한다. 당직 시에 벌금 미납자를 경찰이 검거해오면 벌금 납부여부를 확인하여, 그날 저녁 납부가능성이 없으면 곧바로 검사의 지휘를 받아 교도소에 보내야 한다. 술 마시고 잡혀 오는 경우가 많아 난감한 때가 많다. 벌금 미납자들은 왜 그리 술들을 마시는지. 또 당직업무 중 피곤한 일이 술에 취한 민원인의 전화다. 도대체가 시도 때도 없다. 끊으면 또 하고 끊으면 또 하고, 사람 미칠 일이다. 공무원이라 말도 함부로 못 한다. 화가 나서 싫은 소리 한마디라도 했다가는 바로 진정감이다. 이럴 땐 참, 공무원인 게 죄다. 나이 지긋한 할아버지의 훈계, 오빠! 오빠! 하는 묘령 여성의 알 수 없는 유혹(?), 성질 급한 중년 남자의 찰진 욕설, 모두가 술을 마셨다. 특별한 이유도 없다. 횡설수설하지만 그분들의 말씀을 최종적으로 종합해보면 '내가 세금을 내고 있으니 니들 검찰이 제대로 하라'는 훈계다. 아무튼 모든 것을 감수해야 한다.

당직 다음 날은 쉰다

검찰청 수사관의 당직은 밤을 새워야 하는 힘든 업무다. 따라서 평일 당직 후 다음 날은 쉴 수 있도록 규정되어 있다. 내가 근무하는 청의 경우에는 당직보조를 당직 전담 수사관이 담당하므로 책임자의 경우 익일 4시간을 쉬고 있다.

당직만 전담하는 수사관도 있다

당직만 전담하는 수사관이 있다. 검찰청의 당직업무가 너무 힘들다는 의견이 많아 '당직전담 수사관' 제도를 만들었다. 내가 근무하는 청의 경우에는 세 명의 수사관이 당직전담반으로 근무한다. 당직 보조자 근무를 전담하며 3교대 근무이다. 이틀 쉬고 삼일째 저녁에 나와 당직을 하고, 그다음 날 9시부터 다시 이틀간 쉬는 방식이다. 이틀간 쉬는 부분 때문에 선호하는 수사관도 있고, 3일에 한 번씩 밤을 새우는 것 때문에 선호하지 않는 수사관도 있다. 그래서 당직전담수사관은 지원을 받아 배치된다. 당직전담반을 계속 맡을 수는 없고, 6개월마다 바뀌는 규정이 마련되어 있다.

당직전담제에 대해서 구체적으로 알려달라는 메일을 받았다. 당직전담제는 현재 전국검찰청에 전면적으로 실시하지는 않고, 청 상황에 따라서 각각 달리 실시하고 있다. 당직전담과 호송팀을 합쳐서 같이 실시하는 청도 있고, 아직 당직전담제를 실시하지 않는 청도 있다. 차츰 전국검찰청에서 모두 실시할 예정이라고 알고 있는데 확실치는 않다. 아무튼, 당직만 전담하는 당직전담제가 있다는 정도만 우선 소개하는 것이다.

변사체 검시 당직

'변사'에 대해서 앞부분에 언급했으나 변사체 검시 당직에 대해서 설명하기 위해, 필요한 부분만 다시 언급한다. 사인의 확인이 필요한 사망에 대해서 경찰은 현장에 출동하여 주변 정황을 조사하고 검사에게 서류를 보낸다. 검·경 수사권 조정 전까지는 '보고'라는 용어를 사용했으나 '통보'로 바뀌었다. 경찰에서 올라온 변사통보서를 접수한 수사관은 이를 검사에게 올리고, 담당검사는 기재된 내용을 검토한 후, 사체를 직접 검시하러 나갈 만한 사안인지 여부를 결정하고 직접 검시가 필요한 경우 사체가 있는 현장에 나가게 된다. 대부분의 사체는 경찰에서 초동수사를 마친 후 병원 영안실에 안치한다. 검사가 직접 검시를 나가는 장소가 대부분 병원 영안실이 되는 것이다.

변사체 검시는 검사와 수사관이 나가게 된다. 따라서 검사와 수사관이 퇴근한 후에는 당직검사와 변사체 검시 당직수사관이 담당한다. 변사체 검시 당직 수사관이 따로 순번제로 정해져 있다는 말이다. 7급 이상의 검찰수사관들로 구성된 검시당직은 자택 대기를 한다. 변사사건이 항상 발생하는 것은 아니므로, 변사사건이 발생하고 검사가 직접 검시 결정을 내린 경우만 검찰청에 나와 검사와 함께 현장에 나가는 것이다.

사인이 명확히 밝혀지지 않은 변사사건의 경우 사인을 밝히기 위해 검사가 부검 의견으로 통보하게 되는데 이때 유족과의 마찰이 생긴다. 사망한 사람의 몸을 해부해야 하는 부검을 받아들이지 못하는 경우이다. 물론 범죄로 인한 사망이라는 의심이 드는 경우 적극적으로 부검을 원하는 유족도 있으나 범죄로 인한 사망이 아니라는 판단이 선 유족들은 부검을 극구 반대하기도 한다. 사망자가 평소 지병이 있거나 우울증을 앓고 있었다는 것을 알고 있는 유족들의 경우다. 하지만 검사는 유족들의 말만 듣고 결정하기가 어렵다. 만에 하나 보험금을 노린 가족들의 범행 가능성을 배제할 수 없는 경우도 있기 때문이다.

검사의 의견이 부검 의견이면 경찰은 압수수색영장을 신청하게 되고 검사는 신청된 영장을 법원에 청구한다. 통상 부검영장이라고 하는데 경찰은 발부된 부검영장으로 국립과학수사연구소에 부검 의뢰를 하게 되고, 국과수의 부검 결과로 최종 판단하게 된다. 사체부검은 최대한 조속히 이루어지기는 하나 얼마간의 시일이 필요하므로 장례를 치르지 못하게 되는 유족은 이러한 이유로도 부검을 반대하며 밤중에 검사를 직접 찾아오기도 한다. 유족이 검사를 찾아와 항의해도 결정이 바뀌는 경우는 거의 없다. 아무런 근거나 이유 없이 검사가 부검결정을 하는 것은 아니기 때문이다. 부검은 사망자를 두 번 죽이는 것이라며 통곡하는 유족들이 안타깝기는 하나 사인을 밝히기 위해서는 어쩔 수 없는 일이다.

검시를 나간 검사와 수사관은 가장 먼저 외상여부를 살핀다. 이때 담당 형사가 참여하게 되는데 사체 발견 당시 상황을 서류를 통해 확인하고, 서류를 작성한 형사에게 자세한 상황을 직접 물은 후, 사체에 외상 등 범죄 가능성 여부를 확인한다. 또한 유족에게 사망자의 생존 당시 지병 유무 등을 확인하고, 사인에 의혹이 있는지를 물어 부검 여부를 최종 결정한다. 부검이 필요 없다고 판단된 사체는 사체를 유족에게 인도하라는 사체 처리 지휘를 경찰에 내리고 경찰은 검사의 지휘를 근거로 사체를 유족에게 인도하고 유족은 장례를 치를 수 있게 된다.

검사와 함께 직접 검시에 참여한 수사관은 직접 검시 상황을 메모하였다가 사무실에 돌아와 변사체직접검시보고서를 작성하여 검사에게 전달하고, 검사는 부장검사에게 이를 결재받으면 변사사건은 최종 마무리된다. 독자들이 기억하는지 모르겠지만, 몇 년 전 유○○ 사건의 경우 변사체로 발견된 사체가 유○○인지 여부를 확인하지 못하여 검사가 징계를 받았었다. 내가 근무하는 청의 변사체검시당직은 한 달에 1회 정도 순번이 돌아오나 매번 직접 검시를 나가지는 않는다. 직접 검시를 한밤중에 나가는 경우가 있어 불편하기는 하지만 자주 있는 일은 아니다. 이렇듯 검사와 함께하는 변사체 직접 검시 업무도 검찰수사관의 업무 중 하나이다.

내가 최초로 검사와 함께 변사체 검시를 나갔을 때는 사체를 봤다는 스트레스로 한참 동안 힘들었다. 처음으로 직접 본 사체, 여기 저기 생성된 푸르뎅뎅한 시반, 감겨 있지 않은 눈, 입을 벌리고 있는 모습 등 집에 돌아와서도 사체의 모습이 사라지지 않았다. 그래서 선배들은 최초 변사체 검시를 나간 날은 술을 마시고 집에 들어가지 않았다는 말도 있었다. 예전 같지는 않지만 지금도 사체를 볼 때 스트레스는 있다. 유족들의 슬픔을 봐야 하는 스트레스에도 아직 자유롭지 못하고. 검찰수사관이라는 직업을 택한 이상 견뎌야 하는 스트레스다. 참고로 변사체 검시를 다녀오면 출장비 외에 목욕비와 세탁비가 따로 지급된다.

이 변사체 검시 당직에 대해서도 이메일 문의를 받았다. 사체를 본 후 트라우마 때문에 정신적으로 충격을 받을 정도냐는 물음이었다. 책에 사체를 보는 스트레스가 있다는 내용 때문이었던 것 같은데 '그렇지는 않다'는 답변을 해주었다. '검시'는 사체를 해부하는 '부검'과 다르다. 영안실에 있는 사체의 외상 흔적 여부만을 눈으로 보는 정도일 뿐이니 정신적 충격을 받을 정도는 아니다. 물론 그동안 사체를 한 번도 본 적이 없던 사람이 처음 사체를 보게 되면 당일이나 다음 날까지는 생각이 날 수도 있겠지만 금방 잊혀 진다. 또한 검시를 몇 번 나가게 되면 무뎌지고 익숙해져서 수사관의 업무 중 하나로 밖에 인식되지 않는다. 문의하신 분이 그 때문에 검찰수사관을 직업으로 선택하는 데 우려가 된다는 생각까지 하고 있어서 조금 당황했다. 변사체 검시는 신규로 입사하여 몇 년 동안은 참여하지도 않는다. 7급 이상으로 승진해야 비로소 참여하게 된다. 그리고 요즘은 직접 검시를 나갈 일도 그렇게 많지 않으니 검찰수사관의 업무 중 극히 일부의 일이다. 극히 일부의 일을 미리 걱정할 필요는 없다. 이 책은 검찰수사관 전체의 업무를 소개하고 있다. 검찰수사관 한 사람이 이 책에 적힌 모든 일을 하는 것은 아니니 오해 없길 바란다.

07

검찰수사관의 보수와 정년
그리고 연금

보수는 모든 직장인에게 지대한 관심사일 뿐만 아니라 직업
선택의 기준으로 작용한다. 공무원의 보수는 대부분 알고
있다시피 만족할 만한 수준은 아니지만, 그래도 예전에 비
해서는 많이 올랐다. 공무원의 보수에 관한 규정은 국가공
무원법 제47조에 있다.

01

❖

봉급

공안직 공무원의 봉급표에 따른다

봉급 : 공안업무 등에 종사하는 공무원의 봉급표 적용

검찰수사관에 지원하고자 하는 젊은이들에게 검찰수사관의 봉급은 가장 큰 관심사일 것이다. 아무리 사명감으로 일한다고 해도 보수 없이 생활하지 못한다. '봉급'이라는 표현은 '공무원보수규정'에 '봉급'이라고 표현하고 있으므로 봉급이라는 용어를 사용하기로 한다. 검찰청의 경우 봉급날은 20일이다. 지급일이 토요일이거나 공휴일이면 그 전날 지급한다. 검찰수사관의 봉급표는 매년 인사혁신처에서 발표하는 '공안업무 등에 종사하는 공무원의 봉급표'를 보면 된다. 검찰수사관들은 매년 봉급표를 확인해보기 민망하고, 찾기도 성가셔서 어느 지검에서는 부지런한 수사관이 해마다 통신망에 올려주면 클릭하여 확인하곤 한다. 아래 봉급표는 2021년 봉급표이다.

공안업무 등에 종사하는 공무원의 봉급표

계급 호봉	1급	2급	3급	4급	5급	6급	7급	8급	9급
1	4,343,500	4,041,000	3,690,400	3,204,600	2,768,100	2,274,200	2,025,600	1,789,500	1,659,500
2	4,488,000	4,178,700	3,814,300	3,321,800	2,871,800	2,372,600	2,112,200	1,871,800	1,693,300
3	4,636,200	4,318,200	3,941,900	3,440,900	2,979,400	2,474,200	2,203,900	1,958,500	1,749,600
4	4,787,700	4,459,100	4,070,400	3,562,800	3,091,200	2,577,900	2,300,300	2,047,000	1,836,300
5	4,942,900	4,601,900	4,201,000	3,686,400	3,205,900	2,684,800	2,400,100	2,139,000	1,923,700
6	5,100,000	4,744,900	4,332,900	3,811,100	3,323,000	2,794,600	2,502,300	2,233,300	2,013,200
7	5,259,400	4,889,800	4,466,300	3,937,000	3,441,900	2,904,700	2,605,200	2,327,900	2,098,900
8	5,420,200	5,034,500	4,600,100	4,063,500	3,562,300	3,015,100	2,708,800	2,418,800	2,181,300
9	5,583,200	5,180,200	4,735,100	4,190,500	3,683,000	3,125,900	2,807,300	2,505,500	2,260,500
10	5,747,100	5,325,800	4,869,900	4,317,200	3,804,600	3,229,800	2,901,300	2,587,500	2,336,400
11	5,910,800	5,472,100	5,004,900	4,445,100	3,918,200	3,328,400	2,990,000	2,667,000	2,409,000
12	6,079,900	5,623,300	5,144,900	4,565,500	4,027,800	3,425,500	3,077,200	2,744,600	2,481,100
13	6,250,000	5,775,600	5,275,000	4,678,100	4,131,800	3,516,800	3,159,900	2,819,200	2,550,200
14	6,420,600	5,913,300	5,395,800	4,783,100	4,228,800	3,603,000	3,239,000	2,890,400	2,617,200
15	6,569,600	6,040,400	5,507,100	4,882,000	4,320,400	3,685,900	3,314,500	2,958,900	2,681,400
16	6,701,900	6,156,800	5,610,900	4,975,300	4,406,600	3,763,500	3,386,000	3,025,000	2,743,500
17	6,819,300	6,264,000	5,707,400	5,062,000	4,487,700	3,837,500	3,454,600	3,086,700	2,804,200
18	6,923,800	6,361,900	5,797,000	5,142,900	4,564,300	3,907,500	3,520,200	3,146,600	2,860,700
19	7,017,400	6,452,500	5,879,900	5,218,500	4,636,400	3,974,000	3,582,000	3,204,000	2,916,100
20	7,101,300	6,535,000	5,957,600	5,289,100	4,704,000	4,036,500	3,640,800	3,258,800	2,969,200
21	7,178,600	6,610,500	6,029,400	5,355,200	4,767,600	4,096,600	3,697,000	3,311,100	3,019,000
22	7,247,400	6,679,800	6,096,100	5,417,100	4,827,300	4,153,200	3,750,000	3,361,300	3,067,000
23	7,305,600	6,743,100	6,157,500	5,475,200	4,883,800	4,206,300	3,801,300	3,409,100	3,112,600
24		6,794,900	6,214,900	5,530,000	4,936,400	4,256,800	3,849,900	3,455,300	3,156,600
25		6,844,400	6,262,000	5,580,100	4,986,300	4,305,000	3,896,000	3,499,000	3,198,500
26			6,307,000	5,622,500	5,033,300	4,350,400	3,940,300	3,541,500	3,236,100
27			6,348,700	5,661,700	5,072,200	4,393,500	3,977,600	3,576,900	3,268,800
28				5,699,100	5,109,500	4,429,700	4,012,400	3,610,900	3,300,200
29					5,143,900	4,463,600	4,046,100	3,643,200	3,330,500
30					5,177,300	4,497,000	4,078,200	3,674,400	3,359,900
31						4,528,000	4,108,400	3,704,700	3,388,800
32						4,557,300			

검찰수사관이 신규로 입사하면 당연히 1호봉이다. 군 경력이 있거나, 수사관 임용 전에 다른 공무원 등으로 근무한 경력이 있다면 그 경력을 인정해주고 호봉을 합산해준다. 봉급표에 나와 있듯이 5급으로 임용된다면 1호봉이 276만 원, 7급으로 신규 임용되면 200만 원, 9급으로 임용되면 165만 원정도이다. 호봉승급은 1년마다 이루어진다. 본봉이라고 하는 이유는 다른 수당이 지급되고 본봉이 다른 수당 지급의 기준이 되기 때문이다. '수당'은 '공무원수당등에관한규정'에 공시되어 있다. 공무원 시험을 준비하고 있는 사람이나 공무원의 봉급이 궁금한 사람이라고 하더라도 수당 규정까지 찾아보는 사람도 없을 뿐더러 이런 규정이 있다는 것도 잘 알지 못할 것이므로, 이번 기회에 공무원의 봉급 수준이나 수당 등이 어떻게 규정되어 있는지 간단히 살펴보자.

노파심에 미리 덧붙인다. 여기서 언급하는 수당은 '국가법령정보센터'에 들어가서 '공무원수당등에관한규정(대통령령)'을 확인하면 알 수 있는 내용이다. 특별한 기밀사항이 아니니 오해 없길 바라고, 규정에 공시된 내용 외에 부처마다 또는 업무의 특성상 달리 정해져 있는 수당이 있을 것이다. 따라서 검찰청에서 지급하기는 하지만 공시되어 있지 않은 내역은 그 금액을 공개하기 적절치 않아(그렇다고 기밀 사항은 아니다) 공개하지 않으므로 그 점은 감안하고 보기 바란다.

02

✧

수당

'공무원수당등에관한규정'에 따라 지급한다

정근수당(근무 경력마다 달리 지급)

본봉 외에 지급되는 수당 중 가장 기본적인 수당이 '정근수당'이다. 정근수당은 근무 기간에 따라 지급되는 수당인데 매년 1월과 7월에 지급된다.

정근수당지급			
근무 연수	지급액	근무 연수	지급액
1년 미만	미지급	7년 미만	월봉급액의 30%
2년 미만	월봉급액의 5%	8년 미만	월봉급액의 35%
3년 미만	월봉급액의 10%	9년 미만	월봉급액의 40%
4년 미만	월봉급액의 15%	10년 미만	월봉급액의 45%
5년 미만	월봉급액의 20%	10년 이상	월봉급액의 50%
6년 미만	월봉급액의 25%		

정근수당은 근무 경력 기간에 따라 계속 인상되지만 최고 상한 지급률은 월봉급액의 50%다. 정근수당은 1월과 7월에만 지급하지만 '정근수당가산금'이라고 하여 매월 보수지급일에 일정액을 조금씩 지급하여 정근수당액을 맞추고 있다.

가족수당(배우자 및 자녀, 기타 부양가족)

배우자 및 자녀 또는 부양가족이 있는 경우에는 가족수당이 지급된다. 규정이 바뀌면 금액이 변하겠지만, 2021년 현재 공무원수당등에관한규정으로 배우자가 있는 경우에는 40,000원, 자녀의 경우는 첫째 자녀 20,000원, 둘째 자녀 60,000원, 셋째 이후 자녀는 100,000원을 지급한다. 배우자 및 자녀를 제외한 부양가족 1명당 20,000원을 지급한다. 배우자가 공무원이거나 자녀가 성년이 되면 가족수당은 지급되지 않는다. 가족수당은 4명 이내로 제한되어있지만, 자녀수당의 경우 4명을 초과해도 받을 수 있도록 규정되어 있다.

시간외근무수당(초과근무)

공무원의 근무시간은 평일 09시부터 18시까지다. 이후에 초과근무를 하게 되면 시간외근무수당을 지급한다. 1일에 4시간, 1개월에 57시간을 초과할 수 없게 되어 있다. 예전에는 야근을 많이 했지만 요즘은 야근하는 직원은 그리 많지 않다. 야근하는 경우에는 결재를 득해야 하고, 근무한 시간만큼 수당을 받을 수 있다.

정액급식비(월 1회)

공무원에게는 2021년 현재 기준 월 140,000원이라는 정액급식비가 동일하게 지급된다. 검찰수사관들의 경우에 주로 구내식당을 이용하므로 한 달 점심값이 그 정도 들어가지는 않는다. 매일 외부에 나가서 식사를 하면 더 많이 들겠지만 공무원 복지 차원에서 지급되는 것으로 이해하면 되겠다.

명절 휴가비(설, 추석)

설날과 추석날, 매년 2회 '명절휴가비'가 지급된다. 명절휴가비는 월봉급액의 60%를 봉급지급일 전후 15일 이내에 지급한다. 명칭이 명절 휴가비라고 되어 있어서 언론에 보도되는 기업의 휴가비를 연상하게 되지만, 그렇지는 않고 고정적으로 지급되는 상여금의 성격이라고 보면 된다. 어차피 공무원에게 1년 동안 지급해야 하는 상여금을 비율을 나누고, 이름을 교묘하게 바꾸어 지급하는 것이다. 아무튼 명절휴가비를 명절 전에 지급해주니 명절을 지내는 데 도움이 되기는 한다. 명절 직전에 지급해주니 최소한 몇 장의 오천원권이나 만 원권을 빳빳한 신권으로 바꾸어 조카들 세뱃돈으로 줄 수는 있다.

연가보상비(미사용 연가에 대한 보상)

'연가보상비'를 수당으로 볼 수 있을지 모르겠지만 '공무원수당등에 관한규정'에 포함되어 있다. 1년에 연가일수가 최고 21일이고, 그중 11일만 사용하고 10일이 남았다면 남은 일수 만큼을 현금으로 계산하여 보상해주는 것이다. 그런데 코로나19로 인하여 국민에게 재난지원금을 지급하면서 재원부족을 이유로 공무원 연가보상비를 지급하지 않았다. 공무원에게 지급할 연가보상비를 절감하여 재난지원금으로 사용했다는 것인데, 한시적인 일일지 이후 계속 지급을 안 할지는 모르겠으나 2020년부터 받지 못했다. 연가를 많이 사용하지 않고, 대신 보상을 받으면 많은 돈은 아니었지만 받는 기분은 있었는데 아쉽긴 하다. 공무원수당등에관한규정에는 아직 지급하는 것으로 되어 있으니 어려운 상황이 종식되면 다시 지급해줄 가능성도 있다.

직급보조비

'직급보조비'는 대통령을 비롯한 모든 공무원에게 직급별로 지급 금액을 정하여 지급된다. 규정을 보니 대통령은 320만 원이고, 9급 상당 공무원은 145,000원으로 되어 있다. 아래 표는 2021년도 공무원수당등에관한규정에 나와 있는 금액이다.

대상 공무원	월 지급액
5급 상당	250,000원
6급 상당	165,000원
7급 상당	155,000원
8·9급 상당	145,000원

대우공무원 수당

승진소요최저연수 이상 근무하고 승진임용의 제한 사유가 없고, 근무 실적이 우수한 사람을 바로 상위 직급의 대우공무원으로 선발할 수 있다. 대우공무원으로 선발된 사람에게는 예산 범위 내에서 공무원 월봉급액의 4.1%를 수당으로 지급할 수 있다. 한 직급에서 승진하지 못 하고 일정한 근무 기간이 경과하면 상위직급으로 대우한다는 의미다. 대우공무원수당은 신청해서 선발되어야 하지만, 실무상으로는 대상기간이 경과하면 대부분 선발되고 수당을 받는다. 저자도 한 직급 승진 전에 대부분 대우공무원 수당을 받다가 승진했다. 대우공무원 수당을 받는다는 것은 승진 기간이 지났음에도 승진을 못 하고 있다는 뜻인지라 딱히 좋아해야 할지 기분이 애매한 수당이다.

성과상여금(연 1회)

'공무원수당등에관한규정'에 의하면 근무성적 기타 업무실적이 우수한 공무원에 대하여 예산의 범위 내에서 개인별로 차등하여 성과상여금을 지급할 수 있도록 되어 있다. 1년에 한 번씩 공무원의 성과를 평가하여 성과상여금을 지급하는데 6급 이하 공무원들에게 해당된다. 성과평가를 잘 받게 되면 꽤 많은 금액을 받는다. 많다는 기준은 평범한 공무원인 저자 기준이니 감안하고 판단하기 바란다. 지급 등급을 5단계로 나누어 지급하는데 SS등급, S등급, A등급, B등급, C등급으로 되어 있고, 그동안 지급률을 보면 대략 아래 표와 같은 비율로 지급해왔다. 해마다 지급 기준액이 따로 정해지는데 예산 범위에서 지급하다 보니 해마다 조금씩 변경되므로 일정하지는 않다. 표는 이해를 돕기 위해 저자 임의로 비율과 지급률을 정하여 실었으니 참고만 하기 바란다.

지급등급	SS등급	S등급	A등급	B등급	C등급
인원비율(%)	5%	25%	40%	25%	5%
지급률(%)	185%	145%	105%	60%	35%

평가는 근무성적평가와 개인성과평가 등을 기준으로 삼고 있고, 행정개선 성과평가, 실적가점, 장관표창 이상의 수상실적 등 별도의 평가방법을 추가할 수 있다. 당연한 이야기지만 열심히 하면 좋은 성과평가를 받을 수 있고, 높은 등급의 상여금을 받을 수 있다. 매년 4월경 지급된다.

검찰수사관 3년이면 월 300만 원(+α)을 받는다

지금까지 언급한 봉급액 및 수당 등은 모두 '공무원수당등에관한규정'에 나와 있는 내용이다. 더 자세한 내용이 궁금한 독자들은 규정을 찾아봐도 된다. 더 많은 수당이 있으면 좋겠지만 공무원 전체에 해당하는 수당에 대해서는 모두 언급했으니 금광 찾듯이 찾을 필요는 없다.

이 절의 제목에 '검찰수사관 3년이면 월 300만 원(+α)을 받는다.'고 말했다. 이 말은 사실이다. 물론 세전 총액 기준이다. 월 300만 원이면 어떤 분들은 '적다'고 할 수도 있고, 어떤 분은 '그 정도면 괜찮네.'라고 할 수도 있을 것이다. 나는 당연히 적지 않은 금액이라고 생각하고 말을 한 것이다. 적지 않다고 생각하는 분들은 검찰수사관 3년이면 3호봉일 테고, 봉급표상 170여만 원밖에 안 되는데 그게 맞는지 궁금할 것이다. 이왕 이야기가 나왔으니 글을 읽는 재미도 더하고, 궁금증도 해소하는 차원에서 검찰수사관 3년 차인 A 남자 수사관이 총액 기준 얼마를 받는지 계산을 해보자.

A수사관은 병역의무를 마쳤고, 검찰수사관 9급으로 입사한 지 3년, 현재 집행과 재산형집행계에서 벌금미납자 검거 업무를 담당하고 있다. A수사관의 호봉은 공무원 3년 경력에 군 경력 2호봉을 가산하여 총 5호봉이다. 5호봉의 월봉급액은 1,923,700원이니 1년간 총액은 다음과 같다.

2021년 공안업무등에 종사하는 공무원 봉급표 기준

월봉급액 1,923,700원 × 12개월 = 1년 총 봉급액 23,084,400원

1월과 7월에 정근수당을 받게 되므로 4년 미만의 정근수당은 15%를 지급하니 금액은 다음과 같다.

제7조(정근수당) ① 공무원에게는 예산의 범위에서 근무 연수에 따라 매년 1월과 7월의 보수지급일에 별표 2의 지급 구분에 따라 다음과 같이 정근수당을 지급한다

월봉급액 1,923,700원 × 0.15 × 2회 = 총 576,900원

공무원의 정액급식비 140,000원을 매월 지급받는다.

제18조(정액급식비) 공무원에게는 예산의 범위에서 월 14만 원의 정액급식비를 보수지급일에 지급한다

정액급식비 140,000원 × 12개월 = 1년 총액 1,680,000원

A수사관은 9급이고 9급 공무원의 직급보조비는 145,000원으로 매월 지급된다.

제18조의6(직급보조비) 공무원에게는 예산의 범위에서 별표 15의 지급 구분표에 따라 직급보조비를 보수지급일에 지급한다.

직급보조 145,0000원 × 12 개월 = 1년 총액 1,740,000원

공무원에게 지급되는 명절 휴가비는 월봉급액의 60%를 연 2회 지급한다.

> **제18조의3(명절휴가비)** ① 설날 및 추석날 현재 재직 중인 공무원에게는 예산의 범위에서 명절휴가비를 지급한다.

월봉급액 1,923,700원 × 0.6 × 2회 = 1년 총액 2,307,600원

초과근무를 하면 시간외근무수당이 지급되는데 초과근무는 수사관 스스로 업무량에 따라 달라지므로 일정한 액수를 산출하기는 어렵다. 다만, 최근 내가 근무하는 청의 3년 경력의 수사관이 초과근무수당을 지급받는 평균을 알아보니 약 10만 원가량이라고 했다. 이 금액은 정확한 금액은 아니고, 통상적으로 초과근무를 1개월에 몇 회 정도는 하므로 실제 받는 금액은 더 많을 수 있으나 평균 금액 10만 원으로 산정해 보겠다.

> **제15조(시간외근무수당)** ① 근무명령에 따라 규정된 근무시간 외에 근무한 사람에게는 예산의 범위에서 시간외근무수당을 지급한다.

시간외근무수당 100,000원 × 12 개월 = 1년 총액 1,200,000원

공무원에게는 1년에 1회 성과평가를 통해 성과상여금을 지급한다고 했다. 지급률이 등급마다 다르나, 9급 서기보 3년이면 현재 추세로 보아 검찰서기로 승진하기 직전이고, 승진 직전이면 서기보 선임이니 성과평가는 거의 최고 등급을 받게 된다. 따라서 SS등급을 받는다고 했을 때 다음과 같이 산정된다.

> **제7조의2(성과상여금 등) ①** 소속 장관은 별표 2의2에 따른 공무원 중 근무 성적, 업무실적 등이 우수한 사람에게는 예산의 범위에서 성과상여금을 지급한다.

1,923,000 원(기준금액) × 185%(SS등급 지급률) = 3,558,145원

성과상여금의 기준 금액은 월봉급액이 아니고, 매년 금액 기준을 따로 정하여 내려온다. 따라서 위 기준금액은 정확한 것은 아니나 대략 월봉급액에 준하는 금액이므로 월봉급액을 기준금액으로 하여 산정해 보았다.

'공무원수당등에관한규정'에 명시된 수당 외에 부처마다 공무원들에게 지급되는 수당이 따로 있을 것이다. 검찰수사관들에게는 수사업무의 특성상 수사와 관련된 소정의 활동비 등이 지급된다. 이는 개개인에게 지급되는 수당의 성격이 아니고 특정업무경비의 성격으로 수사 활동에 따라 경비의 내역이 달라질 수 있으므로 구체적인 액수를 기재하는 것이 적절치 않아 기재하지 않았다. 그리고 그 외에 정근수당가산금(제7조3항), 가족수당(제10조), 연가보상비(제18조의5), 대우공무원수당(제6조의2) 등 모든 공무원에게 공통적으로 지급되는 몇 가지 수당이 더 있고, 출장비, 당직비와 부처별로 특성이 있는 수당 등이 얼마간 지급되는데 개인마다 다를뿐더러 금액이 일정치 않고,

자세한 금액을 지면에서 언급하기 적절치 않아 제외하였다. (+α)라고 기재해둔 이유가 그것이다. 정확한 금액은 아니지만 구체적인 금액을 기재하지 않은 수당 등을 합산하여 평균해보면 연간 약 300만~400만 원가량 되었다.

따라서 위 금액을 모두 합산하여 이를 12개월로 나누면 300만 원이 조금 넘으므로 A 수사관이 월마다 받는 보수를 월 300만 원으로 산정해보았다. 도대체 검찰수사관이 봉급을 얼마나 받는지 궁금해하고 메일로 문의하는 사람들이 많아 예시를 든 것이니 정확한 금액이라고 오해하는 일은 없기를 바란다. 대략 '이 정도 되는구나'하고 생각하면 되겠다.

다시 한번 말하지만, A 수사관의 사례는 이해를 돕고자 가상의 예를 들어 설명한 것이므로, 당연히 정확한 금액은 아니다. 개인마다 차이가 있을 수도 있으므로, 더 많을 수도 더 적을 수도 있다. 그리고 세전 금액이니 소득세와 기여금을 공제하고 나면 실수령액은 그보다 더 적을 것이나, 해마다 호봉이 승급되고 본봉이 늘어나면 그 비율에 따라 지급되는 수당도 늘어나니 이를 감안하고 이해하기 바란다. 검찰수사관들에게는 매월 보수지급일 며칠 전에 '보수지급명세서'가 이메일로 송부된다. '보수지급명세서'는 이렇게 생겼다.

보수 지급 명세서
(2021. 1월분)

소속 : ○○지방검찰청 집행과　　　은행명 : 신한은행
직급, 호봉 : 검찰서기보 5호봉　　　세금적용률 : 100%
성명 : A 수사관　　　　　　　　　보수지급일 : 2021년 1월 20일

실수령액 :　　　　　　　　　원

보수		공제	
보수계		공제계	
봉급(월봉급액)		소득세	
정근수당		일반기여금	
정근수당가산금		건강보험료	
정액급식비			
직급보조비			
시간외근무수당			
대우공무원수당			
○○○ 수당			
○○○ 수당			

　　이 봉급표를 받아보면 금액이 많은 달은 기분이 괜찮고, 금액이 적은 달은 좀 꿀꿀해진다. 뻔히 알고 있는 봉급이지만 항상 그렇다. 봉급쟁이의 애환이다. 봉급표에 적혀 있는 '일반기여금'이라는 공제항목은 연금저축액이다. 개인이 매월 일부 일정액을 저축하고, 국가가

일부 일정액을 저축하여 공무원 연금이 쌓이고, 공무원 퇴직 후 매월 일정액의 연금이 지급되는 것이다. 내 경험으로 조언한다면 기여금에 해당하는 금액을 따로 떼어 개인적으로 연금저축을 들어두면 퇴직 후 공무원연금 외에 매월 추가 금액을 지급받을 수 있다. 지금부터 공무원으로 임용되는 사람들은 연금만으로 생활하기 어려울 수 있으므로, 따로 개인연금저축을 꼭 들어두기를 권유한다. 첫 월급을 받을 때부터 습관을 들이면 부담 없이 퇴직 때까지 저축할 수 있을 것이다. 검찰수사관에 뜻을 둔 독자는 꼭 참고하기 바란다.

물론 공무원 봉급이 많지 않지만 아껴 쓰면 그런대로 먹고살 만하다. 물론 나는 맞벌이를 적극 권장한다. 아무래도 혼자 버는 것보단 둘이 버는 것이 낫지 않겠는가. 우스갯소리로 예전에 내가 젊었을 땐 친구들이 봉급을 얼마나 받느냐고 물어보면 검찰청 직원의 봉급은 보안사항으로 1급 비밀이라 알려고 하지 말라고 했다. 월급 많이 받으려면 대기업 입사하지 왜 공무원을 택해서 월급 타령이냐 하겠지만 그게 맘대로 되는 일인가. 그래도 공무원은 안정적인 직업이고, 연금도 있으니 도전해볼 만한 직업이다. 저자도 검찰수사관으로 27년을 일하여 애들 둘을 문제없이 성장시켰고, 지금은 시골집을 수리하여 조그마한 전원주택에서 출퇴근하며 살고 있다. 너무 욕심내지 않고 성실하게 살아가면 부족하지 않다.

검사의 급여가 궁금한가?

수사관 봉급을 알았으니 검사 봉급은 얼마나 되는지 궁금할 것이다. 검사라고 하니 뭐든 풍족해 보이는가? 영화에서 보면 검사배역의 배우는 고급 레스토랑에서 비싸 보이는 음식을 먹고 고가의 와인을 시켜먹는 장면이 대부분이다. 현실도 그렇다면 좋겠지만 실상은 그 정도 경제적 여유가 있는 검사는 드물다.《검사내전》을 쓴 김웅 검사의 말처럼 청 주변 허름한 곳을 단골로 삼고, 라면에 소주를 마시는 경우도 많다. 검사 월급은 생각보다 많지 않다.

예전 나와 같이 근무하던 검사는 결제할 때마다 포인트를 적립하던 검사가 있었다. 내가 돈을 낼 때도 본인의 포인트를 적립하겠다고 할 정도였다. 물론 그 정도로 돈이 없다기보다는 절약이 몸에 밴 검소한 검사였기 때문이겠지만 검사가 경제적으로 여유로운 직업이 아니라는 반증이다. 집안 대대로 돈이 많거나 속된 말로 부잣집과 결혼해서 돈이 많은 경우가 아니라면 검사 월급만으로는 고급 식당에서 비싼 와인을 마시는 풍족한 생활은 어렵다. 그렇다고 어렵게 살지는 않지만 국민이 생각하는 것보다는 경제적으로 여유로운 것은 아니라는 것이다.

그럼에도 검사들은 검사이기 때문에 먼저 지갑을 열어야 하는 경우가 많다. 검사실에서 수사하는 도중 현장 확인이나 압수수색, 피의자 검거 등의 사유로 수사관들이 출장을 가는 경우가 자주 있다. 물론 청에서 출장비가 따로 지급되지만 청에서 지급되는 출장비로는 기름값,

점심값 등을 충당하기에도 부족하다. 이 부족분을 검사가 개인 사비로 메워주는 경우이다. 개인적인 일도 아니고 공적인 일을 하면서 사비를 사용해야 하는 상황이 안타깝긴 하지만 그렇다고 검사보다 더 월급이 적은 수사관이 개인 돈으로 충당하기엔 더 안타깝지 않은가.

두 번째로 회식을 하는 경우다. 나는 일반 회사 생활을 해보지 않아서 잘 모르지만 통상 회사에서 회식하는 경우 부서에서 사용할 수 있는 비용이 따로 있을 것이다. 물론 그 외의 경우 선배가 낼 수도 있고, 번갈아 낼 수도 있겠지만 검사실은 유독 돈이 들어가는 모든 것은 검사가 부담하는 것을 당연시한다. 하긴 뭐 어차피 검사실에서 지출해야 할 것이라면 조금이라도 월급이 더 많고, 사회적으로 더 대접받는 검사가 내는 게 낫긴 하겠다. 검사 봉급표도 공시된 자료이니 언급해도 상관없을 듯하다. 인사혁신처에서 발표한 2021년 검사 봉급표를 보면 검사 1호봉의 본봉은 300만 원이 조금 넘는다. 인터넷을 보면 가끔 '본봉은 껌값이고 그 외 수당이 많을 것이다'라는 글들이 있던데 그 외 수당이 있기는 하지만 그렇게 많지는 않다. 검사 봉급도 대기업이나 금융기관 직원의 보수에는 미치지 못한다. 검사는 월급을 많이 받는 직업이 아니다. 명예와 사명감으로 버티는 직업이다. 그래도 공무원 중에서는 적은 봉급이 아니니 검사가 되고 싶은 사람은 희망을 버리지 말라.

03

❖

검찰수사관의 정년과 퇴직연금

정년과 퇴직

검찰수사관의 정년은 일반직 공무원의 정년에 따르므로 60세다. 검사는 특정직으로 정년은 63세다. 요즘 대법원에서 노동가동연한을 60세에서 65세로 상향한다는 판결이 있었다. 공무원의 정년도 연장한다는 말이 나돌고 있고, 공무원 연금지급시기를 65세로 늘린 바 있으므로, 정년도 연장되지 않을까 하는 예상은 할 수 있다.

공무원의 퇴직 방법으로는 명예퇴직과 정년퇴직이 있다. '명예퇴직'은 공무원으로 20년 이상 근속한 자가 정년 전에 스스로 퇴직하는 것인데 이때 명예퇴직 수당이 지급된다. 명예퇴직 수당은 정년을 기준으로 남은 근무 연수에 따라 금액이 달라지는데, 대략 상한금액이 1억 몇천만 원 정도라고 한다. 계속 근무할수록 남은 기간이 줄어들면 그만큼 명예퇴직수당도 줄어든다. 선배 수사관 중에서는 20년 이상 근무하고 목돈이 필요한 사람들이 정년 전에 명예퇴직을 선택하는 경우도 있었다. 물론 연금이 곧바로 지급되었기 때문에 가능한 일이었지만, 요즘은 연금 개시 연령이 늦어져서 중간에 명예퇴직을 선택하면 곧바로 연금이 지급되지 않기 때문에 명예퇴직을 섣불리 선택하지 못한다.

법무사와 집행관

예전보다는 줄었지만 아직까지 법원이나 검찰청에 근무했던 직원들은 퇴직 후 법무사를 개업한다. 다른 특별한 일을 찾은 사람들을 제외하고는 대부분 직원이 퇴직 후 법무사 개업을 하고 있다. 퇴직 전에 법무사 자격이 무조건 주어졌기 때문이다. 현재 근무하고 있는 수사관들은 법무사자격증을 이미 받은 사람도 있고, 받지 못하는 사람도 있다. 임용 시기에 따라 다르기 때문이다. 지금은 법무사법이 개정되어 무조건 자격을 부여하는 것은 아니고, 10년 이상 근무 경력으로 1차 시험을 면제하고 있다. 7급 이상으로 7년, 5급 이상으로 5년 이상 근무하면 2차 시험 일부 과목까지 면제해주고 있다.

제5조의2(시험의 일부 면제 등) ① 법원, 헌법재판소, 검찰청의 법원사무직렬·등기사무직렬·검찰사무직렬 또는 마약수사직렬 공무원으로 10년 이상 근무한 경력이 있는 자에게는 제1차 시험을 면제한다.

② 다음 각 호의 어느 하나에 해당하는 자에게는 제1차 시험의 전 과목과 제2차 시험의 과목 중 대법원규칙으로 정하는 일부 과목을 면제한다.

1. 법원, 헌법재판소, 검찰청의 법원사무직렬·등기사무직렬·검찰사무직렬 또는 마약수사직렬 공무원으로 5급 이상의 직에 5년 이상 근무한 경력이 있는 자

2. 법원, 헌법재판소, 검찰청의 법원사무직렬·등기사무직렬·검찰사무직렬 또는 마약수사직렬 공무원으로 7급 이상의 직에 7년 이상 근무한 경력이 있는 자

법원직원이나 검찰직원이 아닌 사람들이 도전하는 법무사 시험은 합격하기가 매우 어렵다고 한다. 그 점을 감안하면 1차 시험 면제, 2차 시험 일부과목 면제는 상당한 이점이다. 요즘같이 장수하는 시대에는 65세에 정년퇴직을 한다고 해도 무언가 할 일을 찾아야 할 만큼 젊다. 퇴직 후에도 20년에서 30년의 인생이 남아 있어 연금만으로 무위도식하며 살 수는 없다. 연금도 예전보다 많지 않아 연금만으로 생활하기 힘들다는 것이 퇴직자들의 다수 의견이므로 퇴직 후에 주어지는 법무사 자격의 혜택은 무시할 수 없는 이점으로 작용하고 있다.

요즘은 예전처럼 법무사 수입이 많지 않다고는 하지만 퇴직 후 많은 돈을 벌고자 욕심 부리지 않는다면 소일거리 겸, 용돈 벌이 겸으로 노년까지의 삶에 많은 도움이 되는 부분인 것은 사실이다.

대부분 사람들이 알고 있겠지만 법무사가 하는 일은 법원과 검찰청에 제출하는 서류의 작성, 등기나 그 밖에 등록신청에 필요한 서류의 작성, 등기·공탁사건 신청의 대리, 경매, 공매 상담 및 입찰신청의 대리, 파산사건이나 개인회생사건 신청의 대리 등의 업무를 하고 그 대가를 받는다. 주로 법원이나 검찰청 앞에 사무소를 차리거나 법원 등기소 근처에 개설하고 있고, 대부분 사무장 1명과 여직원 1명을 고용한다. 일이 많은 사람들은 여러 명을 고용하는 사람도 있지만 요즘은 많은 인원을 고용하지 않는 추세이고, 사무장 없이 혼자서 일하는 법무사도 많아지고 있다.

지방법원에 소속되어 법률에서 정하는 바에 따라 재판의 집행, 서류의 송달, 그 밖의 법령에 따른 사무에 종사하는 사람들을 집행관이라고 한다. 검찰수사관은 퇴직 후 이 집행관의 일을 할 수 있다.

일반인들은 생소한 법이겠지만 집행관법이라는 법이 있고, 집행관법 제3조에 집행관의 자격을 명시하고 있다. 10년 이상의 검찰주사보 또는 마약수사주사보 이상의 직급으로 근무했던 사람 중에 지방법원장이 임명하게 되어 있다. 검찰수사관으로 근무하다 퇴직 직전에 집행관의 자리가 있다면 지원하여 임명받을 수 있다. 정년은 61세, 임기는 4년이고 연임할 수는 없다.

퇴직하는 검찰수사관들 모두에게 기회가 가면 좋겠지만 현실은 그렇지 못하고 경쟁이 치열하여 주로 4급 서기관 이상의 퇴직자들이 지원하여 맡고 있다. 퇴직 후 4년 동안이지만 집행관의 수입이 공무원으로 근무하던 때 받았던 봉급의 2~3배 이상이 되는 것으로 알려져 있어 기회가 되면 하고 싶어 하는 검찰직원들이 많다. 검찰직원보다는 법원직원들에게 제공되는 자리가 더 많다. 법원에 소속되어 있고, 지방법원장이 임명하는 자리이기 때문에 대부분 법원직원들이 맡는 경우가 많고, 검찰직원들에게는 그중 일부가 주어져 있다. 지방법원에 소속되어 있고, 지방법원장의 감독을 받아 민사재판의 집행 등의 업무를 하고 있어 공무원으로 알고 있는 사람들이 있지만 집행관은 공무원이 아니다.

공무원 퇴직연금

공무원을 선호하는 이유 중에 신분이 보장되고 안정적이라는 것 외에 퇴직 후 연금을 받을 수 있다는 것이다. 인간의 수명이 거의 100세까지 늘어난 요즘 시대에는 노후의 수입은 필수적이고, 따라서 사람들은 노후 대책에 필사적이다. 그런 면에서 보면 공무원에게 퇴직 후 지급되는 공무원연금은 공무원 선택의 가장 매혹적인 당근일 수도 있다. 물론 따로 많은 액수의 개인연금을 넣어 노후를 대비할 수도 있겠으나 수입이 많지 않은 한 개인연금을 많이 넣어 노후 보장을 받기는 상당히 어려운 것이 현실이다. 정년을 몇 년 앞둔 나도 이 연금 액수에 촉각을 곤두세우고 있다. 따로 특별히 벌이 활동을 하지 않으면 연금에 의존하는 생활을 해야 하기 때문이다.

검찰공무원으로 30년 이상 근무하고 정년퇴직을 한다면 연금이 얼마나 될까 하는 생각도 해볼 것이다. 결론부터 말하면 30세에 9급으로 임용되어 5급 사무관으로 60세 정년을 맞이한다면 30년을 근무하게 되는데, 연금은 2021년 현재 기준으로 약 250만 원~300만 원가량 된다. 어느 경제 전문가의 책에서 공무원의 연금 액수는 일반 사람이 퇴직 후 10억 원가량을 모아두어야 매월 받을 수 있는 정도의 액수라고 하니 노후 대책으로는 적지 않은 액수이다. 물론 개인마다, 소비수준에 따라 다르겠지만 나와 같이 아주 평범한 소시민의 입장에서 생각이다.

연금법이 수차례 개정되면서 적용방법이 개인마다 달라 정확한 평균을 내기는 어렵지만 대략 액수는 이 정도 된다고 생각하면 된다. 정확한 액수는 아니고 내가 주변 사람들 연금액수를 듣고 하는 말이니 이 금액을 기준으로 삼지는 말고 궁금증 해소 차원에서 알기만 했으면 한다. 알고 있겠지만 정년과 연금은 검찰수사관만 해당되는 것이 아니다. 타 부처 공무원과 다를 바 없으니 오해 없길 바란다.

04

✧

검찰수사관에 대한 복지 제도

독신자 숙소 제공

독신자 숙소, 말하자면 관사다. 관사를 제공해주는 건 복지라고 해야 적절한 것 같다. 수사관들이 객지에 가면 있을 곳이 없으므로 독신자 숙소가 마련되어 있다. 규모나 방의 개수는 다르지만 전국 검찰청에 독신자 숙소는 있다. 서울에는 검찰청마다 따로 마련되어 있는 것은 아니고, 서울 영등포구 문래동에 카튼빌 290명, 송파구 문정동에 라온빌 140명이 입주할 수 있는 독신자 숙소가 마련되어 수도권 검찰청에 근무하는 직원들이 이용할 수 있게 하고 있다. 투룸 형태로 단독 거주자 우선으로 신청받는다. 주로 지방에서 올라온 직원들이 신청하여 사용하고 있다.

독신자 숙소와 관련된 에피소드가 있는데 내가 한 직급 승진했을 때 인천지검 강력부로 발령 났을 때 이야기다. 내가 근무하던 청이 순천지청이었으니 순천에서 인천까지면 4시간가량 걸리는 거리다. 검사도 아니고 검찰수사관이 무슨 벼슬이라고 그 머나먼 인천까지 발령을 내느냐고 투덜거리는 아내를 뒤로하고, 최소 1년간은 아내로부터 해방이라는 속마음을, 아주 슬픈 표정의 메소드 연기로 감추며 발령청인 인천지검에 도착했다.

배정된 독신자 숙소에 발을 들이니 지은 지 한참인지 여기저기 싸구려 여인숙의 풍미가 가득하고, 외로움을 걱정해서인지 세 평가량의 공간에 젊은 수사관과 둘이서 살도록 배정해주었다. 그런데 나에게 배정된 독신자 숙소 오른쪽에 새로 신축하여 깨끗하고 심플해보이는 다른 숙소가 버젓이 있었다. 나도 나름 선임수사관인데 왜 좋은 숙소를 놔두고 오래된 숙소에 배정했는지 살짝 기분이 좋지 않아 알아본 사연인 즉, 최근에 입사한 신규 수사관들 먼저 좋은 숙소, 그다음 순위가 경력 있는 선임 순으로 배정되었다고 했다. 신규 수사관들을 배려한다는 검사장의 지시였다고 하니 할 말이 없었다.

아내와 같은 방을 쓰기도 불편한 나이인데, 나이 들어 다른 이와 한 방에서 같이 생활하기는 많이 불편하다. 월세가 적당하면 따로 나가서 지낼 생각으로 청사 주변 원룸을 알아보았다. 보증금 500만 원에 월 35만 원 정도였다. 하루를 고민하다 그냥 생각을 접었다. 살 방이 없는 것도 아니고, 35만 원이면 막걸리에 파전을 매일 먹을 수 있는데….

젊은 수사관과의 동거는 생각보다 나쁘지 않았다. 부지런한 젊은 수사관이 방을 깨끗이 정리하고 필요한 일들을 소리 없이 처리해준

덕분에 나름 여유로운 1년을 보내고 집으로 복귀할 수 있었다.

검찰수사관들은 5년마다 의무적으로 이동한다. 몽골의 유목민도 아니고 중간에 승진이라도 하게 되면 또 이동해야 한다. 다행히 유목민의 '게르'를 가지고 다닐 필요는 없다. 전국 검찰청엔 이런 직원을 위한 숙소를 마련해두고 있다. 가족을 데려와 살 수는 없다. 3~4평의 작은 공간이고, 독신자를 위한 공간이니 가족 살림은 할 수 없게 되어 있다.

몇 년에 한번 인사이동으로 다른 도시에 가서 살아보는 것도 색다른 재미이다. 아내들이 들으면 뭐라 하겠지만 가족들에게 부대끼다 혼자 살면 홀가분한 것도 있고, 퇴근 후에 특별히 할 일이 없으니 취미생활이나 도시 근처를 돌아보는 재미도 괜찮다. 그래도 바람을 쐴 뿐 바람을 피워서는 안 된다. 너무 오랫동안 가족을 떠나면 힘들겠지만 1~2년 정도는 괜찮다. 의외로 제주지방검찰청 근무를 지원하는 직원들도 꽤 있다. 1~2년 정도 제주에서 살아보는 것도 괜찮지 않은가. 휴가철이면 가족들을 제주도로 불러 같이 시간을 보낼 수 있다는 장점도 있다.

저금리의 신한은행 마이너스 통장 개설

마이너스 통장 개설을 복지혜택이라고 말하기는 좀 그렇지만 공무원은 주택구입 시 대부분이 대출을 받는다. 아주 중요한 부분이다. 공무원뿐만 아니라 사회에 첫발을 내딛는 젊은이들의 상황은 거의 비슷할 거로 생각한다. 로또에 당첨되거나 돈 많은 부모를 두지 않은 이상 사회 초년생이 대출 없이 살 집을 마련할 수는 없다.

검찰청에서는 신한은행과 급여이체 거래를 하고 있다. 따라서 그에 대한 보상인지 검찰수사관들에게는 신한은행에서 낮은 금리로 마이너스 통장을 개설해준다. 은행 방침이 어떤지 모르므로 여기서 금액을 공개하는 것은 적절치 않지만 주택구입 시 도움이 되는 상당한 금액정도가 시중보다 저리로 대출이 된다. 마이너스 통장을 사용하지 않는 게 가장 좋지만, 어차피 대출을 받아야 하는 상황이라면 저리의 대출이 낫지 않겠는가. 슬픈 현실이지만 사실 공무원에겐 다른 것보다 이런 부분이 실질적인 도움이 된다. 결혼하려면 대출도 좀 받아야 할 거고. 차를 사려고 해도 마찬가지다. 대출 없이 살 수 있으면 좋겠지만 공무원이 자력으로 대출 없이 살기는 힘든 현실이다.

검찰가족복지회 설립

법무부, 법무연수원을 포함하여 검찰 전 직원을 대상으로 검찰복지회가 설립되어 있다. 검찰복지카드를 발급받아 사용한 자에 한하며, 휴양시설(콘도)을 매입하여 직원들이 휴가 시 사용할 수 있다. 대명리

조트, 한화리조트, 리솜리조트, 롯데리조트 등 콘도가 매입되어 있어, 매우 저렴한 비용으로 많은 검찰직원들이 가족들과 함께 휴가철에 이용하고 있다. 또한 복지회에서 직원 및 가족의 입원치료 시 일정 조건 하에 500만 원 범위 내 지원이 되는 상병부조금과 직원 및 가족의 사망 시 상조용품 등을 지원하고 있다.

공무원 맞춤형 복지제도

공무원 맞춤형 복지제도는 공무원의 다양한 복지수요를 충족하기 위해 공무원 각 개인에게 주어진 복지점수(포인트) 범위 내에서 본인에게 적합한 복지혜택을 선택하도록 하는 제도다. 복지 포인트로 공무원 단체보험에 의무가입하도록 되어 있고, 나머지 포인트로는 건강관리, 자기계발, 여가활용 등에 사용할 수 있다. 1년에 한 번씩 갱신되며, 1년이 지나면 소멸하므로 기한 내에 사용해야 한다. 포인트 사용 후 지급청구를 하면 계좌로 해당 금액을 입금해준다. 포인트는 1점당 1,000원으로 산정되고, 전 직원에게 400점을 일률 배정한다. 근속연수에 따라 1년당 10점이 추가되는데 최고 300점까지다. 가족복지점수도 있는데 배우자 100점, 자녀나 부모 1인당 50점, 자녀 중 둘째 자녀는 100점, 셋째 자녀부터는 200점이 부여되는 것으로 되어 있다. '인사혁신처' 맞춤형복지제도 업무처리기준에 따른 것이다. 해당 기관별 예산액 등을 감안하여 소속기관의 장이 다르게 정할 수도 있다고 되어 있으므로 모든 부처가 동일하지는 않은 것 같다.

기본복지점수	근속복지점수	가족복지점수
전 직원에게 400점 일률배정	1년 근속당 10점 최고 300점 배정	배우자포함 4인 이내 • 배우자 100점, • 직계 존·비속 1인당 50점, • 직계비속 중 둘째 자녀는 100점, • 셋째 자녀부터는 200점

복지점수로 가입하게 되는 공무원 단체보험은 생명상해보험이다. 생명보험으로 보장한도가 2억 원까지, 의료비 보장 3천만 원까지 보장되는 상해보험, 그리고 병원 입원일당 3만 원까지 지급되는 실손보험 등이 있는데 적은 보험료로 보장성이 좋은 상당히 유익한 보험이다. 나는 단체보험가입에 사용하고 남은 복지 포인트는 대부분 읽을 책을 구입하는 데 사용하고 있다.

검찰가족복지카드 발급

검찰직원을 대상으로 신한은행카드, 우리은행카드, 국민은행카드 등에서 검찰가족복지카드를 발급하고, 다양한 할인제도가 운영되고 있다. 이 검찰가족복지카드를 사용하면 사용량에 따라 포인트가 발생하는데 그 포인트를 모아 검찰가족복지회에서 검찰직원을 위한 콘도회원권 등을 구입하고, 직원들을 위한 복지자금으로 사용한다. 콘도 등을 이용하려면 이 검찰가족복지카드를 사용해야 한다.

대검찰청 예식장 운영

대검찰청에 예식장을 운영하여 검찰직원과 그 자녀들이 이용할 수 있다. 예식장 사용료가 저렴하여 많은 검사들과 직원들이 이 예식장을 이용하고 있다. 사용료는 8, 9급이 30만 원, 6, 7급이 50만 원, 검사 및 5급 이상이 70만 원, 퇴직자 100만 원 등이다. 이 금액은 대검 복지 사이트에 올라있는 자료이므로 대충 이 정도 되는가보다 정도로 보면 될 것 같고, 정확한 금액은 이용 시 확인이 필요하다. 대검찰청 별관 4층에 예그리나홀(173평 316석, 극장식)이 있고, 피로연장소로는 별관 아람홀(2층, 284석), 라온홀(3층, 228석)로 구성되어 있다.

어린이집 운영

서울고검 다솜어린이집, 부산고검 부산검찰어린이집, 인천지검 꿈마루어린이집, 서울동부지검 푸른솔어린이집을 각 운영하고 어린 자녀를 둔 검찰직원에게 보육환경 및 교육서비스를 제공하고 있다. 아이를 데리고 출근하여 어린이집에 맡긴 후 퇴근하면서 데리고 갈 수 있다. 검찰청사 바로 옆에 마련되어 있어 마음 놓고 근무할 수 있다. 아직은 몇 군데 되지 않지만 전 검찰청으로 확대되면 좋을 텐데 하는 바람이 있다.

검찰제주수련원 운영

제주에 '프로스 힐'이라는 검찰전문화연구시설을 설립하여 운영하고 있다. 검찰직원들의 그룹스터디, 세미나 등에 대여해주고 있다. 1일에 1~2만 원 정도로 엄청 저렴하다. 서귀포에 있는데 휴양시설은 아니고, 세미나 등을 위해서 이용하는 검찰전문화연구시설이다. 취사는 불가능하고, 연구 일정이 없는 공실에 한하여 직원이 개별 정서함양 등 힐링 목적으로 이용할 수 있다. 설립된 지 몇 년 되지 않아 저자도 가보지는 못했지만 사진으로 보면 아주 세련된 건물로 주변 환경 또한 아름다워 보였다.

08

검찰청에 대한 오해와 진실

검찰에 대한 오해는 검찰에 대한 불신과 알려지지 않은 검찰 내의 속사정 등도 그 이유 중에 하나지만 영화 속의 과장된 연출 또한 오해의 이유로 작용하고 있다. 요즘은 그래도 영화나 드라마가 현실과 거의 유사하게 연출하기도 하지만 아직도 검찰에 대한 오해는 존재한다. 가장 많은 오해와 궁금해하는 부분을 다뤄보았다.

01

❖

검찰수사관에게 총이 있을까?

내가 검찰에 들어오기 전, 검사와 수사관이 총을 쏴서 조폭을 검거하는 영화 장면들이 가끔 있었다. 그 때문에 나도 검찰에 입사하기 전에는 검찰수사관들은 총을 소지하고 있는 것으로 알았다. 나의 경우는 아니지만 예전에 신입 검찰수사관에게 선배들이 총무과에 가서 총을 수령해오라는 농담을 하는 경우가 있었다고도 한다. 검찰에 들어온 이후 내 옷을 들추며 총을 찾는 친구도 있었다.

요즘도 인터넷에 검찰수사관이 총을 사용하는지를 묻는 질문이 있었다. 아쉽게도 검찰수사관에겐 총이 없다. 검거 장비라고 해야 가스총, 삼단봉, 수갑 정도이다. 그나마 수갑 외에는 거의 사용할 일도 없을뿐더러 사용하지도 않는다. 우리나라가 그 정도로 험악하지는 않다. 물론 가끔 검거 장비가 필요한 경우도 있다. 2007년경인가 검찰수사관이 테이저건을 사용하여 피의자를 제압·검거하면서 국가인권위원회에서 문제삼은 적이 있었다. 그 피의자는 검찰수사관을 칼로 찔러 상해를 입게 한 전력이 있는 피의자였다. 전력이 있는 피의자가 칼을 소지하고 있었고, 도주하는 피의자의 제압을 위해 테이저건을 발사한 검찰수사관들에게 결국 주의를 준 사안이었다.

그 당시 언급된 문제가 검찰수사관들에게는 테이저건을 사용할 수 있는 근거 규정이 없다는 것이었다. 경찰관은 경찰관직무집행법에 그 근거규정이 있으나 검찰수사관들에 대한 규정은 따로 없다는 것이다. 이렇듯 검찰수사관들은 테이저건 하나를 사용하는 데도 제약이 있다. 하지만 이 같은 경우는 특별한 사례이고, 사실 검찰수사관에겐 이런 장비가 필요한 경우는 많지 않다.

물론 마약사범의 경우엔 좀 다르다. 마약수사직렬 같은 경우에는 마약사범이라는 특성 때문에 검거장비 휴대는 필수적이다. 하지만 마약수사직이 아닌 검찰직의 경우에는 장비를 소지하고 검거에 임하는 수사관들은 거의 없다. 물론 조직폭력배 등 강력사범 검거현장에서 가끔 다치는 경우도 있지만 거의 드문 일이고 위험한 검거현장의 경우에는 경찰의 협조를 받는다. 아무래도 현장일은 검찰보다 경찰이 전문이기 때문이다. 그래도 우리나라 조폭들의 경우 검찰청에서 나왔다고 하면 대부분 반항 없이 협조하는 경우가 많다.

가끔 영화를 보면, 조명은 어둡고, 한쪽 면은 밖에서만 보이는 유리로 되어 있고, 가운데 책상 하나만 덩그러니 놓여 있는 장소에서, 수갑을 찬 피의자가 고개를 숙이고 있고 건너편에 검사가 위압적인 자세로 앉아서 추궁하고 있는 장면들이 묘사된다.

이것도 영화의 연출 장면이다. 다만, 유사한 조사실은 있다. 앞서 설명했지만 영상녹화조사실이라고 하여 조사장면을 모두 녹화하는 곳이다. 피조사자에 대한 인권침해를 방지하고, 조사의 객관성을 위해 마련된 조사실인데 한쪽 면이 유리로 되어 있어 밖에서 내부를 볼 수 있다. 하지만 전혀 어둡지도 않고, 검사나 수사관 혼자 조사하는 경우도 없다. 위협적인 총기를 소지하거나 영화처럼 무섭게 조사하는 검찰청은 없다. 영화는 영화일 뿐이다.

02

❖

검찰수사관 신분증과 명함

신분증, 이게 참 묘한 거다. 자신의 신분을 알리는 데 사용하는 물건이지만 자신이 매우 특별한 사람이라는 의식이 전제되어 있다. 딱히 내세울 만한 직업이 아닌 사람, 객관적으로 부러워할 만한 직업을 갖지 못한 사람이 신분증을 제시하지는 않는다. 신분증 제시는 과시욕이 전제되어 있다.

검찰에서는 10여 년 전 검찰배지를 제작했다. 경찰 배지와 비슷한 생김새로 미국 영화에서 "FBI다" 하며 제시하는 그 배지 모양이다. 제작된 배지를 각 청마다 수여식까지 했다. 당연히 지금은 사라지고 없다. 제작 동기는 이해가 간다. 검찰직원들의 사기 진작과 자부심 고취 차원이었으리라. 공무원증이면 충분할 것이므로 불필요한 물건으로 천대받다가 결국 폐기되면서 기념품이 되고 말았다. 검찰직원들의 신분증은 공무원증이다.

자신을 표현하는 물건으로 또 명함이 있다. 요즘 명함은 대부분 직업과 전화번호를 알리는 수단으로 많이 사용한다. 초면 인사와 함께 직업은 이야기하기 때문에 명함은 이제 전화번호를 알리는 수단으로 사용하기도 한다. 최근 어느 검찰수사관의 유튜브 인터뷰를 보고 깜짝 놀랐다. 검찰수사관들은 명함이 없다는 주장이었다. 아마 검찰수사관은 신분을 감춘다는 뜻으로 보였는데, 신분이 창피하다는 의미인지, 신비주의를 지향한다는 것인지 의도가 애매했지만, 아무튼 잘못된 사실의 전달이었으니 안타까움이 있었다.

검찰수사관이 명함이 없다는 말은 잘못된 생각이다. 명함은 자신이 하는 일과 연락처를 알리는 매개체 역할을 하므로 명함전달은 자신을 소개하는 수단일 뿐이다. 사용 빈도가 적어 만들지 않는 수사관이 많지만 대부분 명함은 가지고 있다. 검찰로고를 새겨 물건을 판매하는 '검찰복지 몰'에도 명함 샘플 세 가지가 소개되어 있다. 명함교환은 사회생활의 예의일 수 있으니 명함은 필요하면 만들면 된다.

03

❖

검찰 수사 환경의 변화

타자기에서 컴퓨터로 변화

내가 검찰에 임용된 시기에 조서 작성 도구는 타자기였다. 타자기 윗면에 종이를 끼워 넣고 자판을 내려치는 방식이었다. 몇 자 정도의 수정은 화이트로 고쳤지만 그 이상이 잘못되면 처음부터 다시 작성해야 했다. 그 당시는 사무실에서 담배도 피우던 시절이었다. 선임 계장이 담배를 꼬나물고 타자기를 내려치며, 앞에 앉은 피의자를 향해 인상 쓰며 추궁하던 기억들이 있다. 타자기도 정부 물품이 아닌 개인이 구입했다. 당시 기준으로 개인이 구입하기엔 꽤 고가였는데 국가에서 지급되지 않았다. '스미스코로나', '마라톤타자기'라는 브랜드였을 것이다. 다행히 내가 타자기를 구입하기 직전에 'XT 컴퓨터'가 보급되었다.

지금은 컴퓨터 아니면 업무를 하지 못하고, 잠깐 정전만 돼도 모든 업무가 올스톱 된다. 모든 서류를 컴퓨터로 작성하고, 필요한 법조문의 검색까지 모두 인터넷을 이용한다. 수사에 필요한 자료를 이메일로 받고, 객관적인 자료를 인터넷에서 찾아낸다. 포렌식, 심리분석, 회계분석 등 과학수사 기법이 도입되고, 이제는 아날로그 방식으로는 수사를 할 수가 없는 실정이다. 피의자들도 자료를 메일로 송부하거나 휴대폰으로 사진을 찍어 보낸다. 이제는 컴퓨터 사용이 미숙하거나 과학수사에 필요한 프로그램에 익숙하지 못한 수사관은 도태된다. 능숙한 워드 작성 및 편집, 엑셀의 현란한 사용, 인터넷 자료 검색, 계좌분석프로그램 활용, IP 추적 등은 기본이 되었다. 요즘 젊은이 중 워드나 엑셀을 하지 못하는 사람들은 거의 없겠으나 검찰수사관을 준비하는 독자들은 숙달시켜 둘 필요가 있다. 수사 환경이 많이 변했다.

폭탄주가 사라졌다

얼마 전까지만 해도 '검찰의 회식'하면 폭탄주를 연상하는 사람이 많았다. 그만큼 예전엔 검찰에서 폭탄주를 많이 애용했다. 망측한 폭탄주 제조 방식을 회식에서 시연하던 부장이나 기관장도 있었다. 나도 몸 상하는 줄 모르고 폭탄주를 들이붓던 때도 있었다. 군사정권 시대의 못된 술 문화가 검찰로 넘어와 행해졌던 부끄러운 단상이다. 이제 검찰직원들의 회식 자리에서 폭탄주는 찾아보기 힘들다. 술을 강권하는 문화도 사라졌다. 가끔 맥주에 소주를 섞어 마시는 사람이 있지만 예전같이 폭탄주라고 할 만한 정도가 아닌 맥주에 소량의 소주를 타는 정도가 대부분이다. 술을 마시되 누군가 따라주지 말고, 각자, 마시고 싶은 사람이, 마시고 싶은 양만 따라서 마시도록 권유하는 기관장도 최근 있었다. 술 문화도 자유롭게 바뀌었다.

검사실에서는 주 1회가량 같이 점심 식사를 같이 한다. 점심 메뉴는 거의 비슷하다. 사무실 근처 식당에서 김치찌개, 추어탕, 곰탕, 중국음식, 육개장, 청국장 등이 대부분의 메뉴이다. 여느 직장인과 딱히 다를 것도 없고, 비싼 음식을 먹을 돈도 없다. 검사실마다 다를 수 있으나 저녁 회식은 월 1회가량 하고 있고, 술 마시는 것을 대신해 영화를 보거나, 볼링을 치는 등으로 회식을 대신하는 경우도 많다. 검사를 비롯하여 요즘 젊은 사람들은 술자리를 예전만큼 좋아하지 않는 것 같다. 고무적인 일이다.

인권보호가 강화되었다

예전에는 피의자를 함부로 대하는 걸 당연시하는 시대도 있었다. 영화에서도 피의자의 머리를 툭툭 치며 함부로 대하는 형사나, 검사를 터프한 남자로 묘사하곤 했었으니. 요즘은 피의자를 대할 때 최대한 조심해야 한다. 인권감독관이 생겼다. 최근 대검에 인권부를 신설하고 전국 12개 주요 검찰청에 인권감독관을 배치해 수사 과정에서 인권침해는 없었는지, 건강상태는 양호한지 등 피의자의 인권보호와 직결된 사항을 면담하는 '인권감독관 면담제도'를 도입했다. 감찰부서에서도 수시로 교도소에 수감되어 있는 수감자들에게 설문지를 받는다. 가혹행위가 있었는지를 확인하기 위함이다. 요즘 누가 가혹행위를 하겠냐마는 어쨌든 그렇다. 시대가 엄청 변했다. 피의자도 존중해야 한다. 함부로 대했다가는 오히려 수사관이 다친다.

검사 회의 및 수사관 회의 구성이 논의된다

아쉽게도 검사와 검찰수사관들은 노동조합을 설립할 수 없다. 공안직군으로 분류되는 직군은 노조설립의 길을 아예 막아놓았다. 직원들을 대표하는 단체가 없으니 직원들의 목소리가 상부에 전달되지 않는다. 다행히 검찰개혁과 관련하여 설립된 법무·검찰개혁위원회에서 2019. 11. 25. 일반검사 회의와 수사관회의를 민주적으로 구성하여 자율적 활동을 보장하길 권고한다는 내용의 언론보도가 있었다. 언론에 보도된 권고사항의 요지는 이렇다.

현재까지 검찰구성원이 검찰청 조직 및 운영에 관한 사항 등에 대해 자유롭게 의견을 교환하고 이를 전달할 수 있도록 하는 의사소통 창구가 마땅히 없는 상황이다. 이에 법무부, 대검찰청 등 상급기관이나 기관장의 정책결정 시 실무를 담당하는 일선 검사, 수사관에 대해서는 형식적인 의견조회를 거칠 뿐이고, 소수 구성원의 일회성 문제제기는 의사결정에 충분히 반영되기 어렵다. 결국 단독관청에 의한 형사사법작용이라는 업무 특성이 무색할 정도로 과도하게 상급기관의 의지에 따라 의사결정이 이루어지게 된다. 나아가 수직적이고 경직된 조직문화 때문에, 검찰권의 신중하고 공정한 행사를 위해 필요한 제반사항에 대한 고려를 충분히 하지 못한 채 의사결정이 이루어지고, 상관의 부당한 업무지시에 문제제기를 하기 위해서는 각 구성원의 희생이 필요한 상황이며, 복종과 희생이 조직의 미덕으로 통용되어 구성원들의 사기가 저하되거나 심리적 부담에 시달리는 사례가 발생하고 있다.

건강한 조직문화 형성을 위해서는 각 검찰청에서 구성원들의 의사를 수렴하여 상급기관이 의사결정에 의견을 제시하거나 문제제기를 하는 등 수평적 의사소통이 가능하도록 상설기구를 만들 필요성이 있다. 다수의 선진국은 일반검사들에 의해 민주적으로 구성된 회의체가 검찰조직 운영의 실질적인 주체로 활동하고 있다. 따라서 대한민국 검찰청에서도 각 검찰청별로 일반검사, 6급 이하 수사관 전원을 구성원으로 하는 회의체를 각각 구성하고, 정기회의 및 임시회의를 개최하도록 해야 한다. 회의체의 의장, 운영위원 등 대표자는 원칙적으로 남녀 동수로 하여 비교적 소수인 여성의 의견을 충분히 대표할 수 있도록 구성하고, 구성원의 근무 연수와 직급 비율을 고려하여 저년 차 검사, 하위직급 수사관의 의견을 충분히 수렴할 수 있도록 구성해야 한다. 이로써, 회의체가 활성화되면 일반검사회의는 검찰내부의 부당한 업무지시에 대한 견제 기능을, 수사관회의는 검사의 권한남용에 대한 견제 기능을 수행할 수 있으리라는 것이 그 요지다.

그 이전인 2018년 4월경에도 이미 검사회의와 수사관회의를 구성토록 하라는 권고는 있었다. 1년 7개월가량이 지났음에도 아무런 조치가 없자 2019. 11. 다시 권고했던 것이지만, 지금 이 글을 쓰는 2021년까지 아무런 조치는 이루어지지 않고 있다. 현재 이 회의체 구성에 대한 촉구는 검찰직원 게시판에서 수사관 개개인이 적극적으로 주장하고 있으나, 아쉽게도 상부에서는 아무런 답변이 아직도 없다. 그나마 예전보다 나아진 점은, 법무·검찰개혁위원회에서 권고하고 있고, 게시판에서도 논의되고 있다는 것이다. 조금씩 두드리다 보면 언젠가는 이루어질 것으로 기대한다. 검찰구성원들의 민주적 참여문화와 수평적 조직문화를 조성하고, 권한분산과 견제를 위해 검찰구성원들의 의사결정절차는 꼭 필요하다. 이 글을 읽는 독자 중에 검찰에 들어오는 분이 있다면, 수사관회의체 구성에 적극적으로 나서주길 바란다.

부록

검찰수사관에 대한 질문과 답변

인터넷에 올라온 검찰수사관에 대한 질문들을 정리하여 답변을 작성해봤다. 기본적으로 '검찰수사관이 무슨 일을 하나요?'라는 질문이 가장 많았지만, 하는 일에 대한 내용은 본문에서 모두 설명했으므로, 본문에 없는 질문을 위주로 발췌하여 작성했다.

Q 요즘 수사권 조정 때문에 검찰에서 수사하지 않는다고 하는데, 그럼 검찰수사관이 없어지나요? 검찰수사관을 준비하고 있는데 포기해야 할지 어쩔지 몰라서요.

A 검·경수사권 조정으로 인해 형사소송법이 개정되었고, 변화된 업무가 시작되었습니다. 검찰수사관들의 업무도 변화가 있으나 예전보다 오히려 할 일이 많아졌습니다. 조서 작성이 주된 업무였지만 이제는 사건기록 검토와 판단 등이 주 업무로 바뀌게 되었고, 그로 인하여 수사관의 위상 또한 커지게 되었습니다. 인사혁신처에서 이미 공지한 바와 같이 2021년 검찰수사관 채용 인원이 2020년보다 오히려 더 늘었습니다. 검찰수사관에 뜻이 있다면 포기하지 말고 도전하시기 바랍니다.

Q 영화를 보니 검사와 형사가 같이 수사를 하던데, 검사가 형사와 함께 수사하는 것이 맞는가요?

A 검찰청에서 검사와 함께 수사하는 사람은 검찰수사관입니다. 형사는 경찰관으로 경찰서에서 근무하므로 검사와 형사가 같이 근무하지는 않습니다. 다만 검찰로 송치된 사건과 관련하여 형사에게 수사의 내용을 보완하라는 요구는 할 수 있습니다.

Q 검찰수사관의 퇴근 시간은 몇 시인가요?

A 공무원 출근 시간은 오전 9시이고, 퇴근 시간은 오후 6시입니다. 일이 많으면 야근도 합니다만 요즘은 야근하는 경우는 많지 않습니다.

Q 검찰수사관을 준비하는 고3입니다. 졸업 후 바로 시험을 보려면 무엇을 준비해야 하고, 20대 초반에 합격할 수 있을까요?

A 검찰수사관은 국가직공무원입니다. 고등학교 졸업 후 검찰직 시험에 응시하여 합격하면 됩니다. 시험응시과목은 이 책 본문에서 설명했고, 자세한 내용은 인사혁신처 홈페이지 공지사항을 참고하면 됩니다. 모든 시험은 응시하는 사람의 노력에 달려 있을 것입니다. 열심히 하면 어떤 시험이든 충분히 합격할 것입니다.

Q 고졸로 검찰수사관이 되면 무시당하거나 승진이 늦어지나요?

A 학력 때문에 무시하거나 승진이 늦어지는 경우는 전혀 없습니다. 본인이 이야기하지 않으면 학력도 알지 못합니다. 공무원은 학력과 무관하니 안심하시고 응시해도 됩니다. 승진은 공무원으로 임용되면 본인 노력하기 나름입니다.

Q 검찰청에 가본 적이 없어서요. 검사마다 방을 하나씩 쓰나요. 검사 1명당 수사관은 몇 명이 배치되나요?

A 검사마다 각자 검사실이 있습니다. 1개 검사실에는 검사, 수사관 1~2명, 실무관이 근무하고 있습니다만 근무환경은 상황에 따라 변할 수 있습니다. 현재, 업무의 효율성을 위해 검사와 수사관이 근무하는 공간을 분리하는 방안도 강구하고 있습니다.

Q 사무국에는 검사가 없나요. 사무국장은 검사가 아닌가요?

A 검찰청은 크게 검사실과 사무국으로 구분됩니다. 검사는 검사실에 근무하기 때문에 사무국에는 검사가 없습니다. 사무국에는 일반 직원들만 근무하고 사무국의 총 책임자인 사무국장은 검사가 아닙니다. 일반직 검찰공무원으로 3급 이상입니다.

Q 검찰수사관이 직접 현장에서 범인도 검거하나요?

A 네, 검찰수사관도 현장에 나가 직접 범인을 검거합니다. 하지만 우리나라 수사구조상 범인 검거는 대부분 경찰에서 이루어지기 때문에 검찰에서 검거업무는 많은 비중을 차지하지 않습니다. 검찰수사관은 사무실에서 경찰이 송치한 사건기록을 검토하고 조사하는 업무가 대부분의 비중을 차지합니다. 다만, 집행과에서는 벌금 미납자 검거를 위해서 현장에 나가야 합니다.

Q 검찰수사관을 지원하려면 군대는 어디를 나와야 유리할까요. 검찰수사관이 총기도 소지하나요?

A 검찰수사관을 지원하는 데 있어 군 복무는 아무런 상관이 없습니다. 다만 군 복무 기간은 경력으로 인정되어 호봉에 산입됩니다. 간혹 영화에서 검사나 검찰수사관이 총기를 소지하는 것으로 묘사하여 오해하는 사람들이 있는데, 검찰수사관은 총기를 휴대할 수 없습니다.

Q 검찰직 9급으로 임용되는 것과 7급으로 임용되는 것에 어떤 차이가 있나요? 하는 일이 다른가요?

A 검찰직 9급으로 임용되면 몇 년 동안 사무국에서 행정업무를 담당합니다. 반면에 7급으로 임용되면 사무국에서 행정업무를 담당할 수도 있고, 검사실이나 수사부서에서 수사업무를 맡을 수도 있습니다. 하는 일에 많은 차이가 있지는 않습니다. 아무래도 7급으로 임용되면 승진이 빠르다는 차이는 있습니다. 9급에서 7급까지 승진하는데 꽤 많은 시간이 필요합니다. 7급으로 들어오면 승진 부분에서는 그만큼의 시간을 절약하는 것이지요.

Q 검찰수사관 7급으로 시작하면 어느 직급까지 올라갈 수 있나요?

A 검찰수사관은 국가직 공무원입니다. 국가직 공무원은 9급부터 시작하여 1급 관리관까지 승진할 수 있습니다. 대검찰청 사무국장이 1급 관리관입니다. 이론적으로는 대검찰청 사무국장까지 승진이 가능합니다. 다만, 모든 직원이 대검 사무국장을 할 수는 없겠지요. 어느 직장이나 승진은 본인 노력하기 나름입니다. 공무원이 아닌 기업도 마찬가지입니다. 사원으로 입사하여 임원까지 승진하려면 많은 노력이 필요하고, 그중 1~2명 정도만 승진합니다. 공무원도 마찬가지입니다. 고위직 자리는

한정되어 있으니 모든 직원이 다 승진할 수는 없습니다.

Q 검찰수사관 시험에 합격하여 서울중앙지방검찰청에서 근무하고 싶습니다. 어떻게 하면 될까요?

A 신규발령 근무처는 지원할 수 있습니다. 주로 자신의 가족이 있는 연고지 청으로 지원하는게 일반적이지요. 그렇다고 꼭 지원한 검찰청에 발령받는다는 보장은 없습니다. 그 당시의 필요 인원 상황에 따라서 달라지는데 요즘 들어오는 신규 수사관들의 이야기로는 시험 성적이 좋으면 원하는 곳으로 배정될 가능성이 크다고 들었습니다. 하지만 다른 청에 발령을 받더라도 근무하다가 추후에 다시 서울로 희망하면 갈 수도 있습니다. 서울중앙지방검찰청에서 근무하고 싶다면 자격조건은 따로 없으니 지원하면 됩니다.

Q 검찰수사관은 전국적으로 돌아다니면서 근무해야 하나요?

A 네, 그렇습니다. 검찰수사관은 전국 검찰청 어느 곳이나 배치될 수 있습니다. 하지만 본인이 근무하기를 원하는 검찰청을 지원하게 하고, 가급적 지원한 청으로 배치되도록 배려하고 있습니다. 무작정 원하지 않는 곳에 보내지는 않습니다. 다만 승진을 하거나, 한 청에서 5년을 근무하면 다른 청으로 인사이동이 됩니다. 인사이동 된 검찰청에서 1~2년을 근무하면 다시 연고지 청으로 돌아올 수 있습니다.

Q 검찰수사관과 형사가 같은 말인가요?

A 다릅니다. 검찰수사관은 검찰직 시험에 응시하여 검찰청에서 근무하는 사람을 말하고, 형사는 경찰시험에 응시하여 경찰서에서 근무하는 사람을 말합니다. 검찰수사관과 형사는 아예 다르고, 다른 기관에서 근무하는 사람들입니다.

Q 검찰수사관도 법률 공부를 해야 하나요?

A 그렇습니다. 법률 공부는 항상 그리고 매우 필요합니다. 사건을 검토하고 조사하는 과정에서 법률규정을 알지 못하면 수사를 할 수 없습니다. 항상 법령을 검토한 후에 수사를 진행하는 것이 기본입니다. 형법, 형사소송법은 기본적으로 알고 있어야 업무를 수행할 수 있습니다. 검찰수사관으로 임용되면 직장 내에서도 법 공부를 할 기회가 많이 있습니다. 신규임용이 되면 법무연수원에서 교육을 받아야 하는데, 그때 형법과 형사소송법을 교육하고, 시험도 치를 것입니다. 이후 내부 승진시험도 치르고, 인터넷 동영상 강의, 그리고 자체 수사실무교육등도 실시합니다.

Q 검찰수사관들의 기수 문화가 심한 편인가요?

A 검사들은 기수를 따지는 문화가 있지만 수사관들은 기수에 대해서 별 문제로 삼지 않습니다. 물론 동기들끼리 모여서 모임을 갖는 경우는 있지만 기수로 인한 문제는 전혀 없습니다. 선배기수가 후배기수에 대해서 시쳇말로 군기를 잡는다던가 하는 일은 전혀 없다는 것입니다. 직장 동료로서 선배, 후배 사이 정도로 생각하면 됩니다.

Q 검찰청 내 직급의 명칭이나 순서가 어렵습니다.

A 검찰일반직의 경우 9급부터 1급까지 있습니다. 9급은 검찰서기보, 8급은 검찰서기, 7급은 검찰주사보, 6급은 검찰주사, 5급은 검찰사무관, 4급은 검찰서기관, 3급은 검찰부이사관, 2급은 검찰이사관, 1급은 관리관입니다.

대검 사무국장이 1급 관리관, 고검 사무국장이 2급 검찰이사관, 지검 사무국장이 3급 검찰부이사관급이고, 4~5급은 과장급, 6급이 주무계장급, 7급부터 9급까지는 계원으로 대부분 분류됩니다.

Q 성격이 내성적인 편인데 적응할 수 있을까요? 그리고 적성이 중요한 직렬인가요?

A 조용한 성격이라고 하여 검찰수사관에 적응하지 못하는 건 아닙니다. 검찰수사관이 활달해야 하는 것은 아닙니다. 물론 수사업무를 하는 경우 범죄 피의자에 대한 조사가 필요하므로 피의자를 리드해야 하는 경우는 있지만, 성격이 문제가 되지는 않습니다. 일반적인 회사 생활을 할 정도면 모두 잘 적응하여 생활하고 있습니다. 아주 조용한 새색시 같은 성향의 수사관도 검사실에서 베테랑 수사관으로 근무하고 있습니다.

Q 재직 도중에 퇴직하시는 분들이 많은가요?

A 예전에는 법무사 개업을 위해서 명예퇴직하는 분들이 꽤 있었습니다. 하지만 요즘은 법무사 전망이 그리 좋지 않아 퇴직자가 그리 많지 않습니다. 물론 정년을 몇 년 남겨두고 노후 준비를 위해 미리 퇴직하는 경우는 있습니다만, 예전 같지는 않습니다. 중도 퇴직이 젊을 때 퇴직하는 경우를 말하는 거라면 젊어서 퇴직하는 경우는 거의 없습니다. 현재 검찰수사관들의 이직률은 아주 낮다고 보시면 됩니다.

Q 근무복장은 양복을 입어야 하나요?

A 요즘 공무원 사회에서 양복을 입어야 하는 직장은 거의 없습니다. 자유로운 복장으로 근무하지요. 검찰도 마찬가지입니다. 의무적으로 양복을 입을 필요가 전혀 없습니다. 본인이 양복을 입고 싶으면 입고, 캐주얼하게 입고 싶으면 그렇게 입으면 됩니다. 다만 아주 튀는 복장은 안 되겠지요. 요즘은 중요한 행사가 있을 때 아니면 양복 입는 직원은 거의 없습니다.

Q 지역별로 청사의 시설 차이가 큰가요? 근무 환경은 어떤가요?

A 요즘 검찰청 청사는 대부분 신축 청사입니다. 따라서 청사는 아주 깨끗하여 근무 환경이 나쁘지 않습니다. 청사 내에 체력 단련실 등이 마련되어 있어 마음만 먹으면 퇴근 후 운동도 가능합니다. 또한 구내식당도 있어서 아침식사부터 저녁식사까지 내부에서 해결할 수 있습니다.

현직 검찰 수습 수사관의 인터뷰

검찰수사관에 도전하기로 했다면
꿈을 위해 최선을 다하라

검찰직 공채 합격 수사관 김○○

이 책을 집필하는 도중 우연히 내가 근무하는 청에 수습 수사관이 발령을 받아 왔다. 이제 갓 검찰에 입사한 후배를 보니 외부에서의 검찰수사관에 대한 인식, 검찰수사관에 지원하게 된 동기 등이 많이 궁금했다. 조심스레 인터뷰 의사를 물었고, 흔쾌히 응해주어 인터뷰를 진행하였다. 인터뷰와 정리는 저자가 직접 하였고, 수습 수사관이 정리 내용을 최종 확인하였다. 인터뷰에 응해 준 수사관님께 감사드린다.

검찰수사관 시험에 응시한 동기는 무엇인지

저는 어렸을 때부터 사회적 약자를 돕는 일을 하고 싶었고, 어렸을 때는 약자를 돕는 방법은 막연하게 '돈'으로 해결하는 것이 유일한 방법인 줄 믿었습니다. 하지만 대학 재학 중에 인권캠프나 봉사활동을 자주 다니면서 재정적인 지원뿐만 아니라 '법'이라는 전문 분야를 수단으로 그분들의 삶에 조금이나마 도움을 드릴 수 있는 사람이 되고 싶어 법조 분야의 직장을 꿈꾸게 되었습니다.

꿈 실현을 위해 로스쿨에 진학하고자 하였으나 여의치 않아 원하는 학교에 입학하지 못했고, 직업선택을 고민하는 과정에서 광주지방검찰청 봉사활동을 계기로 검찰에 대한 관심이 생겼는데 꼭 로스쿨 진학만이 사회에 공헌할 수 있는 방법이 아니구나 하는 결론을 얻었습니다. 검찰청에 보내오는 민원인들의 감사 편지 내용을 보고, 검찰에서 일하면서 범죄로부터 국민을 보호하고, 범죄로 인한 사회적 약자의 피해를 보살펴 국민의 삶에 힘이 될 수 있겠다는 생각을 굳혔습니다. 이것이 제가 검찰직에 지원하게 된 동기입니다.

검찰수사관에 대한 자료는 충분했는지

수험정보에 대해서는 인터넷 카페 및 블로그, 그리고 검찰합격수기 등을 통해 쉽게 얻을 수 있었습니다. 과목별 공부 방법, 시간활용법 등까지 인터넷에 많이 나와 있었습니다. 하지만 검찰이라는 조직이 어떤 곳인지, 또한 제가 응시하는 검찰수사관이 구체적으로 어떤 일을 하고, 어떤 사람들인지에 대한 정보에 대해서는 자료가 부족했습니다. 유튜브나 인터넷 카페에서 '현직자와의 대화'라는 코너를 통해 현직 수사관의 몇 마디 이야기는 들을 수 있었습니다만 같은 질문에 서로 다른 답변들이 있어, 제가 원하고 신뢰가 가는 정보는 아니었습니다. 결국 지인을 통해서 알게 된 현직 선배님으로부터 검찰조직에 대한 내용을 직접 듣고, 어느 정도 검찰을 알게 되는 기회가 있었습니다. 그 선배님의 조언은 검찰을 지원하는 저에게 아주 소중한 이야기였습니다. 검찰직을 지원하는 수험생들에게는 수험정보 외에 검찰조직과 검찰수사관의 실상에 대한 내용을 알 수 있는 자료가 있었으면 하는 마음이 절실했고, 자료 부족이 많이 아쉽고 안타까웠습니다.

검찰수사관 시험에 대한 수험정보 자료는 어디서 찾았는지

저는 인터넷카페나 블로그를 주로 방문하면서 정보를 얻었습니다. 네이버나 다음 등 인터넷 포털에서 '검찰수사관'을 검색하면 수험정보에 대해서는 충분히 나와 있었습니다.

합격하기까지 공부한 기간은 어느 정도 되었고, 공부는 어디서 어떤 방법으로 했는지

저는 약 8개월의 수험생활을 보냈습니다. 학원은 다니지 않았고, 8개월 동안 집에서 10분 거리에 있는 독서실을 다니며 인터넷강의를 통해 공부했습니다. 저는 이전에 한국사자격증과 국어능력인증시험 준비를 한 적이 있었고 이처럼 한국사와 국어에 기본지식이 있었기 때문에 단기간에 합격할 수 있었던 것 같습니다.

검찰 수습 수사관으로 발령을 받아 현재 어떤 업무를 하고 있는지

현재 저는 사무국 집행과 중 재산형집행계로 수습발령을 받아 일하고 있습니다. 재산형집행계는 벌금형을 집행하는 부서입니다. 그래서 저는 현재 벌금형을 선고받은 민원인들의 전화를 응대하거나 선배 수사관님들의 업무를 보조하면서 검찰업무를 조금씩 배워가고 있습니다. 앞으로는 수습 일정에 따라 집행과 외에 다른 부서의 업무도 순환 교육의 방법으로 배우게 될 것 같습니다.

지금까지 근무해본 검찰이라는 조직에 대한 느낌은 어떤지

제가 첫 출근을 한 지 약 3주 정도가 지났습니다. 첫 출근 후 근무 기간은 아주 짧지만, 첫 출근 시 느꼈던 생각과 3주가 지난 지금의 생각은 많이 바뀌었습니다. 저뿐만 아니라 검찰을 처음 접하는 대부분의 사람들이 그럴 것으로 여겨지지만, 첫 느낌의 검찰청의 공기는 무겁고, 분위기는 엄숙했습니다. 수습 발령 인사를 드렸던 모든 분이 저에게는 조금 차가워 보였습니다. 하지만 하루하루 선배님들이 근무하시는 모습도 보고, 식사 자리에도 참석하면서 계장님이나 선배님들이 농담도 하고 웃는 모습에 여기도 사람이 살고 있구나 하는 안도감을 갖게 되었고, 차갑고 무거웠던 느낌도 따뜻하고 부드러운 느낌으로 조금씩 바뀌어 갔습니다.

특히 민원인들을 대하는 모습에서 밖에서 생각했던 것과 달리 위압적인 태도가 전혀 없었습니다. 국민의 위에서 군림하는 검찰이기보다는 국민을 위해 일하는 선배님들의 모습이 인상 깊었고, 출근 후 퇴근

까지 정말 열심히 일하시는 모습에서 많은 것을 배우고 느끼고 있습니다. 아직 제가 맡은 업무는 적지만 선배님들과 함께 그리고 선배님들의 도움을 받으면서 자부심을 가지고 진정한 검찰조직의 일원이 되자는 마음으로 하루하루의 업무에 성실하게 임하고 열심히 배우고 있습니다.

정식 발령은 언제쯤 받게 될지 아는지

정식 발령에 대해서는 아직 통보받지 못했습니다만 천천히 업무를 배우며 기다리다 보면 곧 정식 발령을 받게 될 것으로 생각하고 있습니다. 소문으로 듣기로는 3개월 정도면 저희 기수들 발령을 낸다고 들었습니다. 이제 검찰에 입사하였으니 조급한 마음을 버리고 배우는 자세로 기다리고 있을 생각입니다.

검찰수사관에 도전하려는 후배 수험생들에게 해주고 싶은 말

저는 이제 겨우 3주 정도 출근을 했습니다. 그러나 저는 지금부터 30년 이상을 검찰수사관으로서의 인생을 살아갈 것입니다. 이처럼 검찰수사관에 도전한다는 것은 본인의 인생에 있어서 큰 선택의 기로에 서 있는 것이라고 생각합니다. 지금 당장 취직하기 위해서든 다른 이유에서든 후배들께서 검찰직 공무원을 생각하시는 여러 가지 이유가 있을 것입니다.

하지만 공무원이라는 직업의 안정성 같은 부분 못지않게 본인이 평생을 국민에게 봉사하려는 마음가짐을 갖추고 있는지도 고려해본 뒤

도전했으면 좋겠습니다. 최소한 내가 검찰수사관이 되면 어떤 일을 하게 될 것인지, 본인이 잘할 수 있을지를 미리 고민해보지 않는다면, 결국 앞만 보고 달려 도달한 곳이 너무 허무하게 느껴질 수 있기 때문입니다.

그리고 만약 도전하기로 마음먹었다면 그 꿈을 위해서 최선을 다하시기 바랍니다. 저는 8개월 동안 하루에 1시간 점심, 저녁 먹는 시간과 잠자는 시간을 제외하고 나머지 시간은 모두 책상 앞에 앉아 있었습니다. 힘들고 불안했습니다. 하지만 불안함을 이기는 방법 역시 책상 앞에 앉아 있는 것이라는 것을 믿고 꿋꿋이 버텼던 것 같습니다. 끝나지 않는 어두운 터널 같았던 때가 이제는 잘 기억나지 않을 만큼 행복하게 지내고 있습니다. 후배님들 조금만 힘내셔서 본인의 자리에서 본인의 업무를 가지고 검찰조직의 일원으로서 국가와 국민에게 이바지할 수 있는 순간을 맞이하시길 바랍니다. 항상 응원하겠습니다.

검찰수사관으로서 앞으로의 계획이나 포부

올해 여름, 패딩을 입고 터미널 앞에 앉아있는 분에게 말을 걸었던 적이 있습니다. 식사를 못했다는 그분을 식당으로 모셔 밥을 먹으면서 사정을 듣고 관련기관에 연락을 취했습니다. 그리고 식당을 나오는데 식당 사장님이 제게 직업이 무엇이냐고 물었습니다. 그때 당시 저는 공식 공무원이 아니었기 때문에 예비 공무원이라고 말씀드렸습니다. 사장님께서는 "앞으로도 좋은 공무원이 되어주면 좋겠어요."라고 말씀하셨습니다. 그때 생각해보았습니다. 좋은 공무원이란 무엇일까? 국민은 공무원에게 무엇을 바라고 있을까?

많은 선배나 동기들의 검찰수사관에 지원한 동기를 보면 정의실현이 가장 많았습니다. '진실을 규명하여 사회정의를 실현하고 사회적 약자를 보호하겠다.' 저 또한 마찬가지지만 이 거창한(?) 꿈을 실현하기 위해 어떻게 해야 하는지 아직 잘 알 수도 없고 할 수도 없습니다. 그럼에도 선배님 동기님들 모두 지금보다는 훨씬 더 나은 사회를 만들어 보고자 좀 더 공정하고 공평한 세상을 만들어보고자 하는 바람을 '정의 실현'이라는 단어로 표현했고, 이 한 몸 보탬이 되고자 검찰직에 지원했다고 생각합니다.

제가 생각하는 검찰수사관으로서의 사회 정의를 실현하는 방법은 열정을 가지고 법과 원칙 아래 한 건 한 건 사건에 담겨 있는 진실에 가장 가까이 다가가고자 노력하는 것 그리고 억울한 사람이 없도록 최선의 노력을 다하는 것이라고 생각합니다. 아직 수사의 '수'자로 모르는 저는 함께 근무하는 선배님들께 "어떻게 하면 수사를 잘할 수 있을까요?" 라며 조언을 구했습니다. 선배님들은 수사를 잘하기 위해서는 무엇보다 법률 판단을 위해 형법과 형사소송법 공부, 판례공부, 조서를 작성하기 위한 글쓰기 등의 능력이 중요하다고 말씀하셨습니다. 한 단계 한 단계 성장하는 수사관이 되고자 선배님들의 조언을 잊지 않고 열심히 공부할 생각입니다. 한 건의 사건을 책임감과 사명감을 가지고 수사하여 동료수사관들과 함께 사회 정의 실현에 일조할 수 있는 수사관이 되고 싶습니다. 수사관으로서의 능력과 함께, 인간적으로는 식당 사장님의 말씀처럼 국민이 바라는 기대에 부끄럽지 않는 공무원이 되어 그분들의 삶에 도움을 드릴 수 있는 사람이 되고 싶습니다. 예비 공무원으로서 할 수 있었던 것은 관련 기관에 연락을 하는 게 전부였지만, 앞으로는 어렵고 힘든 국민을 그냥 지나치지 않고 뒤돌아볼 수 있는 수사관이 되고 싶습니다. 앞으로 제 삶에서 30년의 도화지가 어떻게 그려질지 궁금합니다. 예상치 못한 일도 힘든 일도 많을 것으로 생각되지만, 초임 수사관으로서 가진 열정과 초심을 가슴속에 품고 자랑스러운 검찰인으로서 그림을 그려나가 보겠습니다.

에필로그

공무원이 대세다

내가 검찰에 들어온 90년대 초만 해도 공무원은 선호하는 직업은 아니었다. 대학을 졸업한 사람들은 대기업, 공사, 은행 등을 지원했고, 머리가 좋고 출세욕이 있는 사람들은 사법고시, 행정고시, 외무고시 등에 도전했다. 이도 저도 실패하면 마지막으로 선택한 직업이 7급이나 9급 공무원이었다. 당시 대기업에 취직한 친구들이 "다시 생각해봐. 왜 공무원이야?" 할 정도였으니 그 당시 공무원은 직업선택의 마지막 수단이었다.

하지만 요즘은 상황이 역전되었다. 최근 모 조사기관의 자료에 의하면 남성들이 선호하는 배우자의 직업 중 공무원과 공사 직원이 13.7%로 1위를 차지하고, 2위는 교사였다고 한다. 여성들이 원하는 배우자의 직업 또한 1위가 공무원이었다. 반면에 의사나 변호사는 7위이하로 밀렸다고 하니 현직 공무원들로서는 남몰래 빙긋이 미소 짓게하는 자료일 것이다.

현재 검찰수사관으로 근무하는 직원들의 전 경력을 살펴보면 매우 다양하다는 사실을 알 수 있다. 전직 시청 직원, 전직 경찰관, 전직 직업군인, 전직 변호사 사무실 직원, 전직 세무사 사무실 직원, 전직 회계사 등 여러 직업이 있다. 나와 같은 검찰청에 근무하는 후배 수사관 중에서 육군대위로 전역한 수사관이 있다. 아무래도 늦은 나이에 육군 대위 출신이 9급 공무원을 택한 이유가 궁금하여 선택에 갈등이 없었냐고 물었다.

"아이고 못 들어와서 한이지 그게 무슨 말씀입니까? 저는 지금 15년가량 되었습니다만 한 번도 후회해 본 적이 없습니다. 다시 옛날로 돌아가도 제 선택은 검찰수사관입니다."

그의 마음은 확고했다. 대기업 기획팀에서 5년간 근무하다 2년 전에 퇴사하고 검찰에 들어온 친구의 대답도 비슷했다.

"그동안 너무 힘들었습니다. 야근이 너무 많고, 여자 친구를 만날 시간도 부족했습니다. 물론 대기업이 공무원보다 연봉이 조금 많기는 하지만 저는 제 시간이 필요했습니다. 회사를 위한 삶이었지 저를 위한 삶이 아니라는 생각이 들었습니다. 부모님이나 주변의 만류가 있었지만 여자 친구의 격려에 힘입어 과감히 퇴사를 결정하고 늦은 나이지만 검찰공무원에 합격하여 지금은 아주 만족한 생활을 하고 있습니

다. 여자 친구와 곧 결혼할 예정입니다. 왜 처음부터 공무원
에 도전하지 않았을까 생각을 할 정도입니다."

그는 연봉보다 '여가 있는 삶'을 선택한 것이다. 그를 보면 요즘 젊
은이들의 직업관을 알 수 있다. 돈은 인생을 누리기 위한 수단일 뿐
목적으로 생각하지 않는다. 연봉을 1억을 받는 들 여가시간이 없으면
아무 의미가 없다는 것이다.

대학을 갓 졸업하고 검찰수사관으로 입사한 여자 수사관은 공무원
이 퇴직 후 받을 수 있는 연금을 그 장점으로 생각하고 있었다.

"공무원으로 퇴직하신 저희 부모님의 권유가 선택에 많은
힘이 되었습니다. 공무원은 안정성뿐만 아니라 퇴직 후 지
급되는 연금이 노후 생활을 보장한다는 것입니다. 부모님
도 연금으로 생활하고 계시니 매우 설득력 있는 권유였습니
다."

이 친구는 직업의 안정성과 노후 생활이 보장되는 연금을 공무원
선택의 사유로 들고 있다. 아무런 이유 없이 직원을 해고하는 회사는
없겠지만, 아무래도 안정성 면에서는 공무원이 더 우위에 있다. 공무
원은 특별한 사고 없이 성실하게 일하면 정년까지 직업을 잃을 가능
성은 거의 없다. 60세까지 정년이 보장되어 있고, 요즘 분위기로는 65
세까지 정년 연장도 기대해 볼 만하다. 연금 액수가 많지는 않으나 노

년기에는 많은 돈이 필요치 않다는 점을 생각해보면 노후 생활에 부족하지 않을 정도는 된다.

최근 《90년생이 온다》를 출간하여 널리 알려진 저자 임홍택은 "공무원이 사기업 취업자보다 퇴직까지의 누계 소득이 몇억 원가량 더 많다"는 조사가 있다고 언급한 바 있다. 어떤 근거인지는 모르지만, 이 조사가 맞는다면 공무원 입장에서는 잠시 위안이 되는 부분이기도 하다.

최근 한국경제연구원이 발표한 '주요 대기업 대졸 신규채용 계획' 조사에 의하면 채용을 줄이겠다는 기업이 34%나 된다고 한다. 국내외 경제 및 업종 경기 상황 등의 악화, 최저 임금 인상 등 인건비 부담 증가를 그 이유로 들고 있다.

반면에 공무원은 계속 증원하는 추세에 있다. 최근 정부는 역대 정권 중 가장 많은 공무원을 증원하고 있고, 아직도 공무원을 추가 증원하겠다는 계획을 가지고 있다. 검찰수사관의 경우 2021년도에도 240명을 채용하여 2020년보다 70명 정도를 더 추가 채용한다. 90년부터 92년까지 채용했던 1,500명가량의 수사관이 향후 몇 년 동안에 걸쳐 대부분 퇴직할 나이가 되었으니, 앞으로 검찰수사관의 추가 채용을 예상할 수 있는 부분이다. 취업이 어려워 공무원에 도전을 하든 아니면 사명감으로 공무원을 목표로 하던 요즘 공무원이 대세인 것은 사실이다. 이 책을 읽는 독자여러분이 공무원에 뜻이 있다면 망설이지 말고 도전하기 바란다.